中国城市农产品流通发展报告

(2021)

北京物资学院
全国城市农贸中心联合会　城市农产品流通研究所　编著

光明日报出版社

图书在版编目（CIP）数据

中国城市农产品流通发展报告.2021 / 北京物资学院，全国城市农贸中心联合会城市农产品流通研究所编著． -- 北京：光明日报出版社，2022.2
　ISBN 978-7-5194-6128-7

　Ⅰ.①中… Ⅱ.①北… ②全… Ⅲ.①城市—农产品流通—流通产业—产业发展—研究报告—中国—2021 Ⅳ.①F724.72

中国版本图书馆 CIP 数据核字（2022）第 029541 号

中国城市农产品流通发展报告.2021
ZHONGGUO CHENGSHI NONGCHANPIN LIUTONG FAZHAN BAOGAO.2021

编　　著：	北京物资学院，全国城市农贸中心联合会城市农产品流通研究所		
责任编辑：	李月娥	责任校对：	郭嘉欣
封面设计：	中联华文	责任印制：	曹　诤

出版发行：光明日报出版社
地　　址：北京市西城区永安路 106 号，100050
电　　话：010-63169890（咨询），010-63131930（邮购）
传　　真：010-63131930
网　　址：http://book.gmw.cn
E - mail：gmrbcbs@gmw.cn
法律顾问：北京市兰台律师事务所龚柳方律师
印　　刷：三河市华东印刷有限公司
装　　订：三河市华东印刷有限公司

本书如有破损、缺页、装订错误，请与本社联系调换，电话：010-63131930

开　本：	185mm×260mm		
字　数：	296 千字	印　张：	18.5
版　次：	2022 年 2 月第 1 版	印　次：	2022 年 2 月第 1 次印刷
书　号：	ISBN 978-7-5194-6128-7		
定　价：	78.00 元		

版权所有　　翻印必究

编委会

顾　　　问	张志刚（中国商业联合会会长）
编委会主任	王文举（北京物资学院党委书记）
	马增俊（全国城市农贸中心联合会会长）
编委会副主任	张国胜（北京物资学院经济学院院长）
	纳绍平（全国城市农贸中心联合会副会长）
执 行 主 编	洪　岚
编委会成员	刘崇献　原玲玲　朱群芳　刘玉奇
	张喜才　王国义　但永红　邹旭鑫
	李博雅　高泯涓　侯冰栋

支持单位

贵阳：

1. 贵阳农产品物流园
2. 贵阳地利农产品物流园
3. 贵州双龙农副产品交易中心
4. 首杨水果集团总部
5. 贵阳合力超市
6. 益田假日广场店
7. 贵阳民生路集贸市场

昆明：

1. 云南龙城农产品经营股份有限公司
2. 昆明斗南花卉市场
3. 昆明国际花卉拍卖交易中心
4. 云南特色农产品流通行业协会
5. 文山三七电子商务股份有限公司
6. 文山三七电子交易市场

拉萨：

1. 西藏农业农村厅
2. 拉萨市城关区政府

3. 拉萨城关区农业农村局
4. 拉萨市城关区净土农业发展有限公司
5. 西海冷冻农副产品批发市场
6. 拉萨市东嘎市场
7. 药王山农贸市场
8. 拉萨农村电商示范基地

成都：

1. 成都农产品中心批发市场
2. 成都银犁冷冻食品交易市场
3. 四川国际农产品交易中心
4. 海霸王西部食品物流园

重庆：

重庆市涪陵榨菜集团股份有限公司

序

"无农不稳。"农业,是人类的命脉。无论古今中外,都是事关世界上国家生存发展的基础性产业。"基础不牢,地动山摇。"

农业和其他产业相比,属于弱势产业。农产品是由农民这个弱势群体生产又覆盖每个人日常生活的特殊商品。群众对食品安全和价格的稳定性要求很高,这是完全正常的。因此,农产品流通基础设施和骨干产品批发市场是具有公益性的设施和市场。

世界上发达的经济体都高度重视农产品的流通和基础设施建设。美、欧、日等发达国家的政府都以多种方式由财政投资建设农产品流通基础设施和批发市场。它们在国内生产有政策支持、出口有补贴、进口有国内技术标准和价格保护。同时,充分发挥社会组织与企业的作用,引领并主导农产品流通健康发展和市场供应稳定。

出于对市场经济认识的片面性,我们一度把为数众多的农产品流通和批发业态几乎全部交给了市场,加之千家万户的小生产难以满足千变万化的大市场,粮食等主要产品抓得既稳又好,小商品却带来市场不稳,出现了"姜你军""蒜你狠""豆你玩"的调侃。当前,在国家更加重视民生的时期,人民对幸福生活有着不断提高的追求,"柴米油盐酱醋茶"自然就成了每天都会出现在生活中的"国家大事"。

中国是农产品生产大国,蔬菜、水果、水产品及部分肉类等农产品产量均居世界首位。这么大体量的农产品最终要依赖流通才能实现其价值。城市农产品流通体系是影响农产品流通成本和效率的关键和重点。中国农产品流通成本高、流通效率低的问题与城市农产品流通体系不完善有很大关系。目前，中国设市城市有660个，其中城区常住人口超过1000万特大型城市4个，500万~1000万人口超大型城市20多个，100万~500万人口大城市则有64个。因此，建立完善城市农产品流通体系已成为当前中国农产品流通体系建设的一个十分重要的任务。

改革开放30多年来，随着市场经济体制成为社会资源的基础配置手段，城市农产品流通逐渐形成了以批发市场为主导，农贸市场、菜市场及连锁超市为城市农产品零售主渠道的流通网点。与此同时，城市农产品流通企业组织形式，呈现出多元化和规模化的特点，质量安全和品牌意识逐步增强。简言之，中国农产品流通基本上形成了以批发市场、集贸市场、连锁超市为主要渠道，以农民经纪人、运销商贩、中介组织、加工企业为主体，以产品集散、现货交易为基本流通模式，以原产品和粗加工产品为营销客体的基础流通格局，促进了农业和农村经济发展。但城市农产品流通中，还存在诸多问题，如一些城市农产品批发市场区位分布不合理、功能趋同；农产品流通环节保鲜手段落后，冷链运输占比低，缺乏品质标准化，难以实施行之有效的质量安全监管；专业化的农产品物流企业少，运营成本高；等等。

近期，商务部与国家相关部委连续发文推动公益性农产品基础性设施和重点骨干批发市场的建设，表明了国家对这项工作的高度重视。全国城市农贸中心联合会又会同北京物资学院联合组建了"中国城市农产品流通研究所"，并完成了研究成果《中国城市农产品流通发展报告（2014）》。这些都让我们看到，中国农产品流通领域建设正在全面深化改革的大路上迈着坚实的步伐。

消费者满怀期待。希望这些研究成果最终惠及全体消费者！

2014年12月1日于北京

目 录
CONTENTS

第一章 西南贫困地区农产品供应链优化升级研究 …………… **1**
 一、引言 1
 二、西南贫困地区农产品供应链的现状及问题研究 2
 三、西南深度贫困地区农产品供应链模式研究 7
 四、基于 SCOR 模型的贫困地区农产品供应链系统优化升级 15
 五、结论及对策 25

第二章 西南地区电商扶贫农产品质量安全研究 …………… **31**
 一、研究背景及意义 31
 二、农产品电商扶贫现状 32
 三、西南地区电商扶贫农产品质量安全现状 36
 四、西南地区电商扶贫农产品质量安全问题 46
 五、西南地区电商扶贫农产品质量安全政策建议 49

第三章 西南地区农产品电商发展的路径和政策研究 …………… **56**
 一、引言 56
 二、西南地区农产品电商发展简介 58
 三、农产品电商发展模式分析 74
 四、加快农产品电商发展的对策建议 87

第四章 中俄农产品贸易现状和问题研究 ………………………… 90

　　一、文献综述　90

　　二、中俄农产品贸易现状　93

　　三、中俄农产品贸易竞争力分析　97

　　四、"一带一路"倡议对中俄农产品贸易发展带来的机遇与挑战　104

　　五、中俄农产品发展存在的问题　109

　　六、中俄农产品贸易发展的政策建议　113

第五章 中澳农产品贸易现状、问题和前景分析 ………………… 118

　　一、中国与澳大利亚农产品贸易现状　118

　　二、中国与澳大利亚农产品贸易比较优势分析　124

　　三、中澳农产品贸易发展的主要问题和障碍分析　136

　　四、中国与澳大利亚农产品贸易发展的对策建议　140

　　五、中国与澳大利亚农产品贸易发展的潜力和展望　143

第六章 重庆涪陵榨菜产业发展现状研究 ………………………… 148

　　一、重庆涪陵榨菜产业概况　148

　　二、榨菜产业的市场竞争格局　151

　　三、重庆涪陵产业 SWOT 分析　152

　　四、对策建议　158

第七章 成都市农产品批发市场转型升级研究 …………………… 166

　　一、引言　166

　　二、发展环境　167

　　三、发展现状及存在问题　171

　　四、发展路径　181

　　五、政策建议　188

第八章 物流园视角下贵阳市"农批对接"现状研究 …………… 193

一、问题提出 193

二、基于物流园的农产品供需情况分析 198

三、贵阳市物流园"农批对接"现状分析 203

四、政策与建议 224

第九章 昆明市花卉交易市场发展研究 ………………………… 227

一、研究背景与意义 227

二、昆明市花卉交易市场发展现状 231

三、昆明市花卉交易市场存在的问题 243

四、案例分析 245

五、促进昆明市花卉交易市场发展的对策建议 248

第十章 拉萨农产品供应保障机制研究 …………………………… 251

一、建立拉萨农产品供应保障机制的必要性 251

二、拉萨农产品供需分析 252

三、拉萨农产品流通供应保障机制评价 265

四、拉萨市农产品保障体系的主要问题 273

五、完善拉萨市农产品供应保障体系的对策建议 274

后　记 ……………………………………………………………… 278

第一章 西南贫困地区农产品供应链优化升级研究

一、引言

改革开放40年来经济高速增长使中国在消除极端贫困方面成效显著，并对全球减贫事业做出重要贡献。党的十八大以来，我国的脱贫攻坚战取得了显著成效，现行扶贫标准下的农村贫困人口从2012年的9899万人减少到2019年年底的551万人，截至2020年11月，832个贫困县已实现全部脱贫摘帽。产业扶贫是脱贫攻坚的最主要举措之一，是解决贫困地区和贫困人口生存发展的根本手段，也是实现稳定脱贫的必由之路和根本之策。832个贫困县累计建成种植、养殖、加工等各类产业基地超过30万个，创建各类扶贫产业园2100多个，建成高标准农田2.1亿亩、农产品初加工设施4.3万座，培育市级以上龙头企业1.44万家，发展农民合作社71.9万家①。产业扶贫已经成为覆盖面最广、带动人口最多、可持续性最强的扶贫举措。但产业发展基础还比较薄弱，对贫困地区和贫困群众的支撑带动作用有待进一步提高。现行标准下的绝对贫困将基本消除，脱贫攻坚阶段性目标将得以实现，但这并不意味着贫困的终结，可持续减贫仍面临新的问题和挑战（黄征学等，2019)[1]。贫困地区大量种植高附加值的生鲜农产品之后，能否卖得出去，卖得远，卖得久，卖出好价钱成为扶贫效果的决定因素。持续稳定的农产品供应链是贫困地区在后脱贫时代的关键。贫困地区农产品供应链持续改善，也出现了诸如产地供应分散不及时、物流成本高、供应链不协调等问题，尤其在后扶贫时代面临着可持续性不足问题。新冠肺炎疫情对贫困地区农产品供应链冲击再次暴露了脆弱性。脱贫摘帽不是终点，而是新生活、新奋斗的起点。特别是深度贫困地区脱贫之后，如何由产业扶贫的脱贫攻坚到产业兴旺的乡村振兴。巩固拓展脱贫成果同乡村振兴有效衔接，发展产业是最直接的

---

① 国务院新闻办就产业扶贫进展举行成效发布会［EB/OL］. 中国政府网，2020-12-16.

衔接点，也是重要支柱，不仅支撑防止返贫，也支撑乡村全面振兴。

本章通过对西南地区云南怒江、四川大凉山等实地调研，总结梳理了产地电商、供销一体化电商平台、直播带货、批发市场等7种供应链模式，构建了供应链运作的供应链运作参考模型（SCOR），提出在规划、配置、要素、执行4个层面进行优化升级。最后，提出农产品供应链扶贫战略、强化供应链关键环节、加快冷链物流设施等政策建议。

二、西南贫困地区农产品供应链的现状及问题研究

（一）贫困地区农产品供应链的现状

深度贫困地区自然条件差、经济基础弱、贫困程度深，是脱贫攻坚中的硬骨头。西南地区是深度贫困聚集地区，脱贫难度大。在各级政府的全力支持下，2020年西南深度贫困地区也已经实现全部摘帽。但同时，巩固脱贫成果难度更大。已脱贫的地区和人口中，还存在产业基础薄弱、项目同质化严重等问题，部分贫困劳动力就业还不够稳定。近几年，蔬菜、水果、食用菌、茶叶、牛羊养殖等特色产业在贫困地区快速发展。目前，全国有92%的贫困户已参与到产业发展中，但贫困地区扶贫产业总体上还处在起步阶段，面临农产品加工业发展相对较慢、风险防范缺乏有效措施等困难和问题，特别是在冷藏保鲜、物流配送等方面发育不足，对接市场不够稳定。

1. 生产端

许多贫困乡村实现了特色产业从无到有的历史跨越，其中，直接参与种植业、养殖业、加工业的贫困户分别为1158万户、935万户、168万户。涌现出凉山花椒、怒江草果、临夏牛羊、南疆林果、藏区青稞牦牛等一批享誉全国的特色品牌。我国农业生产受分散种植、小农经营的制约，贫困地区的农业小而散，看起来产品不少，但真正变成商品又受限于没有规模。西南深度贫困地区各地区农户少则十多万户，多则百万户，生产产品品类多达数百种，单个农户的生产规模都比较小。一些企业消费需求较大，往往出现供不上的现象，存在小批量采购的成本较高，以及生产管理比较落后，产品质量不高，品种不对路等问题。农产品没有形成区域品牌，在消费者心目中没有地位。一些贫困地区的生产者，以政府和企事业单位保底收购为本，盲目扩大生产，一旦供大于求，在市场竞争中反而会蒙受更大的经济损失，也给销售的农产品带来负面影响。贫困地区冷链设施不完善，使得农产品采摘后无法实现预冷、冷藏存储。西南深度贫困地区都建有冷库，但规模小，人均冷

库容量约为0.08立方米，低于我国人均冷库保有量，更远远低于发达国家。部分对温度敏感的农产品容易出现腐坏、衰败现象。冷链物流企业规模普遍较小，多以初级产品形式进入流通或消费终端，产品附加值较低，不能实现产品增值。

2. 流通端

一是贫困地区尤其是深度贫困地区距离城市较远，长距离的运输会造成成本高、损耗大的问题。如西藏昌都距离周边任何一个省会城市都在1000千米以上，供需无法有效衔接。农产品运输环节多，需求方主要是产地以外的大型批发商，产地经纪人或农户一般不会负责运力的组织和装卸。由于农产品运量较大，一般对整车运输的需求较高，其次是零担、快递。大部分农产品通过整车运输，一般发生在批发商到经销商或零售商的干线运输，以及平台集采直发阶段。

二是在末端配送环节中，主要以快递为主。首先，各个运输环节衔接不畅，反复装卸7~8次，造成损耗，增加成本。从贫困地区到城市的干线物流距离远，往往是单程运输，返程空载率较高。农产品绿色通道政策只适用于去程的农产品运输，返程就要交纳高速通行费，增加了运输费用。其次，由于道路比较拥堵或者是车辆发生损坏，生鲜农产品的实际运输效率不高，途中损坏多，损耗比较大，这也是运输成本增加的原因。最后，生鲜农产品往往需要冷链运输，冷链物流运输的利润率仅有8%，运输中若是使用30吨级别的冷藏货车，每小时需要5~6升汽油用来制冷，导致农产品的实际运输的成本居高不下。例如，南疆四地州农产品用卡车运往内地，费用为1100~1200元/吨，以每车30吨计算，成本为3万多元。贫困地区农产品运输仍以个体运输、农产品经纪人和贩销大户为主体，专业化水平低、规模小、组织化程度低，农产品运输市场比较散乱，存在客户自行找车的问题。并且由于农产品销售半径限制，全网企业仅占1.4%。在运输中经常出现返程空驶、迂回运输、重复运输或车辆装载率低等问题。

三是"最初一公里"物流费用高。我国物流体系虽然基本完善，也辐射到农村90%的村庄。但贫困地区路途远且分散，快递网点与其他站点资源不能有效整合，导致整体服务水平不高，这势必增加物流成本。西南深度贫困地区地域广，人口密度小，远远低于全国每平方千米148人的平均水平，而且每百户小汽车拥有量低于全国平均水平的24.8辆。

总之，贫困地区到城市的干线物流，在基础设施、组织化规模和运营管理水平上都存在明显短板。一些贫困地区路网仍然不完善，而且物流企业的设备与技术落后，以敞篷货车为主，缺乏保鲜和冷藏能力。因此，在物流过程中造成了极大的损失，使物流成本大大增加。

表1-1　　　　　　西南贫困地区产地和产地物流的基本情况

省份	地市州名称	土地面积（万平方千米）	人口密度（人/平方千米）	农户（万户）	百户农户拥有小汽车（辆）	冷库规模（万吨）
四川	阿坝州	8.42	11.17	16.92	26.9	2
	甘孜州	15.30	7.75	20	16.7	3
	凉山州	6.04	80.45	101.33	10.2	10
云南	怒江州	1.47	37.21	13.9	20.3	
	迪庆州	2.39	17.24	8.28	15	1
西藏	拉萨市	2.95	21.74	5.81	29.6	11
	日喀则	18.20	4.24	12.23	14.6	1
	昌都市	11.00	6.41	10.8	15.2	1
	林芝市	11.70	1.95	3.06	33.4	1
	山南市	7.93	4.62	7.42	15.8	
	那曲市	36.97	1.36	8.49	31.9	
	阿里地区	33.72	0.32	1.98	23.8	
全国平均			148		24.8	0.132

3. 销售端

贫困地区到城市销售的农产品辗转万里，到销售终端也存在一些问题。

一是目前贫困地区农产品销售主要是批发市场和超市，还没有能够渗透到农贸市场等终端环节。

二是终端配送的成本和价格依然较高。据调研，北京新发地批发市场到配送终端的平均距离是39.8千米，时间达7.2小时，平均货权交易3.2次。一般来说，考虑到物流成本和流转损耗，一级分销到二级分销加价5%，二级分销到零售终端再加价5%，受季节、产量、储存成本等其他波动性因素影响，有的品类可能加价10%以上。较高的价格也会限制贫困地区农产品销售，尤其是对电商和直销模式而言，终端配送困难依然是供应链的薄弱环节。

总之，在生产环节，农产品生产分散、规模小、质量不高，导致有产无量、有品不优，也存在过度包装、价格偏高、诚信不够、产品不对路等问题。在产地物流环节，产品分级、储藏保鲜、物流运输、创意设计等较为落后，大大影响和降低了消费者体验感与满意度。在干线物流环节，贫困地区农产品上行物流，普遍表现为价格高，速度慢。在东部沿海发达地区可能首重3千克才三四块钱，而到贫困地区首重1千克就需要10多元钱，最贵的超过20元钱。农产品本身价格就不高，物流成本又高于其他地区，导致贫困地区农产品竞争力不强。从贫困地区发往全国物流速度远远低于其他地区，要慢3~4天。干线物流路线划分不科学，造成迂回、倒流、交叉运输，延长运输时间，增加成本。在终端销售环节，贫困地区农产品在配送成本和配送效率上也没有竞争优势。而且，缺乏全程冷链也影响农产品质量。

(二) 贫困地区农产品供应链的问题

1. 产地基础设施设备缺失

从供应链全流程看，农村产地源头的基础设施投资与技术研发，远远落后于流通领域，特别是一些贫困山区差距更大。目前，在越来越多的基层村组，信号塔和光纤已经成为农业发展的新支点。（然而深度贫困地区主要分布在山地丘陵、喀斯特地貌和高原沙漠地带，地理位置偏远，道路、渠道、桥梁、房屋等基础设施亟待修建和改良，施工难度大且建设成本高）基础设施薄弱成为限制深度贫困地区发展第一产业的重要短板之一。电力设施老旧等原因造成电压低，农灌设备启动不正常，影响农产品生产和牲畜养殖。农产品产后商品化处理设施面临建设不足、冷链物流设施不足的窘境。用于储存果蔬类的气调库库容不足，导致调节淡旺季的能力相当有限，且反季节储存成本较高，一般果农不愿也无能力进行储藏。保鲜储存设施落后使得生鲜农产品存储期有限，腐损率高，销售季节短，市场开拓能力减弱。地瓜、芋头、花生等农产品难以储存，只能以低廉的价格应季销售，导致当地农民收入微薄。

2. 农产品生产小、散、标准化程度低

目前，贫困地区的农产品的生产主体主要是家庭农户或者小型农场业主，还处于原始种植、自产自销为主的小规模农业化生产状态。受限于生产主体的管理经验不足，农产品的生产缺乏计划性、组织性和市场性，在一个区域内没有形成一个统一的规模化生产管理。这就导致了每家每户所生产出来的农产品质量参差不齐，种类繁多但是量不够，因而无法通过电商与外界的需求者形成长期有效的合作关系。农户销售规模小且地域分布分散，导致农产品供应链抗冲击能力弱。无法准确地利用先进的农业生产技术，因此生产出来的农产品质量不一，在市场上无法形成有效竞争力。

我国生鲜农产品市场已进入结构化的供给过剩时期，转为以消费者为中心的买方市场，一切供应链环节需要围绕最终消费者来重新定标，供应链质量的价值进一步放大。农产品同质化严重，质量标准认证难是当前亟待解决的难点之一。

3. 农产品品牌化程度弱

电商平台虽然可以帮助贫困地区农产品将销售范围扩大到全国，但由于产业化能力不足，产量难以满足需求，网上销售的持续性差且难以产生高附加值。除去前面提到的电商农业内在支撑不足，贫困地区农户品牌建设薄弱，农产品"有特色无品牌""地方特产多，地标品牌少"的现象比较普遍。贫困偏远的农村地区的产品多数是小而散的初级农产品，受经济实力和传统观念影响，忽视品牌的创立，生产出来的农产品大多数没有标识，在促销和宣传过程中只是一味地打价格战，而忽视了对农产品品牌的经营和投入。

4. 电商农产品的运输问题

商品化的农产品想要走出大山需要重点考虑运输问题。（中国贫困地区主要集中在中西部山区，边远山区的居民呈现散居的特点，户与户之间的间隔直线距离可达到几千米。而且贫困地区尤其是边远山区的交通设施基础差，通村公路路面窄、路况差，崎岖的山路给货运大型车辆通行带来了困难）散单和高成本大大削弱了物流公司进山入户的热情。物流公司对于偏远地区的邮费定价通常较高，加之农产品本身价值较低，可能导致净利润只占农产品总收入10%，还有一些需要远距离运输的产品，物流成本甚至高于产品价格。城市消费者对农产品的需求呈多样化、个性化的发展趋势。在此背景下，以订单带动为主的供应链形式逐步替代了以推动为主的供应链形式，这对电商背景下农产品物流运输的准时性与精确性提出了更高的要求。受疫情影响，近期部分地区农产品流通受阻，蔬菜、水果等"菜篮子"产品出现供需阶段性和区域性失衡。

5. 农产品供需两端信息不对称

农产品市场信息不对称主要表现在两方面。一方面是销售市场信息不对称，农产品交易主体因为对相关农产品质量、市场供需关系等市场信息不了解，使市场交易失去平衡，给交易主体带来消极的影响；另一方面是大多数"三区三州"地区地广人稀，单个农户获取市场供求信息的成本过高，信息化水平不足，而农业生产需要一定的周期，农户难以根据有用的市场需求信息和潜在供给信息来调整农业生产结构，造成特色农产品滞销，农民收入难以增长。某类小规模的扶贫产业产生一定效果时，就着急要"全面推广经验"，复制到各个贫困角落,而对该品种的市场究竟有多大、到底能消化多少,却考量不多。在农产品出现相对过剩的现行背景下,不尊重市场供需规则,盲目扩大种植和养殖,这对抗风险能力、发展能力都不足的贫困地区农户来说显然难以承受。

三、西南深度贫困地区农产品供应链模式研究

贫困地区一般地处偏远,交通不便,加之农业生产规模小、标准化程度低,一直以来,都是以生产为重心的推式供应链。精准扶贫政策实施以来,外地特别是对口扶贫地区的超市、批发商等不断加大对贫困地区农产品的采购力度。此外,农产品电商作为新型的流通模式,阿里、京东、拼多多等电商平台迅速崛起。供应链整合贫困地区生产者,借助经纪人完成产地物流,通过第三方物流运输实现长途运输,最终通过快递配送送达城市消费者。可以有效带动贫困地区农产品销售,在农产品供应链源头地区可以直接对接贫困地区农产品生产基地,着力提升贫困地区农产品供应水平和质量,解决贫困地区的农民增收问题。

(一)产地电商供应链模式

产地电商扶贫是一种"互联网+"时代的信息化扶贫模式,产地电商扶贫始于产地,定位于产地、聚焦于产地。通过产地组织化、标准化生产,一开始以电子商务方式寻找销售渠道,然后整合线上,聚集海量资源,再带动产地的线下资源,迅速形成生产能力和供货能力,形成产地优势特色产业聚集的产业扶贫。突破局部产地市场的限制,以拉式供应链打破地理偏远、资源匮乏、市场狭小的壁垒,推动产业扶贫和贫困地区发展。

产地电商扶贫通过电商深入农村产地环节后,重构流通环节。依赖于新的物流体系,可把原来七八个交易环节压缩,把产业链做短,变成直接连接生产端和消费端,全国铺货的组织体系。以电商为主要载体的全新价值链体系,参与环节少,增加农户和消费者的福利和权益。产地电商扶贫通过电子商务,实现农产品的流动,带动相关产业发展和区域经济,形成完善的产业链。最后扩大市场,形成品牌效应,并随着技术的发展运用互联网思维,引入智慧物流、智能技术来进行创新,实现产业升级,达到全面脱贫,进而形成稳定的产业链和生态圈。

成都市蒲江县25岁的残疾青年杨添财,自6岁起腿部肌肉开始萎缩,初二便退学待在家中。2018年年底,他和残疾人同伴吴云在拼多多上开店卖水

果，2019年销售额超过1.2亿元。一年时间，他们搭建了一个完善的农产品供货网络，把蒲江红心猕猴桃、云南昭通苹果和四川大凉山石榴卖到了全中国，先后帮助500位建档立卡贫困户脱贫，带动50多位残疾人创业就业。不仅如此，杨添财还在周边产地建立了一批小、快、灵的"村级"打包发货仓库，让老人、妇女也能就近工作，获得更多收入①。

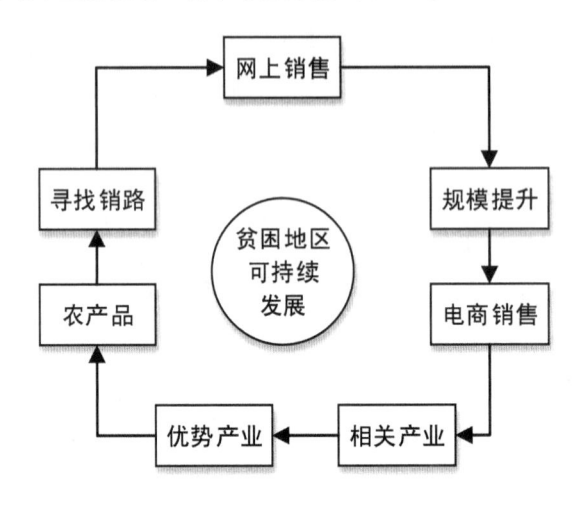

图1-1 产地电商扶贫带动贫困地区可持续发展

拼多多平台已直接带动全国超过10万名新农人返乡创业，不断激发脱贫内生动力，让贫困地区有产业、有利益，以提升农业的附加值。在此带动下，在云南、贵州、广西、海南等省份及省内少数民族自治州，集中诞生了一批种植、生产、加工、销售一体化的现代农业产业园区，使得越来越多的一、二产业，开始在农村地区实现融合发展。

（二）供销一体化平台电商供应链模式

电商作为新型的流通模式，阿里、京东等电商平台迅速崛起。电商平台巨大的流量和销售能力是贫困地区所缺乏的。扶贫最好的方式就是卖出去、买进来。平台与各个乡村合作，将他们生产的农产品卖到全国各地，然后再把乡村县镇需要的东西通过平台买进来。这样既解决了农民们的生计问题，也能解决他们的物质需求，同时平台也能获得商业价值的提升。这种互联网电商平台带动下的贫困地区脱贫模式，已经成为主流。供销一体的电商扶贫模式可以将农村散落的、相同区域的同类特色农产品的种植、加工产业进行

---

① 该案例摘自《中国经济周刊》，https://baijiahao.baidu.com/s?id=1681145333733124948&wfr=spider&for=pc。进行了改动和总结。

整合，通过导入供应链运行机理，依托互联网等先进技术，连接农村、农户、消费者与市场，有效打通农资产品与农产品商业流通链条，实现信息无缝对接，实现产品高效流通。使得农户作为生产者能更方便地购买农资产品、销售农产品，作为消费者购买各类生活用品，也为农户获取信息、知识、技术与生产资料提供新渠道。阿里、京东、苏宁易购、贝店等头部电商平台带头加大对农村脱贫扶贫力度，成为农村"脱贫攻坚"生力军与中坚力量。

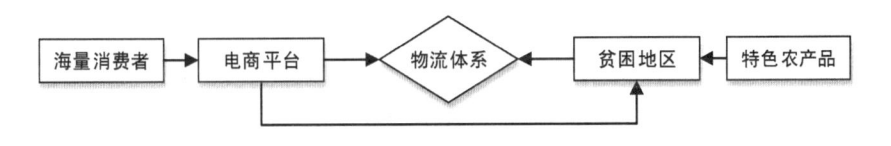

图 1-2 供销一体化电商供应链

京东集团拥有共 13 大类 4020 万种品类的商品，主要提供网络零售服务，拥有超过 4.174 亿活跃用户，流量巨人和营销能力强①。京东电商将品类产地直采与电商扶贫相结合，帮助贫困地区实现农特产品上行。在政策支持与市场需求的双轮驱动下，京东物流充分发挥供销一体化优势，打造产地协同仓等模式，依托强大的商流优势，帮助农户打通线上销路。通过强大的物流覆盖优势，下沉市场，推动京东商城、地方政府和当地企业三方共建地方特产馆，成为地方农特产向外输出的特色平台，有效衔接了农产品的售前、售中和售后三个环节，帮助贫困地区构建起农产品输出的特色产业链。同时，京东物流还积极联合京东拼购、京东生鲜和京东云等部门进行农产品销售，拓宽销售渠道。通过一系列方式快速提升贫困地区农产品销售规模，实现较高的销售溢价，打造"互联网+扶贫"模式。

（三）直播带货供应链模式

直播带货扶贫就是贫困地区通过自媒体，以软文、图片、视频直播的方式，针对扶贫村的特色产品做出信息的对外传播和通过传播引导阅读者或观看者产生购买行为，实现商品销售的一种方式。直播带货从用户的角度介绍商品功能和使用效果，直接刺激消费者的购买欲望。2020 年中国在线直播用户规模达 5.87 亿人，增长率为 16.5%，直播作为当下最火的购物方式之一，在公益扶贫领域发展迅速②。直播带货能以极低成本缩短中间环节，实现助农

---

① 数据来源：京东集团官网，https://about.jd.com/。
② 数据来源：2021 中国在线直播行业研究报告，https://m.sohu.com/a/301862604_99900352。

惠农。受新冠肺炎疫情影响，直播带货助农扶贫也异军突起。地方领导干部直播带货，当红主播公益直播带货、网红主播直播带货等形式不断发展。首先，它是一种低成本、低投入的方式。由于自媒体和社交电商不需要支付任何推广费用，只是通过智能手机和一些社交软件就可以进行操作和实施，在经济投入上是比较少的，基本上可以说是零投入。其次，就是操作简便，容易上手，通过智能手机就能够自由操作。最后，就是内容创作时间支配自由。可以在田间地头，也可以在乡村活动过程中创作。这种场景代入感会比较强，所以说它是一种助力扶贫攻坚和乡村振兴的有效手段。

2018年开始，淘宝直播平台已经开设超过20万场涉农直播，超过10亿件来自国家级贫困县的农产品通过直播间送到6亿多位消费者家中。在一次云南永胜县的淘宝直播电商扶贫行动中，虽然当地路况十分严峻，车在山路上来回绕，低头就可以看见悬崖，但通过直播带货销售当地云南特色水果凯特杧果超过140吨、石榴160吨，为云南贫困地区的扶贫政策做出了很大贡献。陕西柞水县小岭镇金米村位于秦岭深处，当地因地制宜，通过种植木耳实现脱贫。在一次淘宝直播间里，在线观看人数接近2000万，一晚上就卖出了24吨木耳①。

（四）批发市场供应链模式

农产品批发市场是我国农产品流通的主要渠道，借助于批发市场，贫困地区的农产品销售链条的上下游得以紧密联系在一起。贫困地区生产农产品的小农户和城市的消费者对接需要批发市场这个平台，合作社、门店及超市也离不开批发市场交易平台。批发市场从一开始组织批发商上门采购，到建立基地，产地端主要依靠经纪人物流，干线运输主要依托第三方物流，在城市配送终端则主要由菜贩子的私家车、超市的配送车等完成配送。

云南省易门县浦贝乡水塘村委会下辖12个村民小组，盛产野生菌、菜豌豆、火腿、腊肉等农副产品。2018年2月，水塘农产品交易市场开市，这些"养在深闺"的农产品得以走出深山。水塘村离乡政府2.5千米，离易门县城13千米，没有交易市场的时候，当地的农产品靠客商来收购，产品分散销售价格低。现在交易市场把客商和产品集中起来，不仅助农增收，还助推了当地的产业结构调整。截至目前，水塘村已连片种植菜豌豆5000余亩，收购旺季交易市场日均交易菜豌豆20吨以上，交易金额超过10万元。像这样的农产品交易市场在玉溪城乡共有277个，农产品交易市场的建成促进了客商进

---

① 数据来源：淘宝直播云南和陕西柞水县案例根据作者实地调研和相关资料整理而成。

村、信息进村、物流进村。小市场撬动大产业，从根本上解决了农产品销售难的问题，为农民增收、农村兴旺、农业发展提供了保障。

（五）超市供应链模式

我国有数量众多的超市，在农产品销售中约占 20%的比例。超市作为采购者直接到贫困地区采购或者建立加工厂，然后委托社会第三方物流完成运输和配送，在超市中设立扶贫农产品销售专区。北京市大中型商场、超市设立贫困地区农产品销售专区、专柜 866 个，累计销售 29 亿元。

近年来，永辉超市不断完善贫困地区农产品供应链，成为产业扶贫、消费扶贫的中坚力量。在采购端，建立了以"源头直采"为主的采购模式。通过从源头产地寻找特色农产品、农超对接多种方式，通过稳定的大宗直采和全渠道销路，使得一大批贫困地区农产品走上永辉超市遍布全国的门店货架。石榴产业是四川凉山彝族自治州会理市的特色产业，是当地农户的经济支柱。受新冠肺炎疫情影响，虽然产量较 2020 年增加 2 万吨，但市场遇冷，出口受阻，国内市场也受到波及，客户对市场信心不足，订购量明显减少，价格也持续低迷。以永辉为代表的龙头零售企业积极发挥市场供应的主渠道作用，在 2019 年销售会理石榴 5000 多吨的基础上，扩大采购量，助力当地脱贫攻坚。

（六）休闲旅游带动供应链模式

休闲旅游带动供应链是在政府引导下，以城、镇、村、景、店为依托，建立包括种养加基地、厂店一体化示范点、景区内销售点、交通沿线服务站、乡村集贸市场等在内的供应点体系。在休闲旅游发展过程中通过采摘体验、特产采购、餐饮等形式促进贫困地区农产品销售。通过游客们对场景的直观认知，促进顾客购买农产品，也可以增加顾客的线上购买量。同时，节约了大量的采购、运输、配送等物流费用，降低了损耗。电商通过搭建平台，使消费者参与产销互动，让消费者参与到特色农产品的生产过程中来，体验到更多产品背后的文化，增强消费者的体验感和接触感，使农产品的种植、生产、销售透明化，朝着"借力互联网，形成农文旅结合模式"方向发展（见图 1-3）。

临沧是云南省引种澳洲坚果最早的州市之一，1991 年，永德县永康镇红旗山就已经开始试种。崇岗乡大红山坚（果）咖（啡）生态文化产业园作为临沧"一廊七区"规划之一，是永德县澳洲坚果种植最集中的区域之一，项目投资 6607.24 万元，面积 11000 亩，实施澳大利亚坚果与咖啡套种，林下养

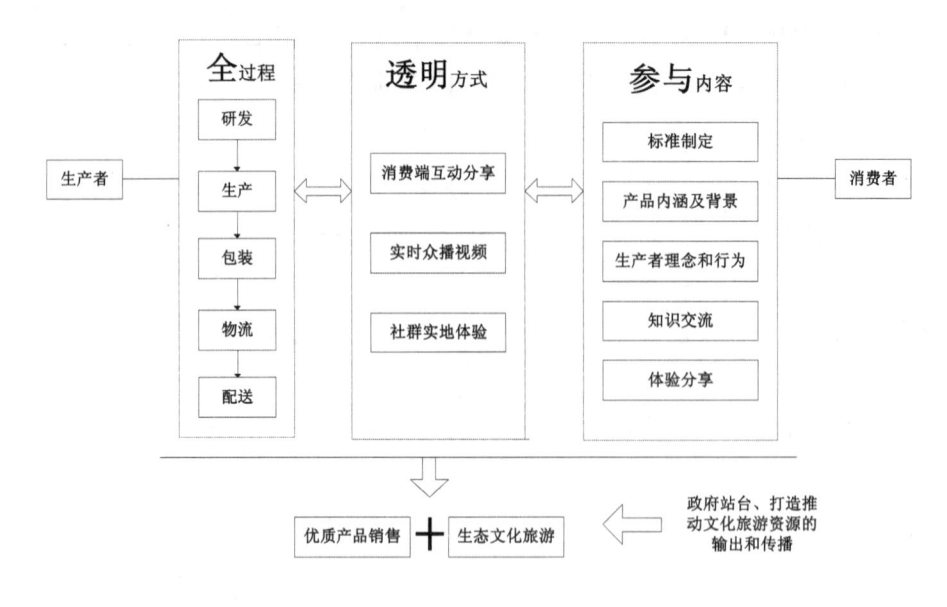

图 1-3　全产业链的农文旅结合模式

鸡的新型立体种养模式，形成"电商+坚果+咖啡+山地鸡"的特色农产品供应链模式。目前，永德县以南汀河干流 22 万亩"百里坚果长廊"建设为重点，逐步建成了大棕箐、大红山和帮控山 3 个万亩连片坚果种植示范园区和忙蚌、马鞍山、四方田等 8 个千亩连片坚果种植示范园区。依托流经寨子的 6.4 千米南景河水资源，建成"巅雪激漂"漂流带，并以南景河漂流带为基础，建成 300 亩阳光玫瑰葡萄基地、四季蜜橘园、青枣园、生态鱼养殖区，着力打造集观光、休闲、游乐为一体的现代休闲观光农业。漂流体验项目为村子带来了人气，项目运行期间，忙蚌村日游客量达 2000 人以上，平均日营业额超过 2.5 万元，2019 年全村共接待游客 10 万人次，旅游收入 301 万元[①]。

（七）贫困地区农产品直销供应链模式

由于农村的生态系统较为复杂，我们只靠现有传统的销售模式很难改造农村经济。特别是对地貌复杂、交通闭塞的贫困山区来说，创新农产品流通与销售方式，建立农产品直销的新型产销体系尤为必要。因此，一方面，各级机关、高校、医院、金融机构、企事业单位等，在同等条件下优先选购贫困地区农产品、畜产品，并建立直销对接合作机制；另一方面，在互联网+背景下，促进农产品出村进城，助力脱贫攻坚，衍生出"农产品+直销店""农

---

① 该案例总结概括来源于云南政协新闻网。http：//www.ynzxb.cn/xwpd/ShiZheng XinWen/138476.shtml。

产品+众筹""农产品+微商""农产品+拍卖"等多种模式供应链(见表1-2)。贫困地区农产品直销供应链还没有形成完整链条,物流成本高,各环节不协调。根据成都益民菜市场调研,2018年该市场农产品直采直销交易额0.2亿元,仅占销售额的3%。同时,"三州地区"物流成本较高,每单首重达1千克12元,部分生鲜产品物流超过20元/千克,是成都市的3倍以上。

表1-2　　　　　　城市带动贫困地区农产品直销的供应链模式

直销模式	主要内容	实践案例
农产品+直销店	从贫困地区直接到城市的政府机关、企事业单位	北京市工会+贫困地区农产品采购 金融系统+贫困地区农产品采购等
农产品+众筹	通过众筹平台来销售贫困地区农产品	京东众筹、淘宝众筹、苏宁众筹、有机有利、大家种等
农产品+微商	微信朋友圈发布自家的农产品种植、成长、采摘等信息,城市用户购买农产品	礼泉县、沂南县、河曲县、寻乌县、玉门市、兰陵县、武乡县等地
农产品+拍卖	通过拍卖大宗农产品的现货、期货等订单,帮助贫困地区农产品打开销路	中国国际服务贸易交易会专场综合拍卖会以拍卖的形式实现了资产、农产品与市场的充分对接

注:数据来源于作者根据报纸、期刊、网络信息的搜集整理。

综上,贫困地区农产品供应链是产业扶贫可持续的关键。从精准扶贫到乡村振兴需要不断完善农产品供应链。通过物流基础设施建设,加上第三方物流企业组织化、规模化运营,从冷链网络、产地仓建设等入手,整合电商平台、供应链金融等资源,促进贫困地区农产品销售,带动贫困地区农民脱贫。在产地建设拥有冷库、分拣、包装等功能的服务中心,将农产品收储、加工后通过冷链专线运输到消费集中的城市,确保农产品品质、降低损耗、提高流通效率。据此,对比西南贫困地区7种农产品供应链的模式(见表1-3)。

表 1-3　　　　　　　　西南贫困地区农产品供应链的模式对比

模式	内涵	优势	案例
产地电商扶贫模式	当地电商企业带动农产品供应链	聚焦产地，带动性强，利益留在当地	陕西平利县
产销一体化电商扶贫模式	电商销售平台+贫困地区生产者+经纪人，通过第三方物流运输配送至城市消费者	销售能力强，产销衔接好。平台提供了巨大的流量和销售能力	阿里、京东、苏宁易购、拼多多、贝店等电商平台带头加大力度帮助农村脱贫
直播带货扶贫模式	通过网红、名人等直播带货带动发展	短期内即时销售能力强，体验性强	各种直播带货
批发市场供应链模式	批发商上门采购、建立基地，依靠经纪人物流依托第三方物流，由菜贩子、超市完成配送	我国农产品流通的主要渠道，批发市场对接了贫困地区生产农产品的小农户和城市的消费者	举办推介会、展销会，设立销售专区、扶贫馆，减免进场费用，接待贫困地区政府和企业来访，到贫困地区进行农业讲座等方式助推贫困地区农产品销售
超市供应链模式	超市直接到贫困地区采购或者建立加工厂，委托第三方物流完成运输和配送，在超市中设立扶贫农产品销售专区	源头采购快速整合贫困地区的优势资源，越过中间商，发挥零售渠道优势	永辉超市、胜大超市等
休闲旅游带动供应链模式	在政府引导下，依靠城、镇、村、景、店，发展消费者休闲旅游、采摘采购、特色餐饮体验	使消费者对产品有直观认知，节约大量的采购、运输、配送等物流费用，促进贫困地区就业	企业到贫困乡村从事资源开发、产业园区建设和新型城镇化发展；形成电子商务+县域特色产业的一体化渠道营销
贫困地区农产品直销供应链模式	农产品流通企业与农民签订生产合约，建立农产品生产基地，将基地生产的农产品直接运送至自家在城市社区开设的直销店以出售给消费者	缩短流通环节、减少流通损耗、降低采购成本、降低农民风险	同等条件下优先选购贫困地区农畜产品；在互联网+背景下，促进农产品出村进城

注：数据来源于2019年中国电商扶贫联盟手册和企业网站信息整理。

四、基于 SCOR 模型的贫困地区农产品供应链系统优化升级

供应链运作参考模型，简称 SCOR，是由国际供应链协会开发，对使用的行业没有限制并能提供供应链模型参考，是一个层次模型。模型分为三个层次，其中计划（P）、采购（S）、生产（M）、发运（D）、退货（R）将供应链分解成计划、采购、生产、发运、退货五个流程。本文基于 SCOR 模型的通用性，对贫困地区农产品供应链的 SCOR 模型构建进行讲解。

（一）西南贫困地区农产品供应链的 SCOR 模型构建

西南贫困地区供应链计划是初期以销售终端为主导，与企事业单位等相关民生政府部门合作，致力于整合贫困地区生产者和生产要素，直接对接农产品供应源头，保证贫困地区农产品供应水平和质量，与此同时还能为贫困地区农民增收做出贡献。采购由采购组派专人或者采购商深入贫困地区，专注特色产品，直击种植基地实地考察，挑选出符合标准和体系的优质农产品推送到内部讨论，确定是否上线售卖。生产主要由生产基地专人负责，电商平台等销售终端则负责制订方案，包括商品宣传、造势、引流及广告相关环节。运输环节是各种供应链模式的重要组成部分，商品种类不同，贮藏方式和运输途径也要加以区分。在供应链的源头，保质期短暂且要求低温的农产品进行冷库存储，其余只要保证避免阳光直射即可。通过第三方物流实现长途干线运输，在过程中实现可追溯，行程有迹可循。消费者下单成功后第一时间出库，并辅以相应的冷链要素。确保出货快、用时短，且能保质。在政策和条件上，可以提供部分产品的退货服务。总体的最终目标是实现地区品牌，不断拓宽渠道，增大影响力（如图 1-4 所示）。

（二）基于 SCOR 模型的贫困地区农产品供应链绩效评价

贫困地区农产品供应链的发展水平是影响农业经济发展水平的关键因素之一，也是推动当地经济发展的重要影响因素。科学、客观、合理、规范的供应链绩效评估体系是保障供应链良好运作的重要手段，有助于诊断供应链中的瓶颈链接或故障链接，利用 SCOR 模型建立可供参考供应链绩效评价方法及指标体系，为贫困地区农产品供应链选择合适的合作伙伴，为农产品供应链系统的优化提供有效的依据。

参见评价指标体系，将贫困地区农产品供应链分为供应链外部服务流程绩效评价指标体系与供应链内部流程绩效评价指标体系两个部分。前者面向供应链外部的顾客，从可靠性、响应性和灵活性三方面进行指标评价，后者

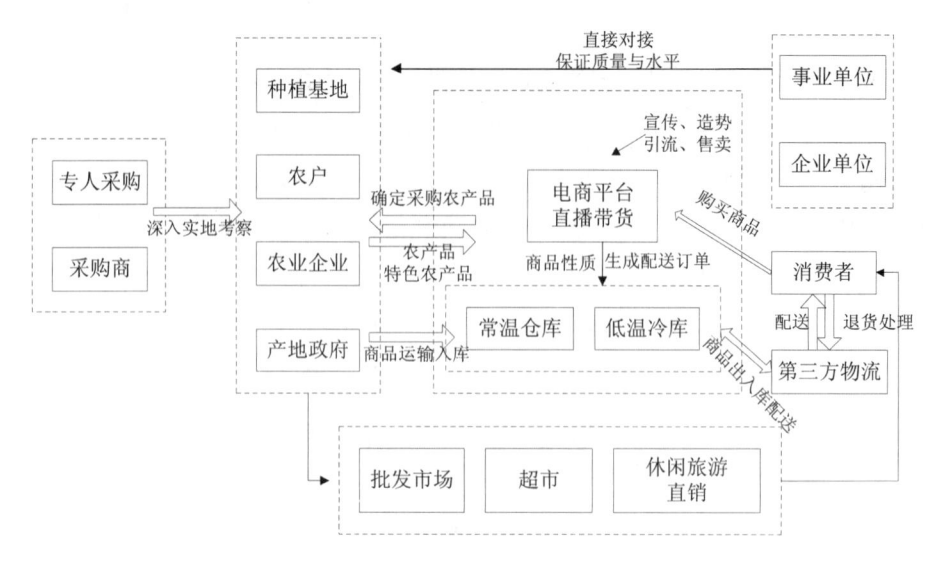

图 1-4　贫困地区供应链 SCOR 模型构建

面向供应链内部的流程，从成本和资产两方面进行指标评价。构建 SCOR 模型基本层供应链绩效关键评价指标，描述贫困地区农产品供应链绩效评价体系架构（如表 1-4 所示）。并结合表 1-4，对贫困地区农产品供应链进行诊断，找出并解决贫困地区农产品供应链的问题，从而提高客户满意度，降低贫困地区农产品供应链成本，进而提高贫困地区农产品供应链的整体效率，推动地区发展。

表 1-4　基于 SCOR 模型农产品供应链绩效评价指标体系

针对农产品供应链外部的顾客		针对农产品供应链内部的流程	
可靠性	交货能力	成本	供应链管理总成本
	订单实现比率		产品销售成本
	预测需求的准确性		担保成本或退货成本
响应性	订货交货日期		原材料损耗
			增值生产率
灵活性	供应链反应时间	资产	可供应存货天数
	生产的柔性		现金周转期
			资产周转期

针对农产品供应链外部的顾客方面，主要从可靠性、响应性和灵活性三

方面来评价，可靠性主要表现为7C原则，因此评价从交货能力、订单实现比率和预测需求的准确性上来进行。顾客在购买农产品时主要的要求是方便、快捷和农产品质量的完好，质量又包含着农产品的新鲜度、色泽等，贫困地区农产品多是分布在山地丘陵、喀斯特地貌和高原沙漠地带，地理位置偏远，道路、渠道、桥梁、房屋等基础设施亟待修建和改良，施工难度大且建设成本高。农产品由于自身易腐的特性，使得贫困地区的农产品交货能力相对较差。交通、网络等基础设施的缺乏，使得订单的实现比率较低。在没有专业人士的指导下，缺乏对需求的预测，使得部分贫困地区出现农产品滞销的情况。

从响应性方面看，响应性主要是供应链提供产品给顾客的速度。最主要的表现就是订货、交货日期，这对顾客来说和产品完整性一样重要。在快节奏生活的当今，顾客希望产品在下单后可以尽快送达，而贫困地区主要集中在中西部山区，边远山区的居民呈现散居的特点，户之间的间隔直线距离可达到几千米。贫困地区尤其是边远山区的交通设施基础差，通村公路路面窄、路况差，崎岖的山路使得货运大型车辆行驶困难，导致订单响应能力较差，没有办法尽快送达，相比于其他地区的农产品没有竞争力。

从灵活性方面看，灵活性主要是为应对市场变化，对市场变化的反应能力。好的灵活性可以获得或维持市场竞争优势，是评价供应链的重要指标之一。农产品种植时间周期长，贫困地区农产品生产的主体主要还是家庭农户或者小型农场业主，处于原始种植、自产自销为主的状态。除此之外，贫困地区农产品产后商品化处理设施面临建设不足、冷链物流设施不足的窘境。用于储存果蔬类的气调库库容不足，导致应对淡旺季的能力有限，保鲜储存设施落后使得贫困地区的农产品存储期有限，腐损率高，销售季节短等，这就决定了贫困地区农产品供应链没有较高的柔性，供应链反应时间较长。

针对农产品供应链内部的流程方面，从成本和资产两方面来进行评价，成本主要是伴随着供应链运营而产生的成本，表现在供应链管理总成本、产品销售成本、担保成本或退货成本、原材料损耗、增值生产率等。贫困地区的农产品，受限于生产主体的管理经验不足，农产品的生产缺乏计划性、组织性和市场性，在一个区域内没有形成一个统一的规模化生产管理，导致每家每户所生产出来的农产品质量参差不齐，虽种类繁多但是量不够，无法通过电商与外界的需求者形成长期有效的合作关系。农产品品牌化程度弱，受经济实力和传统观念影响，忽视品牌的创立，生产出来的农产品大多数没有标识，造成各项成本较高。

从资产方面看，资产是在管理资产满足顾客方面，企业组织的效率，主要表现为可供应存货天数、现金周转期和资产周转期等方面。贫困地区基础设施差，用于储存果蔬类的气调库库容不足，反季节储存成本较高。贫困地区农产品供需信息不对称，农户见到今年某种农产品卖得好，就盲目扩大种植，不尊重市场供需规则，对该种农产品的市场究竟有多大、到底能消化多少，不多做考量，再加上不重视科学种植，种植水平和品种有偏差，造成可供应存货天数时间短，现金周转期和资产周转期长，甚至可能出现亏损的情况。

因此，无论从供应链的外部顾客，还是内部流程来看，在完全竞争条件下，贫困地区农产品供应链缺乏竞争优势，绩效水平不高。目前而言，依靠的依然是政府的扶持和外部客户的同情式购买。因此，需要贫困地区农产品供应链转型升级，建立适度、富有竞争且可持续的供应链。

（三）基于 SCOR 模型的贫困地区农产品供应链优化升级

供应链运作的 SCOR 模型（见图 1-5）流程被分为四个层次：第一层是流程层，第二层是配置层，第三层是要素层，第四层是执行层。其中第一层将供应链流程划分成五大基本流程：计划流程（plan）、采购流程（source）、生产流程（make）、配送流程（deliver）和回收流程（return）；第二层将第一层的基本流程细分成 30 多个核心流程分类，贫困地区可以灵活地选择并配置这些核心流程分类以构建其理想或实际供应链，并据此设计其实施战略；第三层对第二层的每个流程分类给出了更细分的流程元素，其不仅定义了这些流程元素所需要的输入及对应的各种可能输出，且给出对该流程性能进行评测所需要的软件环境及各种工具；第四层可看成 SCOR 模型的实践扩展，其负责实施已配置好的特定供应链，并根据该供应链实施过程中宏观和微观环境的变化，及时动态地调整实施方案。

为了使贫困地区农产品生产和销售达到最优的产销模式，使整个链条上各成员之间达到互通流畅，本文基于 SCOR 模型，建立了农产品供应链运作程序，从而使信息流、资金流、物流得到协调，以实现良好的农产品供产销模式，实现深度贫困地区农产品走出去。

1. 流程层优化升级

基于 SCOR 模型第一层的五个流程，本文将深度贫困地区的农产品供应链的上下游成员按照计划流程（P）、采购流程（S）、生产流程（M）、配送流程（D）、回收流程（R）进行了细分，如图 1-5 所示。农产品供应链的环

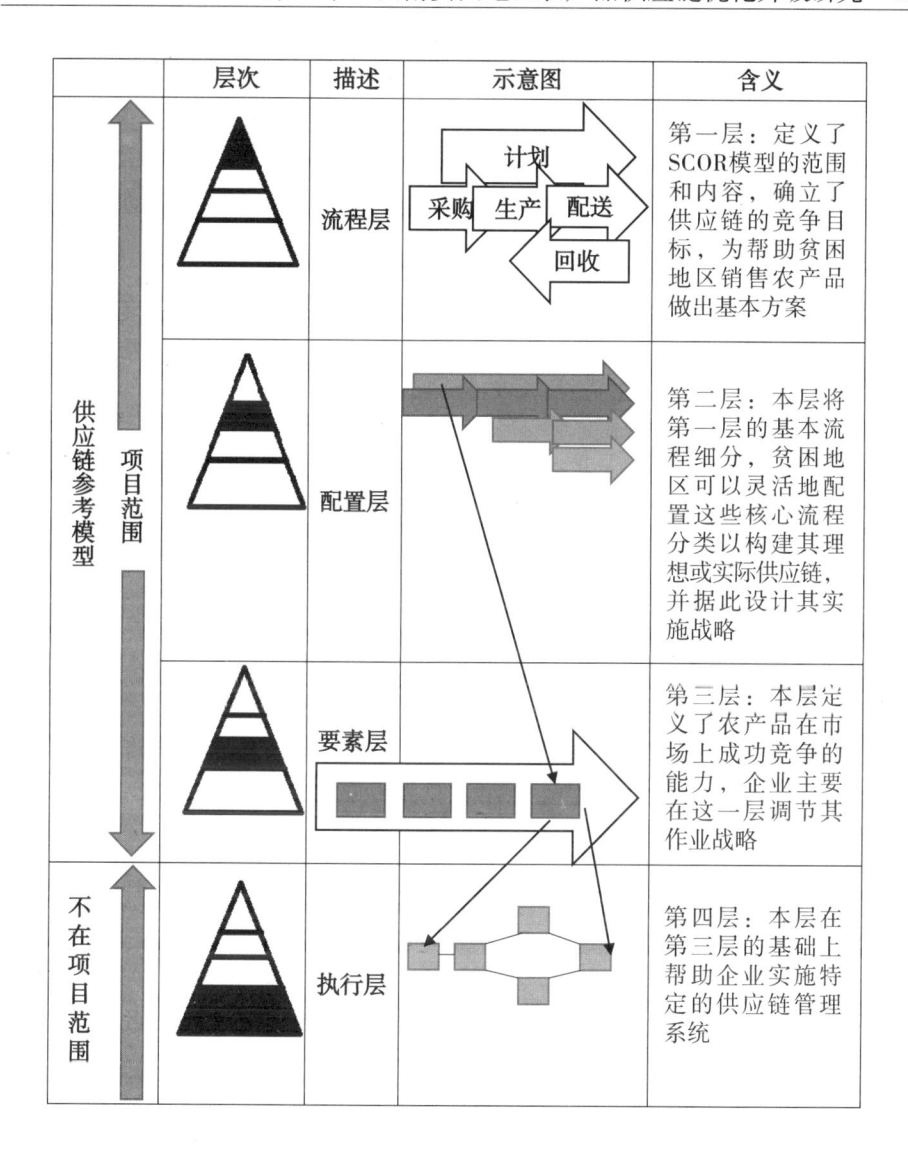

层次	描述	示意图	含义
供应链参考模型 / 项目范围	流程层	计划、采购、生产、配送、回收	第一层：定义了SCOR模型的范围和内容，确立了供应链的竞争目标，为帮助贫困地区销售农产品做出基本方案
	配置层		第二层：本层将第一层的基本流程细分，贫困地区可以灵活地配置这些核心流程分类以构建其理想或实际供应链，并据此设计其实施战略
	要素层		第三层：本层定义了农产品在市场上成功竞争的能力，企业主要在这一层调节其作业战略
不在项目范围	执行层		第四层：本层在第三层的基础上帮助企业实施特定的供应链管理系统

图1-5 SCOR模型层级划分

节有产地生产环节、产地物流环节、干线物流、城市配送、终端销售等。贫困地区一般地处偏远地区，交通设施落后。因此，运输仓储时间长，距离远，装卸次数多，导致农产品供应链效率低，损耗大，存在食品安全隐患问题。新冠肺炎疫情常态化防控背景下，各地通行政策也不一致，造成供应链频繁受阻。因此，要优化贫困地区农产品供应链环节，强化关键环节，优化供应链流程，提升供应链效率。

在第一层上，从供应商开始到终端客户之间是供应信息流和农产品物流的流动，反过来则是需求信息流和资金流的流动，在这条链上，主要在各流程环节之间进行优化，则可以实现农产品供应链效率提高。

第一，计划流程，为防止深度贫困地区在种植或养殖农产品时造成资源的不合理利用，市场的需求对于贫困地区来讲十分重要。一个合理的生产计划既可以保证产出和满足供给市场的需要，同时还可以避免农户无规律生产，避免造成农产品供过于求。如果因市场价高而一味生产某种产品，那么下一季该产品过多，市场价格下降农户又转产，以前过剩的农产品成为沉没成本损害农户利益。因此，为防止以上现象，应在农户休耕期针对各类商户、农产品销售企业进行大数据收集，根据当年和往年的销售数据，对消费者偏好进行分析，预测下一年的销售品种和数量，并及时制订计划反馈至农户。

第二，采购环节，此环节是整个运作环节的起始点，农户选择的种子、幼苗、农药、化肥、饲料等原材料的品质均能影响当年农产品的产出。因此，农业生产原材料供应商的选择也十分重要。选择供应商时必须要遵循最基本的标准"质量、价格、交货时间、订单履行能力"等因素，同时还要对供应商的业绩进行评价，督促其提供更物美价廉的原材料，防止恶性竞争。另外，对于良好的供应商可以建立长期合作关系，以保证农产品生产端（农户、种植企业）所需物资的可获得性，还可以通过长期合作与供应商商谈，降低原料采购成本。

第三，生产环节，主要分为产出量和质量两方面。由于农产品生产在整个供应链上处于较薄弱的一方，他们较多关注个人的利益，缺乏诚信。而且在生产过程中也存在着生产分散、农作信息获取不到位、农户与企业间缺乏合作、组织化程度低的现象，这些现象极易导致农产品质量低下甚至歉收。因此，在生产环节应鼓励农业合作社的模式，加强农户与企业的合作，为农户提供及时的信息，同时通过合作的模式也可以保障农户的利益分配，提高生产者的安全感，以保证农产品的产出及质量。

第四，配送环节，在图1-6中可以看到，配送主要存在于四个环节：一是原料供应商到生产者阶段，二是生产者到批发商阶段，三是批发商到零售商阶段，四是零售商再到终端客户阶段。针对前两个阶段，在这两个过程中主要是大批量的整体物流运输且批发商的经销点往往距离农产品产地较近，不易造成农产品货损。因此主要应在运输的时效性方面进行优化，此阶段应注意运输公司、运输工具、运输线路及运输时段的选择，规划合理的配送路线防止配送不及时，采取合理的车辆配载防止货损。针对后两个配送环节，主要是解决农产品"门到门"的配送问题以及降低农产品在配送过程中易腐易损耗的机会成本。国家应加大力度建设冷链物流基地，各零售企业也应合作建立或租用冷库及低温配送设备，防止配送流程出现"断链"造成产品损失，鼓励企业与专业的第三方物流服务商进行合作。

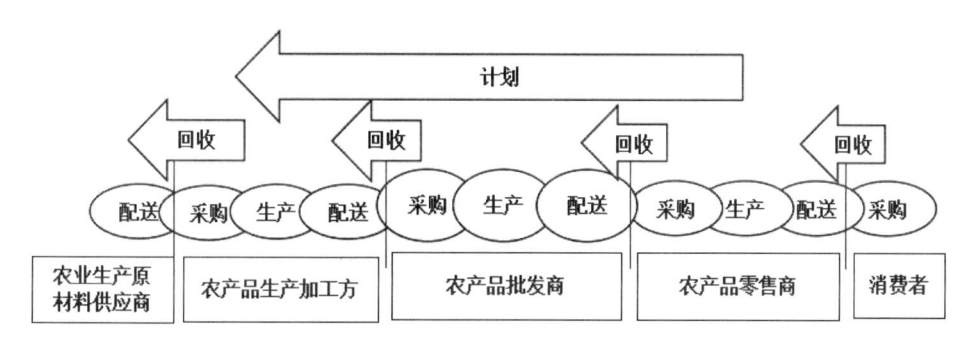

图 1-6 基于 SCOR 模型农产品供应链流程层结构

第五，回收环节，这个环节主要针对两方面，第一方面是退货，第二方面是反向废弃物的回收。第一方面：由于农产品本身存在时效性，随着运输时间的增长，产品本身的质量也在下降，因此在运输过程中很容易产生问题产品。这个回收过程对于远端客户，可以采取赔偿措施，进行货物回收，即"退款不退货"的模式。对于近端客户可采取有偿退货回收，给消费者一个畅通的回收渠道。回收的问题农产品要及时追溯原因，防止再次出现相关问题，并及时处理问题产品。第二方面：对于废品回收可再利用，例如，秸秆和腐败蔬菜水果就地还田，稻壳、马铃薯残渣作为有机肥利用。如此一来既节省了废品处理产生的成本，又实现了绿色供应链。

2. 配置层优化升级

该层是对第一层流程层的进一步细化，主要由 30 多种核心流程类型组成。每一种农产品都可以根据实际情况构建专属的供应链。具体配置流程划分如图 1-7 所示。

计划流程：该流程是对整个深度贫困地区的农产品生产能力、客户需求进行预测后，根据供应链目标制订总体需求计划。计划流程主要目的是在规划周期内，保证深度贫困地区的总产出与总需求达到平衡。在此基础上对模型的各个部分进行划分，具体为 P1 计划采购、P2 计划生产、P3 计划配送，以及 P4 计划回收。通过此细分过程，确定一定时期内（年、季度）的农产品生产方案，合理配置各方面资源，实现保质保量保准交货。

```
                          ┌── P1计划采购
                   计划P ──┤── P2计划生产
                          ├── P3计划配送
                          └── P4计划回收

                          ┌── S1采购订单原料
                   采购S ──┤── S2采购库存原料
                          └── S3采购定制原料

          配置层          ┌── M1生产订单农产品
                   生产M ──┤── M2生产库存农产品
                          └── M3生产定制农产品

                          ┌── D1配送订单农产品
                   配送D ──┤── D2配送库存农产品
                          └── D3配送定制农产品

                   回收R ──┬── R1问题产品退还
                          └── R2反向废弃物回收
```

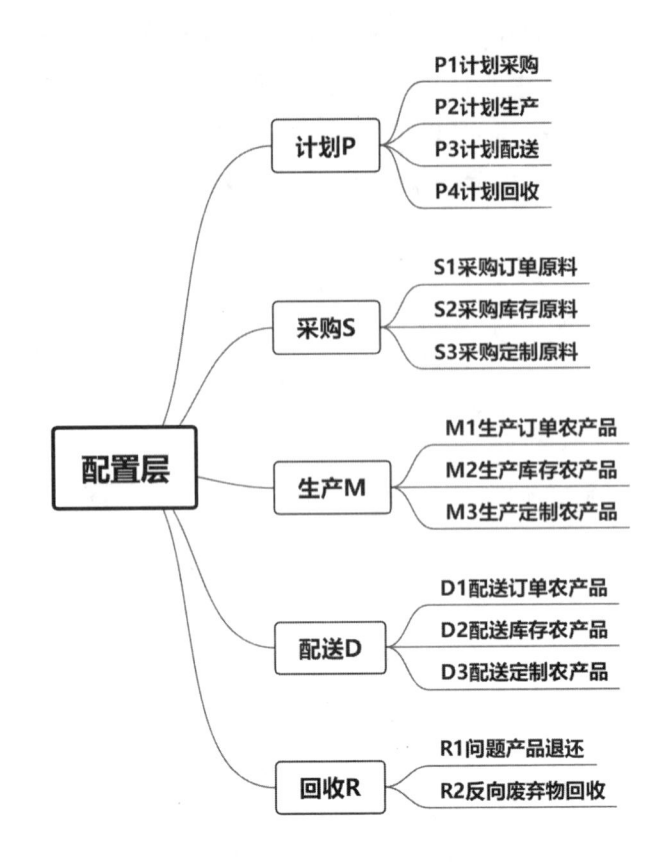

图 1-7 基于 SCOR 模型农产品供应链配置层结构

采购流程：该流程是整个运作环节的开端，该流程主要目的是原种品质、价格及数量，企业对采购的原材料进行选择、购买、检验、回收等管理，除了产品所需的原种获得以外，还需要从供应链角度，对供应商进行评估，对采购的运输、品质、合约、运输条件、产品规格等进行管理。该流程具体分为 S1 采购订单原料、S2 采购库存原料、S3 采购定制原料。根据不同的目的进行采购，方便不同的原种根据不同的目的分配培育，保证农产品产出差异化，迎合不同的需求。

生产流程：该流程主要按照生产计划，对采购来的原种进行领取、培育、包装、出货等处理，其主要目的是为了实现农产品的增值获得利润。在生产过程中，需要对生产环节进行产品质量、进度、设备、库存的管理。该流程具体可分为 M1 生产订单农产品、M2 生产库存农产品、M3 生产定制农产品。通过此过程生产，第一可以保证订单的完成，第二可以预防市场需求的波动，第三满足下游企业及终端客户的个性化需求。

配送流程：该流程需要按照客户的需求，在规定时间内将农产品送达客户的指定地点，配送环节主要进行客户与账单管理、出货运输管理以及配送渠道的决策管理。该流程可具体分为 D1 配送订单农产品、D2 配送库存农产品、D3 配送定制农产品。

回收流程：回收环节分为两个不同的环节，该流程具体分为 R1 问题产品退还、R2 反向废弃物回收。该环节包括退货回收以及逆向回收物流两部分。绿色生鲜的回收目的是服务于社会，并进行对资源的再利用节约成本，以及最基本的次产品退还。R1 问题产品退还：退还具体分为缺陷退还和多余退还，无论是客户端还是企业的退还工作，都要做好信息元素的输入输出，帮助供应链上各成员了解问题以及解决问题。对于缺陷退还的工作，要对供应商的选择以及自身的服务环节进行绩效记录，并积极进行后续退还工作处理。对于多余退货，由于生鲜农产品的特殊性，多余生鲜农产品要进行企业的信息载入，优先处理减少损失，以及防止下次供给冗余。R2 反向废弃物回收：该环节主要为了进行资源的再循环、实现绿色供应链。另外，供应链上企业自身所持有的可回收资源也可以向上游供应链企业进行返还，起到资本回流的作用。

近年来，贫困地区交通基础设施不断改善，2019 年，全国新改建农村公路 29 万千米，新增通客车建制村超过 9400 个，其中贫困地区超过 5800 个。但贫困地区还没有形成高效的物流网络，农产品上行和工业品下行的双向物流网络不成体系，导致物流成本高、损耗大、效率低。因此，要优化升级农产品供应链物流网络。整合与优化物流网络要素，形成解决方案，形成物流网络化平台。首先，要整合工业品下乡和农产品进城的双向物流通道，上下连通，一网多用。其次，要引进多式联运的运输方式，结合贫困地区农产品的特性和产销地路线的特性等交通运输条件，采用公路、水路、铁路联运方式。通过多式联运的物流网络节省时间、提高效率，确保农产品鲜活。最后，优化贫困地区农产品的城市配送车辆通行管理，根据对口扶贫、对口帮扶地区的情况，开展城市配送需求调查，明确城市配送运力投放标准、规模和投放计划，加强贫困地区农产品配送车辆标识管理，完善部门协作机制，提高配送效率。

3. 要素层优化升级

SCOR 模型第三层是对第二层的进一步分解，包含了第二层上每个元素的详细元素信息，如各项要素的输入输出、绩效评价、最佳实践方案等。以第二层上的 S1 采购订单原料为例，该环节包括订单原料的接收、检验、入库及结算环节，在模型第三层就需要设计这几方面的输入输出信息，比如，原料的接收需要包含供应商供应产品信息、检验需要输入产品检测指标信息、入库需要输入入库相关信息、结算需要输入产品成本结算相关信息，输出信息则主要包括这些环节的评价信息。此外，第三层还有一个重要组成部分就是对各项流程要素的绩效评价，SCOR 模型提供了通用的考核指标，如供应链可靠性、成本、灵活性、响应能力、资本等，对输入信息进行综合性评价，最终导出符合要求的最佳供应链成员配置，以实现整个链条上资源的合理利用和按订单产出。

供应链要素主要包括品牌、标准、人才等，是农产品消费扶贫供应链可持续发展的根本保障。近年来，贫困地区的交通条件和设施已经有了极大改观，但在标准、品牌、人才等要素支撑方面仍存在明显短板。生产规模小、标准不统一，品牌价值低、产品增值少，缺乏人才，由此导致断链频繁发生、缺乏可持续运营。因此，要利用疫情带来的机遇，消除不利影响，对扶贫供应链要素进行全面优化提升。农产品标准化与质量安全体系方面，要根据防疫要求，提升贫困地区农产品标准化、规范化水平。农业组织和政府相关部门要根据实际情况制定农产品生产标准，积极整合农业资源，实现规模化生产。将检验关口前移到贫困地区，建立健全农产品质量安全监管体系，确保农产品质量安全。在品牌价值方面，坚持以品牌建设促进农产品品质提升。目前，贫困地区农产品多以"有机""无添加"等为卖点。要利用疫情下电商、直播带货等网上媒介的巨大流量，充分挖掘农产品潜在价值，大力发展特色农产品，突显品牌文化和品牌内涵，增加农产品价值。充分利用全社会决战决胜脱贫攻坚的"窗口期"，推进品种品质细分，做足"特"字文章，大力发展一村一品，让品牌成为优质农产品和区域特色产业的代表性符号。在人才方面，充分利用疫情下很多乡土人才滞留在家乡的契机，努力提高农村电商、物流等人才待遇，扶持农人创业，让更多的人才扎根当地，加强人才队伍建设。加强供应链综合人才培养，不仅仅是电商等单层次的培训，更要加强综合素养培训。积极与电商企业、超市合作，带动当地农户发展。并通过积极出台优惠政策吸引大型电商、超市等人员到贫困地区创业。

4. 执行层优化升级

执行层是企业为了取得竞争优势和适应实际变化条件而制订的方案，企业可以在实施层上根据实际的情况，以及终端客户的要求调整和制定特定的供应链管理系统。该层处于不断变化的状态，因此该层一般可以由企业自行制定。首先，在国家和地区层面，要不断完善常态化疫情防控的扶贫攻坚策略，强化顶层设计，整合资金项目，最大程度避免产业重复和资源浪费，做到一村一品、一县一业，突出特色化和差异化。其次，要明确对口扶贫单位和贫困地区农产品供应链职责职能，要逐步形成以销定产的拉式供应链管理模式。最后，充分利用中央加快推进新基建工程的契机，优先扶持贫困地区5G、智慧物流等新设施新技术建设，利用大数据和物联网等先进技术跟踪贫困地区和贫困户的供应链行为，准确预测市场需求，控制农产品质量。通过需求端、物流端和生产端的精准对接，缩短供应链和降低运营成本。

五、结论及对策

目前，农产品的产销对接问题获得更多关注。但对于各个地区缺乏模式的定位，消费扶贫千篇一律，缺乏进一步延伸供应链的设计，也缺乏对于不同贫困地区农产品供应链运作绩效的评价。就对接主体而言，各大城市如北京、深圳等对接的是对口扶贫和帮扶单位，中央部门和企业单位产销对接的也是对口扶贫单位，并非完全是市场机制的调节作用。从对接内容来看，更注重农产品本身，在物流、品牌等方面缺乏深入合作机制。从对接效果看，仅仅是农产品销售，但新型产销体系尚未形成，且供应链不稳定。就最终结果而言，缺乏对贫困地区供应链运作效率的评价。目前，批发市场、超市等更多地结合政府做生产环节的组织化和产后加工，还有企业做前端的销售专柜或者是品牌运作、标准化等。但对于物流和供应链关注不多，对企业而言缺乏投资意愿，实际上仅仅是一次或者几次的产销对接也没有必要建立供应链。对政府而言，目前物流和供应链在贫困地区县级无行政管理部门，出现管理真空。对作为对口扶贫单位的城市而言也没有物流供应链的关注。需要更加精准施策，建立基于SCOR运作模型的评价体系，补齐供应链的短板和薄弱环节，不断优化升级供应链，形成可持续发展机制，助力决战决胜全面脱贫，以实现脱贫攻坚和乡村振兴的有机衔接。具体建议如下：

（一）制订疫情下贫困地区农产品供应链创新发展计划

在新冠肺炎疫情常态化防控阶段，充分发挥数字化供应链精准对接作用。通过互联网切入供应链。在上游，帮助贫困地区生产、加工企业构建链接农户、合作社、种养殖基地的供应链体系与融资服务，形成深度的产业链服务。

在下游，逐步链接连锁门店、餐饮等产业链下游场景，通过平台、仓配体系，帮助不同农户、合作社、厂家完成不同销售渠道的快速交付。通过以销定产的反向供应链模式，助力贫困地区整体供应链在线化，打造可持续发展机制。

（二）明确供应链扶贫中政府和市场的功能定位

供应链扶贫具有公益性，但长期来看，一定是市场化行为，因此，明确供应链扶贫中政府和市场的功能定位。政府要在公共设施、服务体系等方面发挥作用。一是重点解决公共设施，特别是电商基础设施和供应链基础设施，尤其是包括预冷设施、分拣加工等产地物流设施。二是强化供应链服务体系建设。推动农产品产后服务，物流便利化，健全农村电商服务体系，打通下乡和上行双向流通便利渠道。三是塑造良好的营商环境和规范的市场竞争秩序。要强化制度建设和要素市场改革，建立贫困地区公共采购平台和项目建设平台。企业是电商扶贫产业实施的主体，市场重点关注销售、品牌，政府要扶持其发展，但绝不能干预经营和行政推动。

（三）健全本地化的农产品供应链相关帮扶政策

经营贫困地区产品仍然是一种市场化行为，相关优惠或补贴政策是提升贫困地区产品竞争力的最直接、最有效的方法，地方政府应出台针对供应链企业的扶贫优惠政策，鼓励本地区域与企业品牌的打造，鼓励企业对产品溯源等技术的应用，并在产品价格、品牌塑造、物流成本、运营服务、溯源应用、税收等方面给予优惠或费用减免，增强本地企业及供应链企业的参与动力。

（四）有效打造品牌化区域农产品供应链

从农产品生产的源头抓起，在"农田"到"餐桌"的整个生产及流通加工过程中进行品牌的建立和宣传，培养消费者对贫困地区特色农产品的认可度和忠诚度。能够树立品牌形象，赢得消费者认可的农产品在电商平台拥有更高的销量，也更容易进入线下的商超。在特色农产品优势区、现代农业产业园等园区建设中，重点塑造一批特色鲜明、质量过硬、信誉可靠、带动能力强的企业品牌。建设具有文化底蕴、鲜明地域特色的"小而美"特色农产品品牌，不断提升品牌农产品在农产品贸易中所占比重，提升贫困地区农产品品牌溢价能力。并不是所有的产品都适合贫困地区，每个地区都有自己的地理环境和自然条件，得从这些小而散的产品中找到合适这些地区的农产品，并且进行一定的扶持从而发展成产业，保证扶贫品牌创建出来后有持续的产品供应。并将品牌培育和保护纳入法制化轨道，严厉打击假冒伪劣产品，保护品牌形象。

（五）构建"智库+供应链"平台，扶贫与扶智相结合促进农产品销售

贫困地区农产品销售供应链在产地、干线物流、终端销售等各环节都存在一些问题，但最根本的在于产地问题。日益提升的消费者需求，对农业投入品控制、生产标准化、产品品牌化等提出了要求，也需要相关服务企业提供配套服务。这些供应链上的问题仅靠贫困地区自身很难解决，需要各类智库根据自身资源优势，梳理地方发展政策及资金需求，想尽一切办法，广泛对接外部资源，做好穿针引线工作，构建"智库+农产品供应链"平台，用智库引导贫困地区发展，推动贫困地区农产品销售。

（六）加强贫困地区特色优势农产品生产基地冷链设施建设和运营管理

在有需要的贫困地区建设预冷设施，增强基地保鲜仓储、分拣加工、包装运输的综合服务能力，鼓励企业利用产地现有常温仓储设施改造或就近新建产后预冷、贮藏保鲜、分级包装等冷链物流基础设施，开展分拣、包装等流通加工业务。强化对贫困地区冷链设施的运营与管护，鼓励合作社、电商企业承包经营贫困地区冷链设施。培养贫困地区供应链带头人，把"最先一公里"的预冷、分拣、加工、包装等环节留在贫困地区。

参考文献

[1] 黄征学，高国力，滕飞，等. 中国长期减贫，路在何方？——2020年脱贫攻坚完成后的减贫战略前瞻 [J]. 中国农村经济，2019（9）：2-14.

[2] 汪三贵，张雁，杨龙，等. 连片特困地区扶贫项目到户问题研究——基于乌蒙山片区三省六县的调研 [J]. 中州学刊，2015（3）：68-72.

[3] 刘杰，戴丹，邹英. 基于可行能力视角的产业扶贫增能 [J]. 河海大学学报（哲学社会科学版），2020，22（5）：91-98.

[4] 李冬慧，乔陆印. 从产业扶贫到产业兴旺：贫困地区产业发展困境与创新趋向 [J]. 求实，2019（6）：81-91.

[5] 郑瑞强，胡春晓，赵烨. 脱贫攻坚经验总结及成果巩固策略研究——以江西为例 [J]. 农林经济管理学报，2020，19（5）：634-642.

[6] 刘永富. 以习近平总书记扶贫重要论述为指导坚决打赢脱贫攻坚战 [J]. 行政管理改革，2019（5）：4-1.

[7] 胡振光, 向德平. 参与式治理视角下产业扶贫的发展瓶颈及完善路径 [J]. 学习与实践, 2014 (4): 66-67.

[8] 王超超. 西南地区县域贫困村空间分布格局及致贫机制研究 [D]. 重庆师范大学, 2016.

[9] 徐进, 李小云. 论2020年后农村减贫战略和政策的相关问题 [J]. 贵州社会科学, 2020 (10): 149-155.

[10] 胡晗, 司亚飞, 王立剑. 产业扶贫政策对贫困户生计策略和收入的影响——来自陕西省的经验证据 [J]. 中国农村经济, 2018 (1): 78-89.

[11] 范东君. 精准扶贫视角下我国产业扶贫现状、模式与对策探析——基于湖南省湘西州的分析 [J]. 中共四川省委党校学报, 2016 (4): 74-78.

[12] 李志萌, 张宜红. 革命老区产业扶贫模式、存在问题及破解路径——以赣南老区为例 [J]. 江西社会科学, 2016 (7): 61-67.

[13] 罗晓霞, 邱泽萍, 贺林波, 等. 湖南省特色黄桃扶贫产业府际协同发展研究 [J]. 北方园艺, 2020 (13): 139-145.

[14] 李博. 后扶贫时代深度贫困地区脱贫成果巩固中的韧性治理 [J]. 南京农业大学学报 (社会科学版), 2020, 20 (4): 172-180.

[15] 贺雪峰. 论后扶贫时代的反贫困战略 [J]. 西北师大学报 (社会科学版), 2020, 58 (1): 14-21.

[16] 董帅兵, 郝亚光. 论后扶贫时代的相对贫困及其治理 [J]. 西北农林科技大学学报 (社会科学版), 2020, 20 (6): 1-11.

[17] 李雨, 周宏. 差异视角下基建投资、产业扶贫与"结对帮扶"减贫效应研究 [J]. 华中农业大学学报 (社会科学版), 2020 (2): 15-24.

[18] 祝慧, 雷明. 东西部扶贫协作场域中的互动合作模式构建——基于粤桂扶贫协作案例的分析 [J]. 苏州大学学报 (哲学社会科学版), 2020 (1): 95-101.

[19] 邓婷鹤, 聂凤英. 后扶贫时代深度贫困地区脱贫攻坚与乡村振兴衔接的困境及政策调适研究——基于H省4县17村的调查 [J]. 兰州学刊, 2020 (8): 186-194.

[20] 于乐荣, 李小云. 产业扶贫的地方实践与益贫机制 [J]. 农业经济与管理, 2020 (4): 5-12.

[21] 王志涛, 徐兵霞. 产业扶贫的脱贫效应与政策优化——基于大别山片区和滇桂黔石漠化片区的准自然实验 [J]. 经济与管理, 2020, 34 (5):

1-9，18．

[22] 李钢，李景．中国产业扶贫"十三五"进展与"十四五"展望[J]．当代经济管理，2020，42（11）：9-16．

[23] 许汉泽，徐明强．再造新集体经济：从"产业扶贫"到"产业兴旺"的路径探索——对H县"三个一"产业扶贫模式的考察[J]．南京农业大学学报（社会科学版），2020，20（4）：78-90．

[24] 吕开宇．2020年前后的高质量产业扶贫研究[J]．人民论坛·学术前沿，2019（23）：40-45，75．

[25] 邓大松，吴祖云，杨晶．中国农村扶贫政策的实践困境与路径优化——兼论农村扶贫和低保制度的衔接问题[J]．苏州大学学报（哲学社会科学版），2019（5）：93-102．

[26] 刘明月，汪三贵．产业扶贫与产业兴旺的有机衔接：逻辑关系、面临困境及实现路径[J]．西北师大学报（社会科学版），2020，57（4）：137-144．

[27] 刘学敏．贫困县扶贫产业可持续发展研究[J]．中国软科学，2020（3）：79-86．

[28] 孟庆武．"后扶贫时代"精准生态扶贫的实现机制[J]．人民论坛，2019（24）：158-159．

[29] 周海文，周海川，王志刚．政府对农民专业合作社产业扶贫的整合治理机制及效果研究——基于陇、川、黔三省连片特困地区调查[J]．中国行政管理，2020（7）：28-34．

[30] 姜庆志，胡炎平．产业扶贫成败的多重逻辑及其组合研究——基于42个典型案例的定性比较分析[J]．农村经济，2020（6）：74-82．

[31] 左停．升级扶贫产业价值链是高质量减贫的关键[J]．人民论坛·学术前沿，2019（23）：33-39．

[32] 许翔宇．贫困地区农户脱贫的困境与出路：基于农产品供应链的视角[J]．农业经济问题，2012（9）：92-95．

[33] 刘兵，叶云，杨伟民，等．贫困地区构建优势农产品供应链对农户减贫效应的实证分析——基于定西地区的农户调查数据[J]．农业技术经济，2013（6）：88-94．

[34] 颜廷武，唐妍，张俊飚．贫困地区农户融入农产品供应链发展的风险研究——以广西石漠化地区为例[J]．江西社会科学，2015，35（10）：

233-239.

[35] 李武, 邱国斌. 少数民族贫困地区精准扶贫的困境与路径: 基于农产品供应链创新的视角 [J]. 云南民族大学学报（哲学社会科学版），2016, 33（5）：119-123.

[36] 张喜才. 农产品消费扶贫的供应链模式及优化研究 [J]. 现代经济探讨, 2020（9）：125-132.

第二章 西南地区电商扶贫农产品质量安全研究

一、研究背景及意义

（一）研究背景

农产品质量安全问题一直是党和国家关注的重点，是食品安全的源头。2017年中央一号文件提出健全农产品质量和食品安全监管体制，建立全程可追溯、互联共享的追溯监管综合服务平台；2019年中央一号文件提出实施农产品质量安全保障工程，健全监管体系、监测体系、追溯体系；2020年中央一号文件提出发展富民乡村产业，强化全过程农产品质量安全和食品安全监管，建立健全追溯体系，确保人民群众"舌尖上的安全"。

2020年是脱贫攻坚收官之年，扶贫工作关系数千万人民的福祉，关系全面建成小康社会的目标能否如期实现。党中央、国务院高度关注扶贫工作，党的十九大报告指出，要实施乡村振兴战略，要坚决打赢脱贫攻坚战。习近平总书记曾对电商扶贫做出重要指示："可以发挥互联网在助推脱贫攻坚中的作用，推进精准扶贫、精准脱贫，让更多贫困群众用上互联网，让农产品通过互联网走出乡村。"

国家将电商扶贫纳入精准扶贫体系下，通过电子商务把贫困地区优质的农产品销售到全国各地乃至国外，增加了农民收入，农产品电商扶贫已成为精准扶贫的重要载体。

（二）研究意义

西南地区是脱贫攻坚、扶贫工作的主战场，特别是大西南的"三区三州"地区，是脱贫攻坚最难啃的"硬骨头"。保障西南地区农产品质量安全和可持续发展，不仅是国家农产品质量安全的重要组成部分，而且关系到民族团结、社会稳定、全面建成小康社会的实现以及精准扶贫效果等[1]。在国家精准扶贫战略和相关政策的支持下，电子商务在农村基层得到大力推广，"互联网+

农业"的发展吸引优秀人才返乡创业,一定程度上推动了农村电子商务的发展,在缓解卖货难、助推产业发展、实现地区脱贫等方面发挥了重要作用。而随着电子商务的开展,农产品质量安全问题迎来了新的更大的挑战。我国在农产品质量安全监管以及追溯方面仍存在许多问题,农产品电商扶贫领域质量安全状况不仅影响农产品电商扶贫工作的可持续开展,对于保证农产品质量安全也具有重要作用。因此,梳理我国西南地区农产品电商扶贫现状,分析电商扶贫农产品质量安全存在的问题并提出建议措施,为政府决策提供参考,具有重要研究和现实意义。

二、农产品电商扶贫现状

(一) 农产品定义及分类

农产品是农业中生产的产品,初级农产品是指农业活动中获得的植物、动物及其产品,不包括经过加工的各类产品。主要包括烟叶、毛茶、食用菌、瓜果蔬菜、花卉苗木、药材、粮油作物、牲畜、禽、兽、昆虫、爬虫、两栖动物类、水产品、林业产品、其他植物,以及上述农产品中的种子、种苗、种畜、种禽、种蛋、水产品的苗或种(秧)、食用菌的菌种、花籽等[2]。

(二) 农产品电商扶贫现状

1. 农产品电商发展现状

(1) 农产品电商发展历程

我国农产品电商经历了四个发展阶段。在起步期(1998—2004),以粮食和棉花网上交易为标志,农产品电子商务主要局限于大宗交易,是对现货交易的补充。在形成期(2005—2011),以生鲜农产品网上交易为标识,大批生鲜电商的涌入,改变了人们对农产品电商客体的定义,拉近了农产品电商与人们日常生活的距离。在成长期(2012—2014),随着电商的普及,B2C、C2C、C2B、O2O等创新模式被应用于农产品电商。2015年至今,农产品电商迎来发展期,以农产品电商相关政策密集出台为标志,农产品电商得到迅速发展,消费者通过网络可以购买各式各样的农产品[3]。

(2) 疫情期间农产品电商迅速发展

农产品电商的出现,实现了农业生产与市场需求的对接,改善了农产品流通状况,增加了农民收入。农产品电商蕴含巨大的商机,以阿里巴巴、京东、苏宁易购为首的电商平台纷纷进入农产品行业,电子商务以及互联网、信息技术为农产品流通注入新的生机[4]。在新冠肺炎疫情防控和生活必需品保供中，电子商务充分发挥其技术、网络和平台优势，成为抗疫、保供的重要力量。疫情期间，农产品电商得到迅速发展并发挥了重要作用。

（3）西南地区农产品质量安全抽检情况

2020年，国家市场监督管理总局食品安全抽检监测司共发布24次食品不合格情况的通告，其中涉及西南地区关于食用农产品不合格信息的通报为8次，具体情况如表2-1所示，不合格项目均来自农兽药残留超标问题。

表2-1　　　　　食用农产品监督抽检不合格信息（西南地区）

样品	进货来源地	被抽样单位地址	样品名称	不合格项目
34号	贵阳	贵州省贵阳市	猪肝	农兽药残留超标
33号	/	贵州省贵阳市	鲜大海鲈鱼	农兽药残留超标
30号	/	贵州省贵阳市	江门草鱼	农兽药残留超标
29号	杨家坪批发市场	重庆市江北区 重庆市南岸区	小芹菜 泥鳅	农兽药残留超标
27号	/	重庆市北部新区 重庆市两江新区	泥鳅 泥鳅	农兽药残留超标
10号	/	四川省成都市成华区 四川省成都市双流区 四川省成都市大邑县	牛蛙 牛蛙 豇豆	农兽药残留超标
9号	/	四川省彭州市 四川省成都市都江堰市 四川省成都市都江堰市 四川省成都市金堂县 四川省成都市武侯区 四川省成都市天府新区	豆芽 小韭菜 香韭菜 韭菜 淡水鲈鱼 活牛蛙	农兽药残留超标
8号	/	四川省成都市金堂县 四川省成都市大邑县	精牛肉 韭菜	农兽药残留超标

资料来源：国家市场监督管理总局。

2. 农产品电商扶贫现状

（1）农产品电商扶贫政策支持

习近平总书记强调，要从根本上解决贫困问题，必须依靠贫困地区自身产业发展。农产品电商逐渐成为精准扶贫的重要抓手。2015年11月，国务院办公厅印发《关于促进农村电子商务加快发展的指导意见》（以下简称意见），《意见》指出农村电子商务是转变农业发展方式的重要手段，是精准扶贫的重要载体。

2018年，由商务部电子商务和信息化司指导，中华思源工程扶贫基金会牵头，联合阿里巴巴、京东、中粮、每日优鲜等17家单位共同发起的中国电商扶贫联盟挂牌成立，旨在挖掘贫困地区优质农特产品，培育扶贫品牌，加强贫困地区农特产品的宣传与产销对接，提高贫困地区农特产品市场认知度和经济效益，进一步提升电子商务精准扶贫效能，帮助贫困地区农民脱贫致富[5]。

（2）电商扶贫助力打赢脱贫攻坚战

目前，电商扶贫专区已经覆盖全国主要贫困地区，涉及西南地区共211个贫困县，其中重庆市14个，四川省42个，贵州省47个，西藏自治区48个，云南省60个。电商企业扶贫专区共涉及21家电商企业，其中包括京东、淘宝网、中粮、唯品会、一亩田、本来生活等[6]。

中国电商扶贫联盟在商务部电子商务和信息化司指导下，与地方商务主管部门深度合作，联盟为贫困地区企业开展"三品一标"认证培训，电商平台成为脱贫攻坚生力军[7]。在新冠肺炎疫情影响下，2020年成为直播电商的井喷之年，各式直播场景掀起了全民参与的热潮，借助直播模式和电商平台的扶持，贫困地区的农产品打通上行销路，县长、市长直播成为一种潮流[8]。

2020年全国脱贫攻坚表彰会上，拼多多荣获全国脱贫攻坚"组织创新奖"。拼多多依托"农地云拼"等技术创新体系，截至2019年年底，已经直连的农业生产者超1200万人，带贫超100万人。"多多果园"每天送出扶贫助农水果超过200万斤，其中绝大多数采购自"三区三州"深度贫困地区和国家级贫困县。2019年全年，入驻国家级贫困县商家36万家，"三区三州"商家15.7万家，年销售额48亿元，其中云南雪莲果、大凉山软籽石榴等网红水果脱颖而出，带动边远地区产业发展，激发脱贫内生动力。2020年2月起，拼多多上线"抗疫助农"专区，云南省怒江傈僳族自治州泸水市，来自老窝村的131户建档立卡贫困户变身"新农商"，成为产业链的利益主体[9]。

（3）农产品电商扶贫模式

①"农户+帮扶主体+电商平台"模式。由于农户文化水平不高，缺乏电子商务相关知识和能力，在该模式下，由村干部、大学生村官、电商经纪人等具备电商技能的人开设网店，以代售或收购的方式帮助农户销售农产品。例如，贵州息烽县永靖镇立碑村的电商脱贫模式。由于农户想开网店却没有专业技能，息烽县与阿里巴巴淘宝大学合作，建立贵州省首个淘宝大学县域培训基地，吸引了一大批青年返乡创业，周边区县创业青年也慕名而来[10]。

②"农户+合作社+电商平台"模式。该模式通过建立合作社，将零散的农户组织起来，合作社建立统一的生产标准、统一的质量标准、统一的农资供应，农产品由合作社统一收购，并依托于电商平台进行销售。贵州为加强农村电商推动"黔货出山"工作，加快推动农产品上行、提升电商服务支撑能力、培育壮大农村电商主体、完善农村物流配送体系、完善"贫困户+合作社+电商"利益联结机制，实现电商与当地产业资源精准对接，打造了"黔货出山"集散平台，实现了"买全省、卖全国"，加快农村电子商务发展，助推贵州脱贫攻坚[11]。

③"农户+合作社+龙头企业+电商平台"模式。该模式通过培育发展电子商务龙头企业，发挥其带动引领作用，引导贫困户进入电子商务领域。企业可以提供技术培训和指导，龙头企业有利于当地形成电商的良性发展。2019年，云南省红河州绿春县成功获批国家级电子商务进农村综合示范县项目，全县建立1个县级电子商务服务中心和9个乡镇电子商务服务站，在该模式下，探索"玛玉古王茶"销售新模式，助推脱贫攻坚。绿春九州电子商务通过搭建电商孵化中心，为中小企业开展网络培训，通过整合资源形成电商规模，强化对外销售输出能力[12]。

④直播模式。直播模式是指主播团队通过直播平台，在直播间里对农产品进行实时讲解和宣传，吸引广大的线上用户，用户进入直播间观看直播的同时可以与主播互动，主播会根据粉丝的需求进行推销，主动迎合消费者的需求的销售模式。2020年11月19日，"2020重庆商圈购物节暨第四届重庆电商扶贫爱心购活动"正式开启，组织各类电商扶贫专区和专馆103家、农特产品（主要为扶贫产品）1100余款参与线上线下展示展销，做到给消费者带来"有扶贫参与感"的电商扶贫活动[13]。

⑤旅游电商、旅游扶贫相结合的模式。西南地区旅游资源丰富，可带动"农文旅一体化"发展，通过"公司+农户""互联网+"等模式，将旅游电商与旅游扶贫有机结合，推动优质特色农产品走出大山。黔东南州以"中国聚

宝盆·大美黔东南"为品牌，充分利用全州旅游"智慧旅游"服务平台、云信息、互联网和电商平台、节庆推广、主题活动等载体，建设农产品展销平台及电商服务点，支持各大电商平台为贫困县市开设扶贫频道，开展在线宣传推广、特产销售[14]。

三、西南地区电商扶贫农产品质量安全现状 h

(一) 农产品质量安全控制

1. 农产品生产主体食品安全意识显著提高

农产品是农产品电商扶贫的基础，农产品的质量安全是影响电商扶贫的重要因素之一。而农产品生产环节是农产品质量安全的源头，政府和企业在组织农户进行电子商务相关知识培训的同时，要在农产品质量把控以及种植技术上给予指导，培养农户的质量安全意识。优质的农产品是提高市场竞争力的关键，农户从源头对农产品质量安全进行控制，降低风险的发生。

2020年12月17日，全国家庭农场工作座谈会会议指出，"十三五"期间特别是今年以来，家庭农场工作取得突破性进展，全国家庭农场名录系统填报数量大幅增加，大量符合条件的规模农业经营户纳入家庭农场范围享受指导服务[15]。截至2020年9月，四川全省家庭农场入库（全国家庭农场名录系统）数量达到14.61万家，较2019年年初增长近156%，覆盖近半数的村，是全国完成目标任务最快、最好的省份之一[16]。通过示范农场的带头作用，引导家庭农场合理经营，加快名录系统填报，加强对家庭农场的组织领导，有利于促进全国家庭农场高质量发展。

研究团队走进云南省调研，云南省对贫困村统一派驻村干部，包括农业技术人员，为农民传授种养殖技术，提供种植标准，为农民生产种植提供技术支撑。同时，种植能手或村党支部牵头成立农业种植合作社，有力地促进了农产品种植的标准化。

云南省昆明市呈贡区具有种植蔬菜的悠久历史，农民蔬菜种植技术水平较高。通过调研发现，呈贡区大量蔬菜种植户外出云南宜良县、云南嵩明县、云南澄江市等地承包土地，政府给予一定的补贴，种植大户把蔬菜种植技术带过去，推广了蔬菜种植技术，提高了当地蔬菜的品质与影响力。

2. 农产品电商物流网络不断提升

农产品质量安全涉及生产、加工、运输、贮藏、销售等多个环节。物流是电商运作的重要一环，在促进农产品电商发展中发挥了积极作用，尤其是农产品物流更决定了农产品品质以及消费者的体验感,但是物流方面存在的问题也是造成农产品质量安全问题的"痛点"。随着农产品电商扶贫工作的不断开展,农产品物流需求的总量逐渐上升,为保证农产品的质量安全,需要对农产品进行包装。对农产品预冷以及冷库贮藏,可延长农产品贮藏期以及降低农产品的损耗。

农村和偏远地区网络基础设施建设的不断提升,为农村电商物流发展提供网络保障。信息技术的应用,使农产品电商信息服务体系不断完善。2020年4月,贵州省蔬菜集团打造的贵州农产品大数据平台——"黔菜网"正式上线运营,网站上的各个板块清晰地展示了贵州省内农产品生产和交易情况,通过数据分析,对可能滞销的农产品发出预警,通过与省外农产品批发市场构建信息互通共享,了解外省各大市场需求情况,打通产销端信息,高效仓储、运输,降低冷库空置率和物流运输成本,指导贵州农产品生产销售[17]。

随着农产品电商扶贫的深入开展,我国主要电商主体包括阿里、京东、苏宁易购、供销e家等争相进入农村,圆通、中通、申通、韵达、顺丰、EMS等相继布局,为农产品电商物流提供了坚实的基础。

3. 农产品冷链物流体系快速发展

冷链物流体系是农产品,尤其是生鲜农产品的重要流通渠道,随着生鲜农产品的产量和流通量不断增长,区域和品种布局日益优化,对农产品冷链物流服务规模和效率都提出了更高的要求。近年来,冷链物流伴随农产品电商得到飞速发展,建立高效的农产品冷链物流体系,可以扩大农产品销售范围,增强市场竞争力,但我国农产品冷链建设起步较晚,且东西部发展不均衡。

2017年,贵州省印发《贵州省发展冷链物流业助推脱贫攻坚三年行动方案(2017—2019)》,贵州省冷链基础设施建设数量持续增长,2019年年底,全省冷库库容累计建成160万吨,冷链运输车辆1420辆。贵州省冷库库容高于西部地区平均水平,万人冷库保有量居西南地区第二位(重庆第一),省内建成一批集冷链产业"供、储、运、销、配"全链条无缝衔接的物流园区[18]。

2020年,四川省通过跨区域农业社会化和农产品烘干冷链物流综合服务体系建设,增加农产品的初加工能力,年内全省农产品冷链静态库容将达到760万吨。四川省将结合"10+3"现代农业体系和现代农业园区建设,推动建立县(市、区)、市(州)、省三级仓储保鲜冷链物流体系配套。重点突出农产品骨干冷链物流基地、区域性农产品产地仓储冷链物流设施、乡镇田头仓储冷链物流设施、村级仓储保鲜设施建设[19]。

2016年，京东集团与国务院签订合作协议，实施产业扶贫，京东在"十三五"期间投资30亿元，用于贫困地区生鲜冷链宅配体系建设。根据课题组在云南的调研，通过政府补贴的方式，贫困地区依托社会资金已建起了相当数量的冷库，基本能满足现时的需求。

4. 农产品质量安全追溯体系是保障食品安全的重要手段

农产品质量安全追溯体系是保障农产品质量安全的重要手段，对于农产品电商扶贫的可持续发展也具有重要意义。西南地区各级政府部门充分认识到追溯体系建设的重要性，在追溯领域开展了系列工作。

（1）四川省农产品质量安全追溯平台

我国高度重视食品安全，各地方政府结合实际情况积极推进农产品质量安全追溯体系建设。2012年，作为西部大省的四川在全国率先启动农产品质量安全追溯体系建设探索之路。2020年11月13日，四川省厅市场与信息化处发布四川省农业农村厅对省十三届人大三次会议第935号建议答复的函提到，2012年四川省建立农产品质量安全追溯管理信息平台，2018年完成平台改造提升。截至目前共有11620家主体入驻，录入产品批次64107条，企业累计使用追溯码2.6亿张。2017年四川省被农业农村部列为国家追溯平台3个试运行省份之一，2018年完成试运行工作，2019年率先在全国完成部省追溯平台对接。全省分配工作机构账号822个，录入监管、检测、执法信息3224条，数量位居全国前列。

2019年，四川省积极开展农产品质量专项整治工作，全年抽检各类农产品样品31198个，其中，例行监测抽检样品14130个，蔬菜、水果、茶叶、畜禽蜂产品和水产品合格率分别为99.3%、98.7%、99.7%、99.5%和98.3%[20]。2020年，农业农村部重点推动食用农产品合格证工作，要求各地积极探索"合格证+追溯码"模式。四川先行先试，已在省级追溯平台新增了合格证打印功能，既简化了生产经营者操作，又便于消费者扫码查询[21]。

（2）云南省中药材追溯平台

自2012年以来，国家重要产品追溯试点示范项目，分三批支持18个省市建设中药材流通追溯体系，云南省是第二批建设省份之一。中药材作为云南省特色农业，是促进地方农业经济发展和实现农民增收致富的重要产业之一。2016年2月，国务院印发《中医药发展战略规划纲要（2016—2030）》（以下简称《纲要》），《纲要》提到，到2030年，中医药治理体系和治理能力现代化水平显著提高。全面提高中药产业发展水平是《纲要》的重点任务之一，其中包括加强中药资源保护利用、推进中药材规范化种植养殖、促进中药工业转型升级、构建现代中药材流通体系。同年9月，《云南省人民政府关于贯彻落实中医药发展战略规划纲要（2016—2030）的实施意见》发布，指出要构建现代中药材流通体系，建设现代中药材仓储物流中心，形成从种植、养殖到加工、包装、仓储和运输一体化的现代物流体系。

云南省在文山壮族苗族自治州、红河哈尼族彝族自治州、昭通市开展了中药材流通追溯体系建设。2017年，基本完成红河州国家中药材流通追溯体系建设试点工作，建成1个服务中心、5个子系统和若干个追溯节点。截至2019年5月底，云南中药材流通追溯体系注册认证企业达270家，赋码量突破100万，国家追溯标识授权企业已有45家[22]。

2018年9月，云南省扶贫办、省卫生计生委等5部门印发《云南省实施"定制药园"工作方案》，要求在贫困地区设立不少于100个定制药园，通过定制药园建设，充分利用丰富的中药材资源，带动贫困地区农户种植（养殖）大宗、道地中药材，提升中药材质量，打造"云药"品牌，实现增收致富，推动全省脱贫攻坚工作。被认定的33家定制药园建设单位，2018年帮扶建档立卡贫困户约1.6万户、4.7万人，帮扶周边农户约6.5万人，带动周围建档立卡贫困户每户增收约6000元[23]。

2019年云南省中药材种植养殖行业协会利用现代信息技术搭建的一体化、信息化、数字化的"云药质量追溯平台"，实现了对中药材生产全过程关键质量节点的把控。通过网站系统和微信小程序对中药材种苗繁育、药材种植、产地初加工、购销存储四大环节形成全过程闭环溯源，逐步建成了"来源可查、去向可追、责任可究"的中药材流通追溯体系，并免费为28家会员企业搭建追溯体系，发展中药材品种15个，涉及中药材种植面积5万余亩。同时，"云药质量追溯平台"获得了国家中央追溯平台可追溯码和国家"中药追溯"标识认证授权，协会将利用"中药追溯"和"云药追溯"双标联用对中药材追溯企业进行授权管理和服务，持续推动云南省中药材行业向标准化、数据化、信息化迈进。到2020年11月，云南申请使用"云药质量追溯平台"建设追溯体系的企业已有96家，品种发展到25个，涉及中药材种植面积100万余亩，对主要产品实现从种植、加工到流通销售的大数据追溯，并接入云南省重要产品追溯协同中心、云南省大数据公共服务平台等政府监管平台，实现了中药材追溯信息的政府监管和共享。云南的中药材追溯体系建设，逐步形成了政府引导、协会搭台、产需共享的良好局面[24-25]。

(二) 农产品电商质量安全监管

农产品电商快速发展的过程中，电商扶贫的农产品质量安全越来越受到社会的关注。电商扶贫的可持续发展需要从农田到餐桌多个环节的农产品安全监管，监管跨度长、范围广，涉及监管部门多。在农产品源头，对农药、肥料、种子、饲料等农业投入品进行市场监管；在农产品生产环节，农业部门对农产品质量安全进行抽检，做好质量安全监测工作；国家市场监管总局对经营者实施监督管理，对市场上销售的农产品进行抽检，对不合格的产品，查清产品流向，采取下架召回不合格产品等措施控制风险[26]。2015版《食品安全法》首次提出对网络食品销售进行监管，接着出台《网络食品经营监督管理办法》，标志着我国把网络食品监管纳入食品安全监管范畴。

2020年8月，云南省农业农村厅印发《云南省农产品质量安全例行监测工作管理办法》和《云南省农产品质量安全监督抽查工作管理办法》（以下简称《办法》）。《办法》规定，云南省将根据蔬菜、水果、茶叶、畜禽产品、水产品当前的安全风险隐患、产品收获季节、重点产品等因素确定监测品种和数量。全年按季度开展4次例行监测，对于市场环节发现的不合格样品信息，省农业农村厅及时将发现的问题和不合格样品检测报告通报省市场监督管理局。在农产品质量安全和农资打假例行检查中，共计发现畜禽产品不合格样品8个、蔬菜不合格样品1个[27]。

农业农村部《"十三五"全国农产品质量安全提升规划》明确提出"十三五"期间农产品质量安全监管工作要逐步探索出一套符合中国国情和农情的监管模式，要从全面提升源头控制、标准化生产、风险防控、追溯管理、执法监管等方面完善农村地区政府监管工作机制[28]。

政府监管部门普遍通过电子商务服务中心、行业协会等平台进行监管，在一定程度上克服了信息不对称，加强了政府与企业的合作信任[29]。

在脱贫攻坚背景下，政府对电商扶贫农产品的监管，以推动经济社会发展、维护公众健康为主要目标，为农产品电商扶贫的顺利推进提供支持。

(三) 电商扶贫农产品质量问题消费者评价

在"互联网+"背景下，电商平台在脱贫攻坚中发挥重要作用，不仅促进农产品产销对接，让贫困地区的农产品走出大山，更好地推动消费扶贫，而且推动了产业可持续发展。电商平台能够很好地解决农产品滞销问题，但农产品的质量安全一直是社会关注的重点。电商平台的消费者反馈的信息能够反映出电商扶贫农产品的质量安全问题。

本研究以电商扶贫企业淘宝网和京东商城作为样本,参考电商网站的助农扶贫专区(吃货助农)的农产品分类,选择根茎类和新鲜水果两类农产品开展研究。

本研究负面评论样本选取时间为 2020 年 1 月 1 日至 2021 年 1 月 14 日,共收集有效负面评论 1541 条,其中 1393 条负面评论与电商扶贫农产品质量安全相关,占负面评论样本数的 90.4%,电商扶贫农产品质量安全问题占消费者负面评论的绝大部分,其中,新鲜水果负面评论占比 54.5%,显著高于根茎类的负面评价占比(表 2-2)。其中与质量安全相关的负面评论主要有口感不好、坏果、个头小,与质量安全不相关的负面评论主要有物流服务、卖家服务态度差等(表 2-3)。

与质量安全相关的负面评论中,坏果有 619 条(占总负面评论数的 29.4%),且坏果在各个星级的店铺所占比例都较高(表 2-5),个头小有 424 条(占总负面评论数 20.1%),不新鲜有 246 条(占总负面评论数 11.8%),具体如表 2-4 所示。

表 2-2　　电商扶贫农产品消费者负面评论分布

		频次	有效百分比(%)	累积百分比(%)
店铺星级	3	181	11.8	11.8
	3.5	312	20.2	32.0
	4	540	35.0	67.0
	4.5	470	30.5	97.5
	5	38	2.5	100.0
用户评价	低	1038	67.4	67.4
	中	318	20.6	88.0
	高	185	12.0	100.0
物流服务	低	1063	69.0	69.0
	中	92	6.0	75.0
	高	386	25.0	100.0
服务态度	低	896	58.1	58.1
	高	645	41.9	100.0
农产品种类	根茎类	701	45.5	45.5
	新鲜水果	840	54.5	100.0

表 2-3　　　　　　　是否与质量安全相关 & 负面评论影响因素交叉表

是否与农产品质量安全相关	物流原因	服务态度差	不新鲜	口感不好	坏果	不足秤	包装破坏	个头小	其他
否	42	21	0	1	1	0	8	0	123
	28.4%	14.2%	0	0.7%	0.7%	0	5.4%	0	83.1%
是	60	62	246	296	619	112	31	424	61
	4.3%	4.5%	17.7%	21.2%	44.4%	8.0%	2.2%	30.4%	4.4%

注：行百分比为响应数与个案数的比。

表 2-4　　　　　　　　　　负面评论问题频率

负面评论问题类别	个案数	百分比（%）	个案百分比（%）
物流服务	102	4.8	6.6
卖家服务态度差	83	3.9	5.4
不新鲜	246	11.8	16.0
口感不好	297	14.1	19.3
坏果	619	29.4	40.2
不足秤	112	5.3	7.3
包装破坏	39	1.9	2.5
个头小	424	20.1	27.5
其他	184	8.7	11.9
总计	2106	100.0	136.7

在以农产品种类分类评价中，即根茎类与新鲜水果类农产品出现负面评论是不新鲜（口感不好、坏果、不足秤、包装破坏、个头小）的比例存在显著性差异，根茎类问题主要在坏果（36.4%）、个头小（33.0%）、不新鲜（24.4%），新鲜水果类问题主要是坏果（43.3%）、口感不好（29.0%）、个头小（23.0%）（表 2-5）。

在用户评价中，物流服务、不新鲜、口感不好、坏果、不足秤、个头小、其他在不同级别间存在显著性差异，用户评价低的店铺（按顺序）坏果、个头小、口感不好问题较多、不新鲜；用户评价中的店铺个头小、坏果、其他问题较多；用户评价高的店铺口感不好、坏果、个头小较多。

表 2-5　电商扶贫农产品交叉表

类别		质量安全是否相关		负面评论问题类别							
	级别	否	是	物流服务	服务态度差	不新鲜	口感不好	坏果	不足秤	包装破坏	个头小	其他
店铺星级	3+3.5	15 8.3%	166 91.7%	35 7.1%	30 6.1%	87 17.6%	35 7.1%	185 37.5%	42 8.5%	17 3.4%	173 23.7%	53 10.8%
	4+4.5	29 5.4%	513 94.6%	65 6.4%	46 4.5%	152 15.0%	257 25.4%	421 41.6%	65 6.4%	19 1.9%	240 23.7%	124 12.3%
	5	6 16.7%	30 83.3%	2 5.6%	7 19.4%	7 15.4%	5 13.9%	13 36.1%	5 13.9%	3 8.3%	11 30.6%	7 19.4%
用户评价	低	65 6.3%	973 93.7%	73 7.0%	61 5.9%	180 17.3%	182 17.5%	463 44.6%	92 8.9%	31 3.0%	270 26.0%	101 9.7%
	中	58 18.2%	260 81.8%	26 8.2%	12 3.8%	50 15.7%	54 17.0%	102 32.1%	13 4.1%	5 1.6%	103 32.4%	58 18.2%
	高	25 13.5%	160 86.5%	3 1.6%	10 5.4%	16 8.6%	61 33.0%	54 29.2%	7 3.8%	3 1.6%	51 27.6%	25 13.5%

续表

类别		级别	质量安全是否相关				负面评论问题类别							
			否		是		物流服务	服务态度差	不新鲜	口感不好	坏果	不足秤	包装破坏	个头小	其他
物流服务		低	96	9.0%	967	91.0%	70 6.6%	61 5.7%	177 16.7%	188 17.7%	431 40.5%	72 6.8%	22 2.1%	319 30.0%	123 11.6%
		中	10	10.9%	82	89.1%	7 7.6%	3 3.3%	39 42.4%	6 6.5%	38 41.3%	10 10.9%	2 2.2%	18 19.6%	10 10.9%
		高	42	10.9%	344	89.1%	25 6.5%	19 4.9%	30 7.8%	103 26.7%	150 38.9%	30 7.8%	15 3.9%	87 22.5%	51 13.2%
服务态度		低	52	5.8%	844	94.2%	68 7.6%	56 6.3%	169 18.9%	136 15.2%	389 43.4%	70 7.8%	26 2.9%	272 30.4%	85 9.5%
		高	96	14.9%	549	85.1%	34 5.3%	27 4.2%	77 11.9%	161 25.0%	230 35.7%	42 6.5%	13 2.0%	152 23.6%	99 15.3%
农产品	根茎类		61	8.7%	640	91.3%	54 7.7%	43 6.1%	171 24.4%	53 7.6%	255 36.4%	67 9.6%	27 3.9%	231 33.0%	92 13.1%
	新鲜水果		87	10.4%	753	89.6%	48 5.7%	40 4.8%	75 8.9%	244 29.0%	364 43.3%	45 5.4%	12 1.4%	193 23.0%	92 11.0%

注：行百分比为响应数与个案数的比。

表2-6 负面评论 ANOVA

F 检验		Sig（双侧）							
类别	农产品质量安全相关性	物流原因	卖家服务态度差	不新鲜	口感不好	坏臭	不足秤	包装破坏	个头小	其他
店铺星级	0.000	0.550	0.000	0.000	0.000	0.000	0.000	0.000	0.000	0.000
用户评价	0.000	0.011	0.348	0.012	0.000	0.000	0.002	0.262	0.084	0.000
物流服务	0.523	0.923	0.539	0.000	0.000	0.824	0.317	0.147	0.004	0.660
服务态度	0.000	0.071	0.077	0.000	0.000	0.032	0.332	0.275	0.003	0.000
农产品	0.272	0.118	0.235	0.000	0.000	0.006	0.002	0.003	0.000	0.191

注：显著水平为 0.05。

在物流服务中，物流服务方面在不同级别间不存在显著性差异，因物流原因出现的负面评论大体相同，说明物流服务是农产品电商扶贫中普遍存在的问题。

根据消费者负面评论结果，得出如下结论：坏果、个头小、不新鲜是西南地区电商扶贫农产品质量安全的主要问题，新鲜水果比根茎类农产品出现问题的概率更高，电商扶贫农产品物流时间长，包装、储存、保鲜措施落后是造成坏果、不新鲜的主要原因，果实个头小与产地质量分级有关，建议加强农产品质量分级标准研究，同时开展农户、商户的信用意识培训；物流服务是西南地区电商扶贫农产品的普遍问题，虽然物流问题不与农产品质量安全指标直接相关，但物流服务水平可影响农产品质量安全水平，因此，物流服务是西南地区农产品电商扶贫领域短板，为提高扶贫效果与农产品质量安全水平，应加强农产品物流建设。

四、西南地区电商扶贫农产品质量安全问题

（一）质量安全控制

1. 生产主体规模小

农民是西南地区电商扶贫的对象，是农产品电商的主力军。农民的平均受教育程度不高，思想相对保守，接受和识别信息的能力有限，对新技术的接受度比较低。农户拥有的生产设备和技术有限，经营理念较为落后，农村地区以家庭经营为主，农产品组织化程度低，缺乏规模化。农民的收入普遍偏低，而且属于风险厌恶型群体，习惯了当面验收货物、当面结算的方式，对电子商务的线上交易持有怀疑态度。而且农民在生产的过程中，采用传统的种植或养殖方式，生产的农产品大小不一，轻重有别，不按标准操作，生产技术根据个人经验进行，为了追求农产品的数量，大量使用农业投入品，给农产品质量安全带来了隐患。农户在与电商平台以及市场对接的过程中，难以获得长远发展[30]。

通过对云南省农产品电商扶贫调研，我们发现云南省电商扶贫农产品主要有杧果、苹果等水果类，肉禽蛋类，蜂蜜、藜麦、紫薯、土豆等主食类，以及野生菌类。小农户种养殖占绝大多数，如农户养殖的土鸡，农户直接宰杀后即进入农产品电商市场，经过简单的包装后装入泡沫箱，泡沫箱中加冰瓶保鲜，经快递运输到达消费者手中，无论是屠宰方式与运输方式都存在食品安全隐患。

另外，西南贫困地区的食品加工企业数量不足或企业规模较小。在调研

中发现，农户养殖的蜂蜜，如不经过食品生产企业加工，不具有食品生产许可证编号，采集的蜂蜜只能作为初级农产品销售，既不能在大型电商平台、商超平台销售，也带来了食品质量安全风险。

2. 农产品电商物流企业规模小

一些物流企业缺乏现代物流意识和物流管理经验，物流作业方式落后。一些先进的信息技术如射频识别技术（RFID）、全球定位系统（GPS）、地理信息系统（GIS）等，没有得到应用，农产品电商扶贫的基础是物流体系建设，物流企业群体大、规模小，导致物流成本较高，物流数据信息混乱，小规模的物流企业信息化水平不高，只是对数据信息进行获取、存储、整理，数据的统计内容丰富，但高效利用的数据有限，不能从数据分析中深度挖掘信息价值。而且由于缺少统一的物流平台，物流企业无法及时获取农产品的相关信息，难以实现信息共享，物流效率降低[31]。这也证实消费者电商扶贫农产品的负面评论研究，有相当比例负面评论涉及物流服务，说明电商扶贫农产品物流企业存在短板。

通过对云南贫困农村地区的调研发现，农产品电商物流企业规模相对较小，冷链运输包装、设备较为简单，对于需要冷链运输的水果、肉类等生鲜农产品，基本是经过简单的包装后放入泡沫箱，加入冰瓶制冷。

3. 农产品冷链物流体系不完善

西南地区位置偏远，地形复杂，水、电、路、网等物流基础设施落后，尤其是农产品冷链基础设施建设不健全。在大多数农村地区，特别是贫困地区，冷链物流设施普遍不足，且缺少专门为中小电商企业及农户提供标准化服务的冷链物流服务平台，导致难以查询冷链物流的信息。农产品在运输、仓储、配送等环节不能保证农产品处于全程冷链中，导致许多生鲜农产品运输困难、损耗率增大。而且由于农产品物流配送的信息共享程度不高，单向性运输较多，对物流配送资源造成极大浪费。在农产品物流方面缺少监管机制，物流企业安全意识淡薄，农产品冷链设施设备不能完全发挥作用，无法保障农产品质量安全[32]。

虽然西南地区冷库建设取得了一定的进展，但农户使用冷库保存农产品的意识还不强，通过调研发现，很多农户生产的农产品储存在家里，储存保鲜技术还比较落后，不但造成农产品品质下降，也给食品安全带来了风险。

(二) 质量安全监管

1. 监管力量相对薄弱

农业投入品从生产到投入，农产品从种、养殖到餐桌的过程中，由于监管人员不足、监管意识比较弱、执法水平不高等，对农产品关键点监管不到位。农产品的基层监管比较薄弱，一些地方存在"一少两缺三低"问题。"一少"是监管机构人员少；"两缺"是普遍缺工作经费和监管手段，"三低"是人员职级待遇低、能力水平低、工作规范化程度低。在基层的监管队伍中，普遍存在老龄化、缺少专业知识的问题，监管存在形式主义，不能满足对全面监管以及对质量安全"零容忍"的要求[33]。

西南贫困地区往往地处偏远山区，更是监管力量的薄弱环节，加上社群团购等农产品电商新模式不断涌现，给农产品电商质量安全监管带来了新的挑战。

2. 法律法规体系不健全

农业具有生产周期长、受环境影响大、回报见效慢等特点，政府在农业建设上需要发挥主导作用。但从国内的发展来看，对农业的保护主要是针对农产品的价格，对信息网络互联、信息共享重视不够，而且能够用于农业信息系统建设的资金较少，农产品电商只能借助第三方平台，缺乏有效的政策管控指导以及法律法规保障，导致农产品电商无序化发展[34]。农产品电商平台作为我国新兴产业，大量虚假信息的存在不仅影响电商平台的形象，而且成为国外打压中国的新兴产业的理由，影响企业的进一步发展。电商平台社会舆论环境必须加以规范，不仅要求电商平台的自律，国家层面需要对信息披露管理制定相关法律法规，约束企业行为[35]。

3. 农产品信息不对称

信息不对称是导致农产品质量安全问题的根本原因。由于信息渠道的限制，不法分子利用假农药、假种子欺骗农户，造成巨大损失。农户在生产过程中为增大产量过量使用农药，使农药含量超过国家标准，以致农产品质量下降。部分生产经营主体从自身的利益出发，牺牲农产品质量安全，只重视自身收益，在农产品加工过程中，通过色素和防腐剂提升农产品外观形象、延长农产品保质期，用劣质的农产品在销售时顶替优质农产品来获得超额利润。相关法律、规章对农产品质量安全进行了严格规定，但在执行监管的过程中监管部门分工不明确，导致监管效率不高。而且监管信息没有及时更新和公开发布，导致监管部门、生产经营者、消费者之间信息沟通不畅，加重了消费者对食品安全的顾虑[36]。

贫困地区大部分处于偏远山区，信息化水平低、信息不对称问题较为突出。

4. 追溯体系不完善

农产品生产过程中容易出现信息不对称问题，造成农产品质量安全风险责任无法明确。农户作为农产品的主要生产者，农户参与质量安全追溯体系，有利于保障农产品源头的质量安全，但农户由于心理认知、个人学习和接受能力、经营情况等原因，不愿参与质量安全追溯。[37]小规模农产品电商企业占绝大多数，没有足够的财力开展追溯体系建设，京东、本来生活等大型农产品电商企业虽然参加扶贫，但所占比重较低。贫困地区地方政府财政收入较为紧张，没有多余的支出用于可追溯体系建设，因此，贫困地区农产品电商扶贫领域可追溯体系建设经费不足。

农产品生产者食品质量安全意识淡薄，为追求产量过度使用化肥、农药等，农产品标准化体系不健全，生产、加工、销售不统一，农产品检测和监管缺失，农产品质量安全追溯体系不完善，甚至一些地区质量安全追溯体系尚未建立。

五、西南地区电商扶贫农产品质量安全政策建议

（一）推进农业生产标准化、集约化

提高规模化经营水平，有利于农业生产的提质增效。在规模经营水平提升的过程中，农民专业合作社发挥着越来越重要的作用[38]。西南地区可通过发展农民专业合作社，培育开发适合贫困人口生产、加工的农产品供应链，建立统一的生产标准，合作社指导农户进行科学化种植，实现资源的高效利用，进而实现农产品标准化，提升农产品品质[39]。农民专业合作社有利于政府集中推行生产标准体系，完善人员和技术培训，规范产品认证，使农产品价值获得提升。通过生产标准化、规模化、集约化，可以有力推动产业增收，同时，生产的标准化、集约化也有利于农产品质量安全水平的提高。

（二）培育农产品知名品牌

电商企业应注重品牌化建设，深度挖掘自身平台的资源优势，打造特色的农产品品牌。农产品电商上行要充分发挥地域特色优势，要重点开发、认证优质农产品，如绿色食品、有机食品、无公害农产品、地理标志农产品，提高农产品的质量安全水平与品质提升，并最大限度地提高农产品品牌知名度，政府和有关部门要重点对知名的农产品进行推介，在电商扶贫过程中，可以将地区民族特色和文化融入农产品品牌之中，大力发展生态原产地保护产品，讲好品牌故事，在农产品质量上要保障产品品质，符合国家相关

标准[40][41]。

在国家"精准扶贫"战略下,京东在农产品孵化项目上,借助科技、金融、物流、商流孵化了跑步鸡、游水鸭、飞翔鸽三大扶贫品牌。京东扶贫创新模式,给传统农业企业的生产模式、经营方式带来启示[42]。

(三)强化龙头企业带动作用

西南贫困地区从事农产品电商的小农户、小企业居多,尤其是农产品加工企业不足,大部分电商农产品为农业初级产品,农产品附加值较低,也增加了食品安全风险。应加大政策支持与扶持力度,引进或扶持农产品种养殖、农产品加工、农产品电商龙头企业,龙头企业对农业产业的带头作用不可小视,并有利于带动区域农产品质量安全水平的提高。

(四)建立健全农产品质量安全追溯机制

农产品质量安全追溯体系是保证农产品质量安全的重要手段,采集记录农产品生产、加工、流通、消费等各环节信息,实现来源可查、去向可追、责任可究,可强化全过程质量管理水平。对于有条件的地区可先期开展信息化可追溯,对于贫困落后地区,可先期开展农产品合格证制度或纸质记录,分品类、分地区逐步开展农产品质量安全追溯体系。

(五)促进农产品电子商务标准化

农产品电子商务标准化体系构建,有利于实现电商扶贫农产品从生产、流通、销售各个环节的统一,有利于推动农业向标准化、规范化发展,通过提升服务、提高价值,实现经济效益增长。大力推动农产品电商在农产品生产、储藏、包装、运输、销售过程的标准化水平,不仅有利于提高农产品质量安全水平,还有利于打造知名农产品品牌。农业生产标准的农产品质量标准,可以将农产品分为优质农产品和普通农产品。而农产品追溯体系建设和物流标准体系建设,能够提升农产品质量、农产品电商服务水平,提高产品附加值和品牌效应[43]。随着科技的不断发展,物联网、大数据、云计算、区块链等新一代信息技术广泛应用,农产品电商标准化实现市场细分,农产品的生产和服务将进一步提升,满足消费者对农产品多样化、个性化的需求。

具体做法上,可加大对行业协会的支持独立,由行业协会主导电商扶贫农产品的标准化工作。

(六)加强农产品电商冷链基础设施建设

冷链基础设施薄弱是农产品电商领域的突出问题,严重制约农产品电商的可持续发展,影响农产品电商扶贫的效果,同时也威胁着农产品质量安全。

政府应加强冷链物流的标准化建设，建立统一的冷库、冷藏冷冻车等，在政府的监督和市场的竞争中，实现冷链物流行业的优化重组[44]。在农产品电商扶贫中，为实现农产品更好地运输，确保农产品的质量安全，就要建立完善的物流体系，同时加强网络建设，实现网络全覆盖，实现对农产品运输过程的全程追踪，确保农产品在运输中的质量和效率[45]。

在调研中发现，西南贫困地区冷库建设主要为个人建设，建设标准较低，重复建设严重，造成了资源的浪费，地方政府应统一规划主导冷库建设，统一冷库建设标准，更好地发挥冷库、冷藏冷冻车等冷链设施在农产品质量安全保障中的作用。

（七）完善农产品电商法律法规体系

农产品电商已成为农产品流通的重要渠道，是精准扶贫的重要载体。政府应根据农产品电商的特点，及时完善相关法律法规，为生产经营者、消费者提供良好的交易平台[46][47]。在农产品电商扶贫工作中，要加强农户对农产品电商法律法规的学习，政府要充分发挥主导作用，对农产品电商进行监督和管理，加快电商信用、统计监测等标准体系建设。

农产品电商新模式不断涌现，各地农产品种类、特点又各不相同，各地应根据本地农产品特点及农产品电商模式的变化，及时调整监管政策、法规，避免出现监管漏洞。

（八）完善农产品检测与监测体系

农产品质量安全水平的提高需要农户、企业、政府的共同参与。农户要增强质量安全意识，参与文化和技能培训，学习质量安全知识和技术，进行科学合理的农业生产。农产品生产企业要注意生产过程的标准化，严格按照我国农产品质量安全标准进行生产，使农产品质量达标，加强对农业投入品的监管，确保合理、合规使用农业投入品，企业内部要进行自检，保障流入市场的农产品安全合格。政府要完善农产品质量检测体系，形成统一标准，加强对农产品生产过程的检测，定期对农产品种养殖、农产品加工、农产品电商所销售农产品进行食品安全检测，完善农产品质量安全监测机制，加强对农产品质量监管[48]。

（九）建立健全以信用为基础的新型监管机制

有效监管对于保证农产品质量安全至关重要，在监管力量薄弱的情况下，监管体制影响着监管效率的高低。2019年国务院办公厅关于《加快推进社会信用体系建设构建以信用为基础的新型监管机制的指导意见》，指出加强信用监管，创新监管理念、监管制度、监管方式，建立衔接事前、事中、事后全监管环节的新型监管机制。信用监管的过程中离不开信息化技术应用、"互联网+"和大数据的支撑，维护市场主体的合法权益、严肃查处违规泄露、篡改信息等失信对象，同时积极引导行业组织和信用服务机构协同监管，引导行业增强依法诚信经营意识。农产品全过程可追溯体系为以信用为基础的新型监管提供数据支撑。

参考文献

[1] 高世斌，杨松，吴开贤，等. 西南地区食物安全可持续发展的挑战与对策研究［J］. 中国工程科学，2019，21（5）：54-59.

[2] 中华人民共和国农产品质量安全法. 2006-04-29.

[3] 分析：我国农产品电商发展历程回顾及存在的问题？［EB/OL］. 上海市电子商务行业协会，2019-03-11.

[4] 腾讯新闻客户端自媒体. 农产品电商现在的发展现状是怎样？该如何促进农产品电商发展？［EB/OL］. 腾讯网，2019-11-04.

[5] 全国农产品商务信息公共服务平台. 电商扶贫品牌推介工作概况［EB/OL］. 中华人民共和国商务部，2018-07-31.

[6] 商务部. 电商扶贫［DB/OL］. 商务部电商扶贫频道，2021-1-15.

[7] 商务部电子商务和信息化司. 一图看懂2019年全国网络零售市场发展报告［EB/OL］. 中华人民共和国商务部，2020-04-14.

[8] 商务部电子商务和信息化司. 一图看懂2020年上半年全国网络零售市场发展情况［EB/OL］. 中华人民共和国商务部，2020-07-31.

[9] 新华网. 拼多多获全国脱贫攻坚奖"组织创新奖"，CEO陈磊：将继续扎根农业、服务农民［DB/OL］. 新华网客户端，2020-10-17.

[10] 贵阳日报. 贵州第一个淘宝村诞生 花落息烽县永靖镇立碑村［EB/OL］. ZAKER，2017-11-19.

[11] 贵州日报. 网络扶贫在贵州｜电商扶贫的"贵州模式"：乘"云"而上助力"黔货出山"［EB/OL］. 人民网，2020-10-20.

[12] 云南日报. 云南绿春县：电商搭桥梁 土产"走出去"［EB/OL］. 全国农产品商务信息公共服务平台（新农村商网），2020-04-17.

[13] 曹钰. 第四届重庆电商扶贫爱心购启幕，快来拼单特色农产品［EB/OL］. 界面，2020-11-20.

[14] 中国农业新闻网. 贵州黔东南州：资源"聚宝盆"变为旅游"万花

筒"[EB/OL]. 全国农产品商务信息公共服务平台（新农村商网），2019-02-26.

[15] 农业农村部新闻办公室. 全国家庭农场工作座谈会强调 进一步加大推进力度 加快培育家庭农场[EB/OL]. 农业农村部，2020-12-21.

[16] 农民日报. 四川两步走推进家庭农场高质量发展[EB/OL]. 四川省农业农村厅，2020-09-27.

[17] 贵州日报. 数据赋能 助力脱贫！贵州农产品大数据平台正式上线[EB/OL]. 中华人民共和国国家互联网信息办公室 中共中央网络安全和信息化委员会办公室，2020-04-04.

[18] 杨静. 贵州围绕12个农业产业构建冷链物流体系成效观察[EB/OL]. 当代先锋网，2020-06-23.

[19] 四川日报. 全省农产品冷链库容将达760万吨[EB/OL]. 四川省农业厅，2020-03-10.

[20] 四川日报. 我省农产品质量安全水平保持高位运行[EB/OL]. 四川省人民政府，2020-1-7.

[21] 四川日报. 守护舌尖上的安全 四川积极推行农产品全程可追溯[EB/OL]. 四川省人民政府，2020-06-17.

[22] 刘子语. 全省商务部门开展食品安全主题宣传日活动[EB/OL]. 云南日报，2019-06-25.

[23] 陈鑫龙. 33家企业被认定为定制药园建设单位[EB/OL]. 云南日报，2019-07-01.

[24] 李建国，杨艳鹏. 省中药材产业科学发展交流会在腾冲举行[EB/OL]. 云南日报，2019-11-21.

[25] 云南日报. 推进云产中药材追溯体系建设[EB/OL]. 云南省人民政府，2020-11-4.

[26] 食品安全抽检监测司 市场监管总局关于11批次食品不合格情况的通告[EB/OL]. 国家市场监督管理总局，2020-11-17.

[27] 云南日报. 云南出台农产品质量安全工作两项管理办法[EB/OL]. 中华人民共和国中央人民政府，2020-09-14.

[28] 陈晓华. "十二五"期间我国农产品质量安全监管工作目标任务[J]. 农产品质量与安全，2017（1）：3-7.

[29] 宫钰，郭智芳，章文光. 电商扶贫农产品促进型监管模式比较分析[J]. 中国行政管理，2020（8）：26-32.

[30] 罗蓉, 韩琳子, 杜苗苗. 互联网+背景下电商发展模式探究——基于贵州省特色农产品 [J]. 电子商务, 2020 (2): 27-28.

[31] 龚雪. 疏通农村物流瓶颈 大力推进乡村振兴 [EB/OL]. 每日甘肃, 2018-03-14.

[32] 凌秋育. 四川省农产品质量安全现状、问题及建议 [J]. 四川畜牧兽医, 2020, 47 (3): 17-18.

[33] 李秋燕. "精准扶贫"战略下的农产品电商发展策略 [J]. 中国商论, 2019 (23): 6-8.

[34] 李小云. 新电商助农扶贫模式彰显优势 [J]. 农业工程技术, 2020, 40 (12): 68-69.

[35] 刘强. 农产品质量安全信息不对称原因与解决对策 [J]. 农业工程, 2018, 8 (8): 140-141.

[36] 夏换, 李爽, 叶青. 大扶贫背景下"大数据+农产品物流"策略研究 [J]. 信息技术与信息化, 2016 (3): 76-78.

[37] 陈丽华, 张卫国, 田逸飘. 农户参与农产品质量安全可追溯体系的行为决策研究——基于重庆市214个蔬菜种植农户的调查数据 [J]. 农村经济, 2016 (10): 106-113.

[38] 刘毅. 新疆农业生产规模化集约化水平进一步提升 [EB/OL]. 新疆日报, 2020-10-28.

[39] 颜强, 王国丽, 陈加友. 农产品电商精准扶贫的路径与对策——以贵州贫困农村为例 [J]. 农村经济, 2018 (2): 45-51.

[40] 隋明, 管永林, 李建, 等. "互联网+精准扶贫"背景下农产品电商发展策略研究——以四川省山区为例 [J]. 现代农村科技, 2019 (2): 18-20.

[41] 王秀红. "乡村赋能工程"电商扶贫模式创新与策略深化——以安丘市为例 [J]. 山东干部函授大学学报 (理论学习), 2020 (6): 43-45.

[42] 陈立耀. 京东扶贫模式的启示 [J]. 农家之友, 2020 (2): 30-32.

[43] 李雯. 农产品电子商务标准化研究 [J]. 合作经济与科技, 2020 (6): 87-89.

[44] 刘晓琳. "互联网+"视角下农产品冷链物流发展对策研究 [J]. 全国流通经济, 2019 (19): 11-12.

[45] 时元宁. 农产品"互联网+精准扶贫"模式研究 [J]. 中国管理现代化, 2018 (19): 181-182.

［46］杨启帆.农产品电子商务发展现状及对策分析［EB/OL］.中国论文网.

［47］王文博,班娟娟.发挥电商平台优势 实现消费扶贫可持续发展［EB/OL］.经济参考报,2020-10-27.

［48］安全管理网.我国农产品质量安全的现状［EB/OL］.安全管理网,2017-02-18.

第三章　西南地区农产品电商发展的路径和政策研究

一、引言

近年来，电子商务已成为促进"互联网+"的发展以及中国经济增长的重要力量。国家高度重视电子商务发展，先后出台文件推动农村电子商务发展，建立了 1180 个电子商务示范县，实现了全国 832 个国家贫困县的全面覆盖，有效推动了农村地区电子商务的发展壮大，越来越多的农民利用电子商务摆脱贫困，农村市场逐渐被"唤醒"。特别是近年来，小镇青年①等新消费力量的崛起，电商、短视频、直播带货等多渠道营销手段的出现，为农产品电商的发展壮大奠定了基础。2016—2019 年农村在线零售交易增加近 1 倍。2019 年达到 1.7 万亿元（图3-1）。

2019 年，中央一号文件再次强调，"继续在农村地区开展全面示范电子商务，从村庄和城市实施'互联网+'农产品"。在中央文件的支持下，农村地区电子商务经历了全面的示范升级，市场正在下沉，视频直播等促进了农产品销售的增加。农村电子商务正在探索和推进，农产品电子商务的发展未来可期。

然而，农村电子商务仍然存在发展不平衡不充分的问题。从 2019 年中国网络零售销售额的地域分布来看，东部地区电子商务最发达，占零售销售额的 76.6%，尤其是江苏、浙江等地电子商务发展的整体水平领先于其他地区。

---

① 根据拍拍贷和南方周末联合发布的《相信不起眼的改变：2018 中国小镇青年发展现状白皮书》定义，小镇青年指出生于三四线及以下的县城、乡镇，在老家生活工作，或前往大城市及省会周边城市打拼的青年。随着经济发展和城镇化进程的不断推进，下沉城市的基础设施、商业配套日益完善，下沉城市的年轻人群的规模不断增长，并且在移动互联网使用行为加深，小镇青年逐渐成为消费升级新势力。

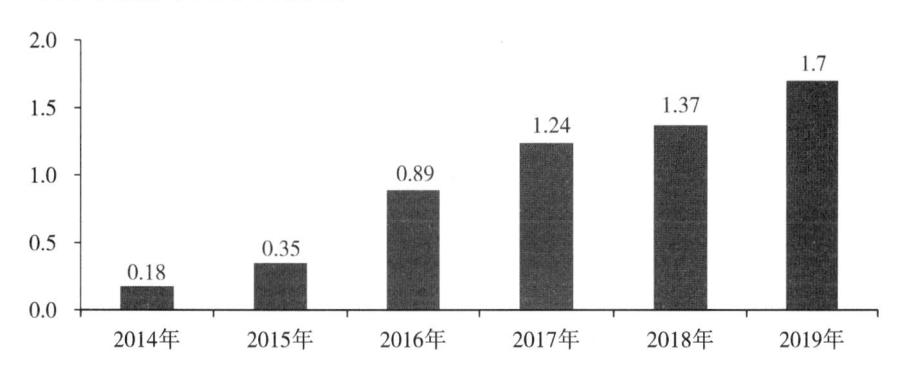

图 3-1　2014—2019 年我国农村网络零售额统计情况

资料来源：根据中国国际电子商务中心研究院，《中国农村电子商务发展报告》（2019-2020），略有调整。

西部农村电子商务发展起步晚，发展基数小（图 3-2），成为我国电子商务农业振兴的重点支持地区。其自然资源丰富，特色农产品品类众多，具有电子商务发展的先天优势。但是，由于社会经济发展水平较低，电子商务发展所需的基础设施、人才储备、生产销售平台、品牌和标准等基础条件相对匮乏，过去一直是电子商务发展的洼地。当前，在国家政策的大力支持下，基于其发展潜力，西部地区特别是西南地区（以四川、云南、重庆为代表）农村电子商务发展迅速起步，其增速不亚于东部和中部地区。

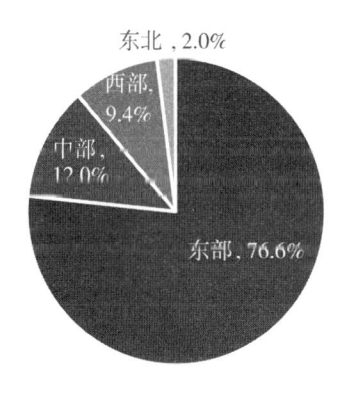

图 3-2　2019 年我国各地区网络零售额情况

资料来源：根据中国国际电子商务中心研究院，《中国农村电子商务发展报告》（2019-2020），笔者有调整。

二、西南地区农产品电商发展简介

西南地区包括西藏自治区、云南省、贵州省、四川省、重庆市共5个省市区,其国境线长约8060千米,占中国陆上国境线的44.7%;国土总面积227.19万平方千米,占中国国土面积的23.67%,具有重要的战略地位。西南地区少数民族分布广,密度高,少数民族有30多个(表3-1)。

表3-1　　　　　　　　　西南地区简况表[①]

地区	面积(万 km²)	人口(万人)	行政区划	发展概况
重庆	8.24	3205	38个县级行政区	西南地区重要的交通枢纽,长江上游经济、金融、科创、航运和商贸物流中心
四川	48.6	8367	21个地级行政区	多民族聚居地,是全国唯一的羌族聚居区、最大的彝族聚居区和全国第二大藏区
贵州	17.62	3856	9个地级行政区	中国西南地区交通枢纽,长江经济带重要组成部分;少数民族占1/3
云南	39.41	4858	16个地级行政区	民族种类最多的省份;世居少数民族25个,15个为云南特有。全省少数民族人口数达1621.26万人,占比33.6%
西藏	122.84	351	7个地级行政区	"世界屋脊";西南边陲的重要门户

西南地区的教育、卫生等社会服务水平较低,自然条件恶劣,贫困问题复杂。有很多地方交通不便,这不仅是中国经济发展的一块"短板",也成为脱贫攻坚战中难以跨越的一道"门槛"。深度聚焦和破解西南地区农民脱贫致富难题,了解西南地区农产品电商的发展状况具有重要意义。

---

① 根据公开资料整理。

(一) 发展现状

1. 区域农产品电商发展迅速

西南地区农产品电商发展较为迅速。从农产品网络零售额数据看，虽远低于华东地区，但比华中、华南、华北、东北、西北等地区都要多。以 2019 年为例，全国县域农产品零售总额的前 100 名中，西南地区分布了 12 个县，在县域农产品网络零售总额中占比 3.34%。这一数据虽远低于华东地区的 60 个县和 25.39% 的占比，但与其他地区相比，仍处于领先地位。华北地区占比 1.98%，有 6 个县入围；华中地区和华南地区均有 8 个县入围，占比分别为 1.77% 和 1.69%（图 3-3）。

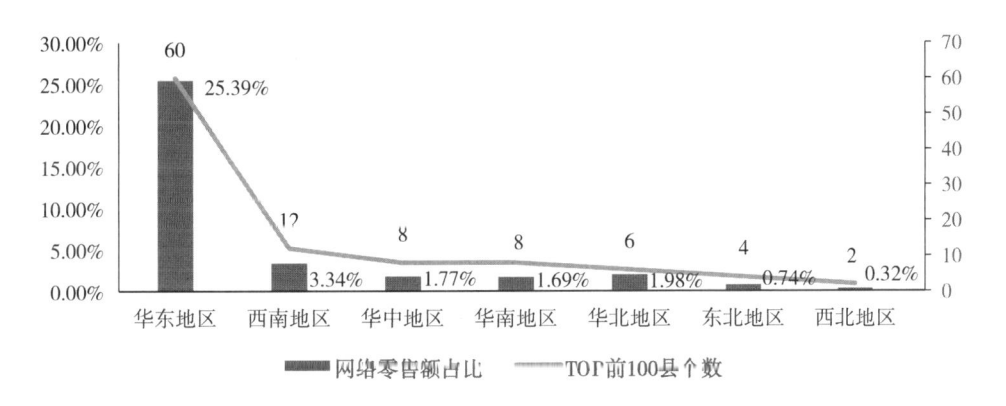

图 3-3　2019 年 TOP100 县域农产品网络零售额的区域分布情况

资料来源：农业农村部信息中心、中国国际电子商务中心，《2020 全国县域数字农业农村电子商务发展报告》。

从全国各省县域农产品网络零售总体情况来看，西南地区发展也是较为迅速的。在全国排名中，四川位列第 8，云南位列第 11。其他地区排名都处于后半段。其中西藏排第 26 位。客观上反映了即便在西南地区内部也存在发展不平衡问题。

西南地区农产品电商的快速发展以集群化形式呈现。根据 2020 年中国淘宝村研究报告，西南地区淘宝镇、淘宝村数量有新突破（表 3-2）。四川、云南地区淘宝镇、淘宝村数量呈现快速增长趋势，重庆、西藏实现"淘宝镇"零突破。2019 年至 2020 年，四川省淘宝镇数量由 14 个增至 38 个，增加将近两倍，云南由 9 个增至 14 个。

表 3-2　　　　2020 年全国各省（自治区、直辖市）淘宝镇数量

省区市	2020年	2019年	省区市	2020年	2019年
浙江省	304	240	广西壮族自治区	15	9
江苏省	248	155	云南省	14	9
广东省	225	155	天津市	13	2
河北省	220	149	山西省	11	3
福建省	153	106	黑龙江省	8	5
山东省	134	87	内蒙古自治区	8	0
河南省	94	44	辽宁省	8	6
安徽省	68	48	吉林省	5	2
江西省	54	46	重庆市	3	0
四川省	38	14	贵州省	2	1
北京市	37	1	陕西省	2	1
湖南省	33	20	海南省	1	0
湖北省	29	15	西藏自治区	1	0
上海市	28	0			

资料来源：阿里研究院，《2020 中国淘宝村研究报告》。

全国最早的淘宝村始于 2009 年，出现于浙江、江苏、河北等地。2014 年，西南四川地区首次出现淘宝村，历经 6 年发展，西南地区除西藏地区特殊地情限制外，其他省市都有淘宝村的身影。在 2020 年疫情期间，西南地区各地淘宝村数量呈激增趋势（表 3-3），四川、重庆、云南、贵州分别发展出 21 个、9 个、6 个、4 个淘宝村，分别位列全国第 13、19、21、23 位。

表 3-3　　　　2014—2020 年西南地区淘宝村数变化

省份/年份	2014	2015	2016	2017	2018	2019	2020
四川	2	2	3	4	5	6	21
重庆				1	3	3	9
云南		2	1	1	1	1	6
贵州				1	1	2	4

资料来源：阿里研究院，《2020 中国淘宝村研究报告》。

西南地区的特色农产品电商发展带动了区域脱贫。在 2019 年贫困县农产

品网络零售总额排名中，TOP20里四川、云南、重庆共有6个县域上榜。其中四川省、重庆市各1个，云南省4个，数量最多。贵州和西藏未有地区上榜。从数据中不难看出，西南地区的热销农产品品类不乏很多特色农产品，如四川的古蔺郎酒、云南文山三七等（表3-4）。特色农产品品牌的树立，消费者的口碑相传，较好地带动了西南贫困地区发展。

表3-4　　　　　　2019年贫困县农产品网络零售总额TOP20

排名	所属省份	县域名	占全国贫困县农产品网络零售额比例（%）	热销农产品
1	四川省	古蔺县	5.51%	白酒
2	西藏自治区	堆龙德庆区	4.68%	白酒
3	安徽省	砀山县	3.70%	水果
4	云南省	勐海县	2.87%	普洱
5	重庆市	秀山土家族苗族自治县	2.83%	调味品
6	湖南省	平江县	2.81%	肉干肉脯
7	云南省	文山市	2.75%	三七
8	河南省	虞城县	1.36%	方便食品
9	安徽省	舒城县	1.20%	禽肉蛋品
10	江西省	石城县	1.12%	猪/牛/羊肉等
11	河北省	涞水县	1.09%	杂粮
12	陕西省	富平县	1.05%	休闲食品
13	云南省	宣威市	1.04%	水果
14	安徽省	太湖县	1.01%	猪/牛/羊肉等
15	云南省	昭阳区	1.00%	水果
16	河南省	固始县	0.97%	牛奶
17	河北省	万全区	0.96%	杂粮
18	内蒙古自治区	翁牛特旗	0.95%	肉干肉脯
19	内蒙古自治区	科尔沁左翼后旗	0.95%	肉干肉脯
20	湖北省	罗田县	0.93%	水果

资料来源：农业农村部信息中心、中国国际电子商务中心，《2020全国县域数字农业农村电子商务发展报告》。

2. 特色农产品品牌快速崛起

西南地区农产品电商发展带动了区域品牌的快速崛起。农业农村系统积极开展农产品品牌培育工作，结合地区实际，着力打造地区特色农产品品牌，推动形成了万千企业争创品牌、特色产业竞相发展、千万农民增收致富的蓬勃发展局面。

2016年5月，贵州就提出以"工匠精神"打造"黔系列"民族文化产业品牌。经过探索和发展，"黔系列"品牌建立了完善的品牌产品体系，注册了"黔系列"总标识、11个系列标识、42类产品商标。同时，按照"成熟一个，推出一个"的品牌打造原则，建立了较为完备的品牌认定制度，认定推出了首批"黔茶""黔酒""黔珍""黔食""黔织"5个系列215个品牌产品。同时建立"黔系列"电商平台，就是要依托互联网的强大带动力，让"黔系列"品牌产品走进千家万户，推动"黔货出山"。贵州酒、贵州茶、民族药、银饰、蜡染等优势产品和民族文化商品得到全国网友和社会各界的广泛认可，成为贵州响亮的名片。

表3-5　　　　　　　　　　　　西南地区特色农产品

	重庆	四川	贵州	云南	西藏
蔬菜	涪陵榨菜、江津花椒、石柱莼菜、石柱辣椒、永川秀芽、南川方竹笋、綦江辣椒	通江银耳、阆中川明参	威宁洋芋、织金竹荪、遵义朝天椒	元谋蔬菜、弥渡蔬菜	贡嘎土豆、亚东木耳
果品	奉节脐橙、潼南柠檬、巫山脆李、云阳柑橘、梁平柚、开县春橙、忠橙柑橘	朝天核桃、资中血橙、广安龙安柚、眉山晚橘、合江荔枝、安岳柠檬、苍溪猕猴桃、攀枝花杧果、宜宾油樟	水城红心猕猴桃、麻江蓝莓、盘州刺梨	临沧坚果、华坪杧果、宾川柑橘、	昌都醉梨、林芝苹果、墨脱柠檬、达孜红提、达孜西瓜、左贡葡萄、曲水草莓、蔡公堂油桃
粮经作物	南川米	大竹县糯稻	兴仁薏仁米、金农米、富硒大米	云南贡米	青稞、鸡爪谷

续表

	重庆	四川	贵州	云南	西藏
牲畜及制品	荣昌猪、丰都肉牛、合川生猪、城口山地鸡	北川腊肉、金堂黑山羊、绵阳生猪	黔北麻羊	槟榔江水牛	牦牛、绒山羊
中草药	石柱黄连	川牛膝		文山三七、维西当归、昭通天麻	川贝、藏红花、冬虫夏草
普通农产品	黑山羊、土鸡、萝卜、莲藕、卢化鸡、黄豆、蜂蜜、腊肠等	花椒、羊肚菌、小龙虾、黑木耳、大蒜、葡萄等	辣椒、杨梅、西瓜、梨、植物油、苹果、葡萄、金银花、灵芝等	西兰花、玉米、辣椒、咖啡豆、菜籽油、鲜牛奶、酸牛奶、月季、牛肝菌等	松茸、珍珠菇、羊肚菌、核桃、荞麦、小麦、蚕豆、豌豆、油菜、杜鹃花等
饮料、茶叶	永川秀芽、金佛玉翠、巴南银针、红山九红	宜宾早茶、崇庆枇杷茶	湄潭翠芽、石阡苔茶、锦屏茶油、都匀毛尖	德宏小粒咖啡、普洱茶	酥油茶、奶茶、藏茶、酸奶、青稞酒
花卉				七彩云菊	格桑花
水产					亚东鲑鱼

2017年,四川省政府出台了《关于加强农产品品牌建设的意见》,多次召开专题会议进行部署。培育形成了天府龙芽、遂宁鲜等一批区域公用品牌以及丹棱桔橙、剑门关土鸡等知名农产品品牌。政策出台以来,四川省向社会公开推介优秀区域公用品牌30个、优质品牌农产品150个。安岳柠檬、通江银耳等11个品牌入选中国农业品牌目录,郫县豆瓣、蒲江雀舌等19个品牌荣登中国品牌价值评价(地理标志产品)百强榜,宜宾早茶、合江荔枝等

20个品牌入选《美味中国——2021年全国品牌农产品日历》。

2018年，云南省印发实施《云南省培育绿色食品产业龙头企业鼓励投资办法（试行）》，通过推介活动，全方位、立体式、大规模宣传展示云南高原特色现代农业魅力。目前，云南普洱、褚橙、文山三七早已是全国人民熟知的品牌。此外，云南还将蔬菜、中药材、茶叶、花卉、坚果、水果、咖啡、肉牛八大产业作为未来农业重点发展的产业以及农业招商引资的重点领域。

重庆、西藏也出台了类似政策，加大推动特色农产品品牌的树立（表3-5）。其中重庆纳入国家名特优新目录的农产品有81个，新认定重庆名牌农产品437个，培育农产品驰名商标29件、地理标志商标227件。奉节脐橙、石柱黄连、江津花椒、万州红桔、酉阳青蒿、忠县柑橘等都是国家地理标志农产品。2018年，西藏自治区政府印发《西藏高原特色农产品基地发展规划》，积极开展西藏高原特色农产品基地建设，推动独特的高原特色农产品品牌形成，切实增加农牧民收入，努力打造西藏特色农业，促进农业和农牧区经济更好、更快发展，推进加快产业结构调整、转变发展方式[①]。

农产品品牌的打造带动农产品溢价，进而拉动农业产业化进程。没有品牌就没有溢价空间。随着"品牌+电商"模式的推进，西南各地区正通过不断发掘打造更多优质农特产品，提高产品附加值，改善产品与市场需求的契合度，不断扩大产品销售。通过利益联结模式带动群众就业脱贫，实现西南地区群众增收致富。

3. 果蔬特色优势区初步形成

产销互动促进特色农产品优势区发展。2017年，农业农村部联合国家林业和草原局等九部门在全国范围内开展了中国特色农产品优势区创建和遴选工作。中国特色农产品优势区经过县市申请、省级推荐、专家评审等程序公开竞争选拔程序遴选产生。特优区的建成有利于地区以区域资源禀赋和产业优势为基础，深入推进农产品供给侧结构性改革、发展壮大地区特色农产品、培育塑强特色农产品品牌、加快农民增收致富，有利于带动西南等不发达地区的发展。

2017—2020年的4批中国特色农产品优势区公示名单中，西南地区共有55个区县成功上榜，其中四川地区最多，共有17个，重庆、贵州、云南各有11个，西藏有5个（图3-4）。目前，中国特优区省（市）存量top5中，西南地区四川省位居第4，安岳柠檬、苍溪红心猕猴桃、通江银耳等特色农产品

---

① 根据西南地区各省、市、区商务厅公开资料整理。

生产地优势集聚、产业融合、市场竞争力强，引领示范作用突出，也是四川地区农产品电商发展规模为西南地区乃至整个西部地区最大的原因之一。

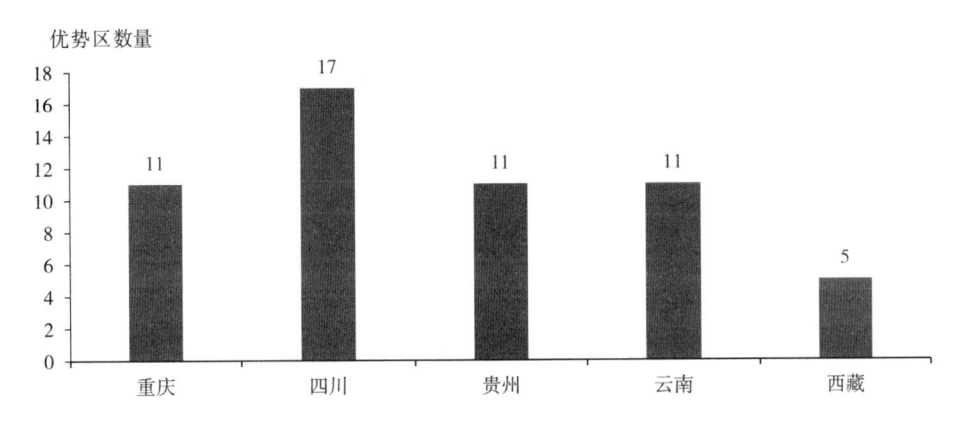

图 3-4　西南地区特色农产品优势区分布情况

资料来源：根据多部门联合发布的相关文件整理。

第一批参考：http://www.moa.gov.cn/gk/tzgg_1/tz/201712/t20171228_6131900.htm；

第二批参考：http://www.gov.cn/zhengce/zhengceku/2019-10/22/content_5443409.htm；

第三批参考：http://www.gov.cn/xinwen/2020-02/27/content_5483801.htm；

第四批参考：http://www.scs.moa.gov.cn/gdxw/202009/t20200929_6353507.htm。

西南地区特色农产品优势区以果蔬为代表（表3-6）。重庆、四川、贵州三地以水果、蔬菜等为主，其中也包含畜禽、茶叶、蚕茧等特优区。云南种类多样，包括坚果、蔬菜、水果、茶叶、咖啡等多种品类，特色鲜明，种类丰富。西藏5个特优区中，包含特色畜禽、水产、青稞和蔬菜。

表 3-6　西南地区中国特色农产品优势区分布情况

序号	所在地区	中国特色农产品优势区
1	重庆	黔江区黔江桑蚕茧、石柱县石柱莼菜、永川区永川秀芽、万州区万州玫瑰香橙、石柱县石柱黄连、江津区江津花椒、潼南区潼南柠檬、巫山县巫山脆李、涪陵区涪陵青菜头、荣昌区荣昌猪和奉节县奉节脐橙共11个

续表

序号	所在地区	中国特色农产品优势区
2	四川	威远县威远无花果、绵阳市三台县涪城麦冬、雅安市名山区蒙顶山茶、会理市会理石榴、渠县黄花、广元市朝天核桃、通江县通江银耳、凉山州凉山桑蚕茧、宜宾市宜宾早茶、资中县资中血橙、广安市广安区广安龙安柚、眉山市眉山晚橘、合江县合江荔枝、安岳县安岳柠檬、苍溪县苍溪猕猴桃、攀枝花市攀枝花杧果和宜宾县宜宾油柑共17个
3	贵州	水城县水城红心猕猴桃、石阡县石阡苔茶、锦屏县锦屏茶油、湄潭县湄潭翠芽、麻江县麻江蓝莓、威宁彝族回族苗族自治县威宁洋芋、盘州市盘州刺梨、织金县织金竹荪、都匀市都匀毛尖、兴仁县兴仁薏仁米和遵义市遵义朝天椒共11个
4	云南	彝良县昭通天麻、临沧市临沧坚果、勐海县勐海普洱茶、漾濞县漾濞核桃、文山州文山三七、华坪县华坪杧果、腾冲市槟榔江水牛、宾川县宾川柑橘、临沧市临沧普洱茶、元谋县元谋蔬菜和德宏州德宏小粒咖啡共11个
5	西藏	白朗县白朗蔬菜、亚东县亚东鲑鱼、工布江达县藏猪、类乌齐县牦牛和日喀则市青稞共5个

资料来源：根据中华人民共和国农业农村部数据整理。

4. 农产品电商基础逐步完善

电子商务进农村既是国家精准扶贫的重要举措，也顺应了农产品电商发展的趋势。在地区发展中，西南各地也积极结合自身发展特点，积极贯彻中央政府推动地区农产品电商发展的政策要求。电子商务进农村是国家精准扶贫战略的重要举措，也是政策支持的重要方向。创建国家级电子商务进农村示范县活动的目的是使各级各地聚焦脱贫攻坚，进一步完善工作体制机制，推动地方因地制宜，探索电商精准扶贫。

2017—2020年，西南地区积极进行国家级电子商务进农村示范县申报、创建，四川、云南3年内每年新增数均位居西南地区前列。西藏地区2019年新增47个国家级电子商务进农村示范县，2020年则进行整区推进，大力发展电子商务，把握电子商务发展的历史性机遇。2020年，重庆、四川、云南、贵州的国家级电子商务进农村示范县批示数量分别为6个、17个、13个、8

个,四川省增量和总量均位于西南地区第一名(表3-7)。

表3-7　　　　　2020年西南地区电子商务进农村示范县名单

序号	省(区、市)	示范区县名称	个数
1	重庆	黔江区、忠县、丰都县、垫江县、城口县、巫溪县	6
2	四川	蒲江县、北川县、青川县、理县、仪陇县、万源市、营山县、开江县、威远县、金堂县、射洪市、绵竹县、梓潼县、会理市、富顺县、汉源县、泸县	17
3	云南	华坪县、水富市、镇雄县、建水县、河口县、易门县、华宁县、禄丰市、宜良县、石林县、剑川县、镇沅县、临翔区	13
4	贵州	威宁彝族回族苗族自治县、从江县、榕江县、紫云苗族布依族自治县、沿河土家族自治县、晴隆县、望谟县、水城县	8
5	西藏	整区推进	

资料来源:中华人民共和国商务部,参见:http://ltfzs.mofcom.gov.cn/article/dzswn/nczsn/202007/20200702981619.shtml。

电子商务进农村示范县建设有力地推动了农村电商基础设施的健全和完善。成为国家级电子商务进农村综合示范县后(图3-5),入选的每个县(市)将享受国家相关政策和资金支持,中央财政进行补贴,用于支持地方农村电商发展。中央财政补贴资金一是用于支持完善县乡村三级物流配送体系,大力发展共同配送,整合邮政、供销、商贸、快递、交通等物流资源,加强基础建设,为农村电商发展夯实基础。二是支持县级电商公共服务中心建设和升级,统筹推进品牌、标准、品质控制、金融、物流、培训等服务,帮助当地培育优质农产品品牌,形成配套生产标准化体系。优化农村电商公共服务内容,整合邮政、供销、快递、金融、政务等资源,拓展代买代卖、小额存取、信息咨询、职业介绍等便民服务功能。三是支持当地传统经营企业信息化、数字化转型升级,加强与电子商务、移动支付、就业引导等资源对接,促进组织结构的优化,打造信息化、本地化、连锁化的营销服务网络,搭建与地区产业发展配套、适应本地消费需求的现代流通服务体系。四是支持对返乡农民工、大学生、退伍军人、贫困户等开展农村电商普及和技能培训,强化培训机制,注重质量而非数量。完善标准化教材,提升培训针对性,丰富直播带货、社交电商等课程①。

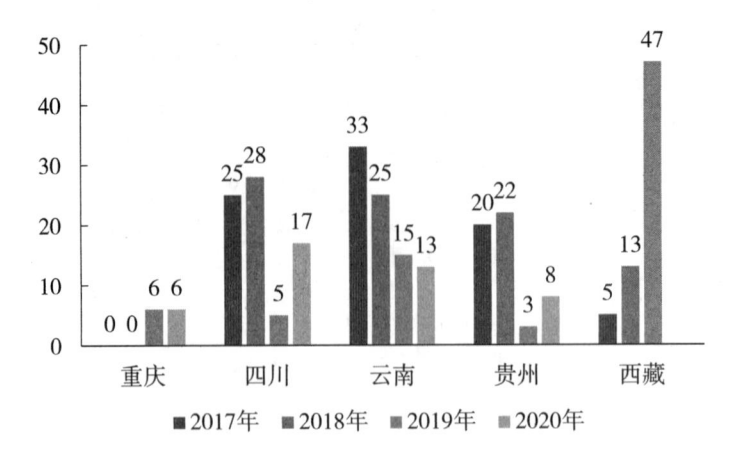

图3-5 2017—2020年电子商务进农村示范县入选数

资料来源：中华人民共和国商务部。

2017年数据：http://www.hncom.gov.cn/cs_scjsc_xygl/show/99133.aspx；

2018年数据：http://www.mofcom.gov.cn/article/tongjiziliao/sjtj/jcktj/201809/20180902790215.shtml；

2019年数据：http://www.mofcom.gov.cn/article/jiguanzx/201908/20190802893332.shtml；

2020年数据：https://www.sohu.com/a/407378886_120612728。

为贯彻落实党中央、国务院关于城乡冷链物流设施补短板和建设国家骨干冷链物流基地的决策部署，国家发改委2020年7月7日印发《关于做好2020年国家骨干冷链物流基地建设工作的通知》，全国各地17个基地进入名单，西南地区四川自贡和云南昆明入选。西南地区两大基地入选有助于解决西南地区冷链物流基础设施供给不足、物流产业集聚度低、助农增收效果不明显和冷链物流产业链单一、小型冷冻多、对市场冲击大等一系列问题，将在助力西南地区农产品电商发展方面大有可为②。

除了贯彻中央方针政策，西南各地区也相继出台各类各级文件，大力鼓励支持电商尤其是农产品电商发展。2019—2020年，西南五地累计出台26项政策文件，大力支持农产品电商的培育发展。重庆、四川、贵州、云南、西

---

① 根据商务部公开资料整理。
② 根据发改委官网资料整理。

藏分别累计出台文件3个、4个、7个、5个、7个。重庆、四川、贵州三地政策出台主要集中在2019年。云南和西藏政策出台集中在2020年。西藏2020年共发文农产品电商相关文件7个（表3-8）。

5. 农产品电商政策逐步健全

各级、各地政策的大力支持及基础设施建设的完善，为西南地区农产品电商的高速发展奠定了基础。四川、重庆地区依托原有的良好发展基础，继续深入推进农产品电商，重视和大力支持农村地区电子商务发展，积极推进"互联网+农产品"电子商务发展新模式，为农产品电子商务发展营造了良好的氛围。2018年，四川省的电子商务交易总规模超过3万亿元，达到3.29万亿元。云南和西藏地区发展迅速，近年发展成果显著。

自2015年以来，云南省实施了一系列推进措施，整合电子商务、新媒体应用推广、专业人才培养、脱贫攻坚机制探索、供应链推广平台打造等活动，共同推动农产品电商发展和脱贫攻坚工作，取得了良好的成效。一是组织电子商务扶贫企业使用抖音、拼多多、腾讯直播、村淘、聚划算等农业和扶贫平台，以商业化高质量的农产品扩大市场规模和覆盖范围，促使贫困地区摆脱贫困和增加收入。二是探索了一种脱贫发展的新机制，将农村电子商务发展与贫困地区、贫困地区和穷人的收入增长联系起来，形成"贫困家庭+合作社+加工企业+电子商务平台"的模式，带动贫困地区的大规模生产，加工标准化、网销品牌化、渠道多样化。三是构建了一个供应链云平台，对于重点行业，云南构建"产品库+公共服务+营销渠道"为一体的"一部手机云品荟"供应链平台。四是推动了电子商务人才培养工作，为电子商务发展建立了强大的人才储备。在全省32所学部设立11个电子商务学科，在云南师范大学商学院开设跨境电子商务学科。现在2200多名在校大学生，过去3年输送了900多名电子商务高素质人才。电商人才的持续培养，持续输出，为云南农产品电商快速发展建立了强大的人才储备。

2016年，云南农产品电子商务尚处于初期阶段。云南省农产品电子商务网站较少，尚未在数量方面形成规模。但在2020年1—9月，全省在线零售额达到757.95亿元，电子商务网商规模接近70万家，农村电子商务示范县的数量达到105个，在全国排名第一。云南创建了1个国家级电商示范基地，8家国家级示范企业，已增训80多家电子商务扶贫企业，电商扶贫服务网络已涵盖3300多个贫困村，带动贫困人口就业创业68.95万人。

西藏自治区也相继出台多个文件，大力支持农产品电商发展。在前期发展基础薄弱、农产品电商发展缓慢的条件下，西藏与各大平台合作，通过直播

表 3-8 2019—2020 年西南地区各省（区、市）农产品电商发展相关政策文件

地区	数量	文件	发文单位	发文时间
重庆	3	《关于印发重庆市 2019 年电子商务进农村综合示范专项资金管理实施细则的通知》	市商务委、市财政局、市扶贫办	2019 年 8 月 21 日
		《关于印发重庆市推动农商互联完善农产品供应链项目专项资金管理实施细则的通知》		2019 年 9 月 26 日
		《关于印发重庆市鼓励电子商务产业发展政策的通知》		2019 年 11 月 25 日
四川	4	《关于印发 2019 年全省电子商务工作要点的通知》	省电子商务业发展推进小组办公室	2019 年 2 月 19 日
		《关于印发〈进一步优化供给推动消费平稳增长促进形成强大市场的实施方案 (2019 年)〉的通知》	四川省商务厅	2019 年 3 月 11 日
		《关于印发四川电商商高地建设总体方案》	省政府办公厅	2019 年 12 月 31 日
		《关于印发〈四川省培育壮大消费发展新消费三年行动方案（2020—2022 年）〉的通知》		2020 年 8 月 4 日
贵州	7	《关于加强贵州绿色农产品产销调度 扩大省内市场占有率工作的通知》	省商务厅	2019 年 4 月 12 日
		《关于做好省级农村电商公共服务平台应用推广工作方案》		2019 年 6 月 24 日
		《关于印发〈贵州省推进农村电商网点建设实施方案〉的通知》		2019 年 8 月 24 日
		《关于印发〈贵州省支持从江县农产品促销 助推打赢脱贫攻坚实施方案〉的通知》		2019 年 9 月 12 日
		《关于组织申报 2019 年推动农商互联完善农产品供应链项目的通知》		2019 年 9 月 27 日
		《关于加快构建农村电商一体化运营体系助推脱贫攻坚的通知》		2019 年 12 月 11 日
		《关于公开推选"京东贵州扶贫馆"店铺运营商的公告》		2020 年 6 月 15 日

续表

地区	数量	文件	发文单位	发文时间
云南	5	《关于认定第五批"云南老字号"的通知》	省商务厅	2019年1月2日
		《关于印发云南省2020年开拓农村市场促进农村消费行动方案的通知》	省政府办公厅	2020年6月1日
		《云南省推进农村电子商务提质增效促进农产品上行三年行动方案(2020—2022年)》		2020年6月10日
		《关于印发云南省支持农产品冷链物流设施建设政策措施的通知》		2020年7月6日
		《关于做好2020年电子商务进农村综合示范项目及资金管理有关工作的通知》	省商务厅、省财政厅、省扶贫办	2020年11月9日
西藏	7	《关于开展电子商务摸底调查工作的通知》	自治区商务厅	2020年3月16日
		《西藏自治区电子商务进农村综合示范整体推进工作方案》		2020年7月10日
		《关于促进西藏直播电商发展的意见(2020—2022年)》		2020年7月31日
		《关于进一步做好电子商务进农村综合示范工作的通知》	自治区商务厅、财政厅、扶贫办	2020年7月31日
		《关于开展电子商务进农村综合示范业务培训的通知》	自治区商务厅	2020年8月12日
		《西藏自治区电子商务进农村综合示范整体推进项目资金管理办法》	自治区商务厅、财政厅、扶贫办	2020年11月4日
		《西藏自治区电子商务绿色发展倡议书》	自治区商务厅	2020年12月4日

资料来源:基于各省(区、市)商务厅公开文件整理。

带货新模式帮助地区农产品进入市场大环境中流通。2020年第一季度，西藏自治区在线零售保持较强增长势头，累计在线零售额为10.44亿元，同比增长10.03%。仅第一季度，农产品的在线零售额达到2.42亿元，同比增长32.31%，农产品电子商务的增长强劲。西藏在全力保障本地特色农产品线上供给的同时，也一直专注于特色农产品电子商务的上行。草药、蔬菜、牲畜和家禽在线零售额分别为2.26、0.08、0.03亿元，在农产品网络销售额中占比分别为93.5%、3.51%、1.35%，排名位居前三位。冬虫夏草、灵芝等草药在线销售火热，以及蔬菜中的松香和羊肚菌蘑菇的在线销售相对较好，畜禽中销量较好的以牦牛肉为主。新冠肺炎疫情影响下，消费者更加注重养生保健、提高自身免疫力，各类营养保健品深受消费者青睐，同时为满足居民更加多元化的消费需求，休闲零食以及方便食品等产品进行持续升级。食品保健类产品实现网络零售额1.91亿元。从各品类看，虫草、肉制熟食、藏红花等销量靠前。西藏通过直播带动了交易额的增长，西藏直播交易额实现0.48亿元，直播观看人次累计600万。

西藏农产品直播电商的发展为西藏扶贫和收入增长注入了新的活力。截至3月底，西藏有30981个在线业务，电子商务驱动了124800个工作岗位。在下一步中，自治区的商务厅将继续促进电子商务公司的工作和生产，恢复商业和市场，并继续扩大在线销售特色产品，如藏族传统特色中药材、高地大麦、藏香、牦牛肉，特别是与农民和牧民有关的在线供应刚性产品，有助于减轻贫困并振兴区内经济发展。

近年来，西南地区各省市自治区都把电子商务作为农产品销售的重要渠道，出台了一系列组合措施，形成了特定模式，为区域产业发展、脱贫致富、传统产业转型升级注入了活力。区域品牌的建设也帮助地区开发农业衍生品，提高产业发展的质量和效率，更好地发挥了西南部地区特色农产品类型丰富的优势。但是，与东部尤其是华东地区相比，农产品电商发展的基础设施、政策环境、人才储备等均有薄弱环节。尤其是交通、通信、物流仓储设施的进一步完善，区域产业集群的进一步培育，政策环境的进一步优化，等等。深入开展西南地区农产品电商模式的案例剖析有助于更好地推动区域脱贫致富，有助于更好地推动传统产业的数字化转型，有助于加快区域现代产业体系的发展。

(二) 存在的问题

1. 电商潜力尚待挖掘

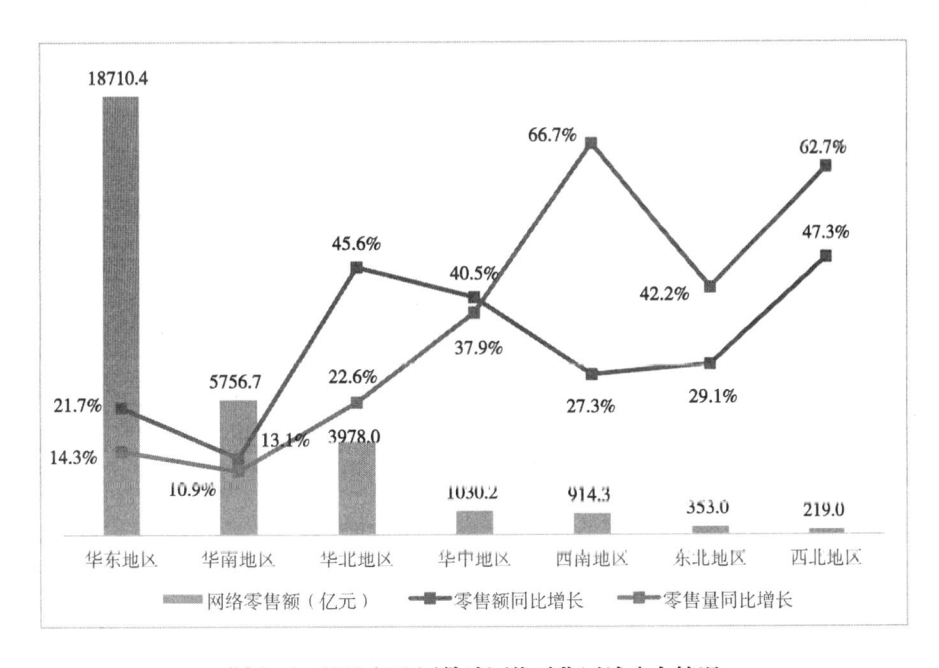

根据农业农村部数据，2019年，全国2083个县域网络零售额达30961.6亿元，同比增长23.5%，其中832个贫困县网络零售额达1076.1亿元，同比增长31.2%；县域农产品网络零售额达2693.1亿元，同比增长28.5%，其中832个贫困县农产品网络零售额为190.8亿元，同比增长23.9%。网络零售额排名前100的国家级贫困县主要分布在华东、华中、华南和华北地区，西南地区的贫困县电商发展相对较为落后（图3-6）。但从增长情况看，西南地区县域电商网络零售量增速远高于其他地区，同比增长66.7%，排名第一，而零售额同比增长仅有27.3%，西南地区电商发展潜力巨大，需要寻找挖掘以内容为核心的电商模式，提升产品附加值，使产品有更大的获利空间。未来，随着西南地区国家骨干冷链物流基地（四川自贡、云南昆明）、各级电子商务示范基地（如成都武侯区电子商务企业集聚地）等项目的建成，西南地区将迸发出巨大的农产品电商发展潜力。

图 3-6　2019 年我国县域网络零售区域分布情况

资料来源：农业农村信息部信息中心、中国国际电子商务中心研究院《2019年全国县域数字农业农村电子商务发展报告》。

2. 设施条件仍有差距

西南贫困地区地形和封闭的村庄道路使农产品运输困难，农产品运输受阻。如贵州农村地区交通基础设施落后，山路崎岖、运输不便。大多数道路等级低、质量差，导致物流成本高，这大大降低了农产品的市场空间，也使得原本附加值不高的农产品利润空间被大大压缩。其次，农村电子商务网站规模较小，而且第三方物流公司网点少，尤其是村里的快递网点更少。大部分要靠邮政服务网点支撑。如西藏很多地区人口密度小、路途崎岖，物流网点铺设成本高、收益少，物流网络难以扩展，导致整体物流配送系统运转疲软。该地区农户分散经营，产量低，缺乏规模经济效应，又销售困难，造成经营风险大。另外，西南地区整体冷链基础设施发展滞后，这使得卖家难以随时将农村新鲜农产品保质保量地送到生产区以外的地区，更难以保证有效地在线销售。

3. 人才队伍有待充实

农产品电子商务发展后劲不足，电商从业人员缺乏持久性。目前，西南农村地区的中青年大多选择在城市工作，农产品市场严重迟滞，而留下的老年人和儿童或农村地区的其他群体不会使用电商平台；此外，随着农村市场的疲软和许多其他问题，越来越多的老年人加入了农村流出的大军，在很大程度上使农村电子商务发展难以为继，造成恶性循环。人口的大量外流与电商发展急需大量人才之间形成了矛盾，这导致西南地区农产品电商发展出现了人才缺乏、发展持久性不足的特点，长此以往将难以形成农产品电商经营氛围。

4. 经营思想相对保守

由于经济发展水平低，贫困地区整体教育水平较低，难以快速接受新鲜事物。作为新时代网络信息技术发展的产物，农产品电商越来越成为农产品流通中不可替代的关键部分。然而，在偏远贫困的地区，由于经济限制，人们的思维方式相对保守，对电子商务的理解相对较差。因此，在电子商务扶贫过程中，不能最大限度地利用好平台。另外，由于部分地区农民和地方政府的品牌意识薄弱，缺乏系统和专业的品牌文化提取和品牌文化包装的特色农产品，平台上销售的农产品仍处于相对原始和粗糙的发展状态，缺乏品牌包装，或是品牌定位不够精确，定位水平低，群体划分不明确。

三、农产品电商发展模式分析

在西南地区，通过电商发展当地经济、解决贫困，仅靠一两个农户家庭或企业单一形态的在线销售，往往很难获得持续、长效的发展，更不能有力带动乡村经济发展，实现乡村振兴。需要挖掘地区的优质农产品，使其"走出去、站得住、叫得响"，推动区域农业走向产业化发展道路，带动区域农民收入提升，培养地区经济的内生动力，形成产业集聚、产业集群，确保脱贫不返贫。

（一）发展模式案例

1. 平台助力农产品电商发展①

地处川滇交界的大凉山，地势险恶、景色壮丽，平均海拔2000~3500米，是中国西南边陲的重要通道。凉山彝族自治州也是全国"三区三州"深度贫困地区之一，是脱贫攻坚最难攻克的硬骨头。当然，红土高原上的土豆、核桃、金银花、苦荞茶、高山红米也是区域特色产品，对于高端消费客群具有很强的吸引力。对偏远地区的农产品而言，上行找市场是最难的。拼多多正是抓住市场这一短板，推动了该地区直播电商发展，为贫困地区的特色农产品找市场提供了有效的方式。直播电商跨过中间环节，为优质农货找到更多的消费者，也直接带动了贫困地区的发展。大凉山地区和拼多多等电商平台合作，打通了农产品上行渠道，让各类农产品对接上大市场，让电商扶贫更多更好地惠及贫困群众。

一是把大凉山搬进直播间。7月16日开始，"佛凉协作云上优选"的云上展销会从凉山首府西昌的邛海边开始，在大山深处的各个村寨移动，一直持续到7月底。红土高原上的土豆、核桃、金银花、苦荞茶、高山红米，通过直播第一次集体走出大凉山，连接到拼多多平台上的6.28亿消费者。

二是邀请县领导亲自上阵。这场直播由佛山驻县工作小组组长、县委常委、副县长共11人组成直播天团，邀请大凉山喜德县委常委、副县长黄礼泉上阵直播带货，使大凉山菜心第一次直接面向消费者。直播间的持续热度不仅给凉山地区群众带来思想上的冲击，也让大众了解了凉山地区的农产品，带动了凉山地区的农产品电商发展。活动上线第一天，线上拼多多加上线下爱心认购，带动线上线下销售额超过1.2亿元。

三是组建支持团队手把手教学。由精英讲师、农业专家、资深业务人员组成的支持团队，手把手进行网店教学，帮助当地群众学会用平台操作，也让电商理念更深入大凉山群众心中。

四是投入流量、技术、营销等资源。拼多多投入流量、技术、营销等资

---

① 案例来源于四川省农业厅官网。

源,启动线上线下扶贫产品云展销,开展带货直播、旅游直播等推介,将创新技术、价值理念带到深度贫困地区,将新电商平台的 AI、5G 和物联网技术发展成为"三区三州"的"新农具",带动地区农产品实现批量网络销售。

五是提供资金补贴。为因疫情严重受影响的地区的每个订单提供 2~3 元的补贴。

拼多多的全方位举措将传统输血式消费扶贫模式转换为造血式产业扶贫模式,带动了大凉山地区的农产品电商发展,激发了经济活力;也带动西南地区各地的市长、县长纷纷化身主播,推动数百万新鲜农产品的销售。

拼多多助农模式的成功迅速得到其他电商平台的复制和推广。在疫情期间,主要的电子商务平台都推出了农产品电子商务扶贫政策,如淘宝联合支付宝推出拼团功能、苏宁拼购推出"拼基地"、京东推出"京喜"功能助农脱贫,平台首页首开扶贫频道,为贫困县产品提供大量的流量资源(表3-9)。

表 3-9　　　　　　　　　电商企业涉农服务情况

企业类型	企业名称	企业情况	扶农助农
综合类电商平台	淘宝网	◆2019 年阿里巴巴升级农村战略,设立农业办公室,统筹由淘宝、天猫等 20 多个业务构成的数字助农网络,打造数字农业农村的新基础设施; ◆全国共 4310 个淘宝村,1118 个淘宝镇,带动了 680 多万人就业; ◆阿里云农业大脑帮助 2.6 万农户实现科学种养; ◆菜鸟联合各快递企业,服务全国 3 万个村点	◆淘宝"村播计划",截至目前,农产品相关的直播达 140 万场,覆盖全国 31 个省份,吸引了 300 多名县长走入淘宝直播间; ◆疫情发生后,发起爱心助农计划。截至 4 月 2 日,淘宝、天猫累计为全国农民售出超过 16.2 万吨滞销农产品
	京东	◆京东农场:全国范围内完成 17 家高标准合作示范农场的建设; ◆神农大脑:打造了铜梁数字农业综合服务平台; ◆2019 年,重点扶持了"呼伦贝尔呼垦源"芥花油、"五常大米"、"蒙清小香米"、"辛集皇冠梨"等高品质农产品品牌	◆春雨计划:投入 15 亿元整合平台营销能力向滞销产品、商家倾斜; ◆开通"全国生鲜产品上行绿色通道"等; ◆推出"京源助农"计划,针对助农、扶贫项目等,以流量进行专项政策扶持和补贴支持

续表

企业类型	企业名称	企业情况	扶农助农
综合类电商平台	拼多多	◆平台拥有5.85亿活跃用户,商户510多万; ◆多多农园:培养了5000名本土农村电商人才,孵化和打造100个特色农产品品牌,构建一体化扶贫兴农产业链; ◆推广"徐闻模式":县长走进拼多多直播间,5万件30万斤菠萝两小时内即售罄	◆多多大学:与当地政府建立贫困基地,组织线下交流班; ◆"抗疫农货"专区:设置5亿元的专项农产品补贴,提供每单2元的快递补贴; ◆"春耕节":3亿元补贴农资下行,联合400万农户保供促产; ◆助农"双百万计划"
	苏宁	◆目前,苏宁易购建立了398个中华特色馆,120个拼购村农产品基地; ◆通过苏宁拼购、苏宁生鲜、苏宁超市频道等生态产业链深入农业产地,整合供应链; ◆惠及全国约1万余个贫困村,761万贫困人口全渠道累计实现农产品销售120亿元	◆开设苏宁扶贫实训店,苏宁易购零售云等5000余家线下店,覆盖184个国家级贫困县; ◆成立农村电商学院,电商培训超过3万场次、惠及50万人; ◆"助农18条"帮助解决物流难问题
	中粮我买网	◆依托中粮集团供应链优势,聚焦中产消费群; ◆以自有品牌、海外直采、生鲜商品为特色的商品组合; ◆覆盖11个省24个国家级贫困县,上线300余款扶贫产品	◆承担定点扶贫和对口支援两类扶贫任务,涉及5个贫困县; ◆联合《源味中国》推出中粮我买优选黔阳冰糖橙; ◆开启"湖北助农"专场活动

续表

企业类型	企业名称	企业情况	扶农助农
垂直电商平台	乐村淘	以 B2B 模式为主，积极拓展 C 端个人用户市场； ◆主要是初级农产品和加工农产品； ◆两大核心业务模式：乐 6 集和特色馆； ◆物流："自营物流+第三方"模式	◆上线乐村淘扶贫频道，打造贫困地区产品网络销售直通车
	美菜网	◆专注餐饮原材料采购服务，打造餐厅食材供应 B2B/C 平台； ◆自建仓储、物流体系； ◆"两端一链一平台"模式：整合农产品供应和用户需求	◆"美菜 SOS 精准扶贫全国采购计划"：遍及 26 个地区，采购总量 2653.4 万斤
	一亩田	◆聚焦农产品的原货市场，打造农产品 B2B 电子商务平台； ◆新业务：飞鸽业务（产地找货）和豆牛业务（市场代卖）	◆新农人网红培育计划方案，开展主播网红培育； ◆"中国农业直播大联盟助农百县行—县长走田间"活动
	本来生活	◆垂直类生鲜公司：自营为主，没有商家入驻； ◆具备农产品全程化管理的能力，品牌孵化能力，物流服务能力； ◆本来扶贫 3.0 模式：搭建"全产业赋能平台"，实现"政府+电商+帮扶企业+合作社/龙头企业+贫困户（农户）"五方联动的帮扶模式	◆"百县百品"农产品赋能计划：上线 101 个国家级贫困县的 1174 个规格的农产品，涉及 110 个品种； ◆集合多家合作企业，采购贫困地农产品 600 多吨驰援武汉； ◆开展"荆品出乡·助农湖北"计划，销售湖北农副产品超 180 吨

续表

企业类型	企业名称	企业情况	扶农助农
社交平台	字节跳动	◆拥有今日头条、抖音短视频、西瓜视频、火山小视频等APP； ◆国内总日活跃用户数量超6亿，月活跃人数超10亿，"三农"作者超3万； ◆152个县域景点，抖音"打卡"视频播放量超过1000万	◆三农合伙人：招募三农合伙人16位，累计帮助13个国家级贫困县推广农产品38.5万单； ◆山货上头条：7款重点打造扶贫产品提供了51.6亿曝光率； ◆"110"网络扶贫创新活动
社交平台	快手	◆1600多万人通过快手平台获得收入，340万人来自国家级贫困县；孵化100位快手幸福乡村带头人，通过个体赋能，实现乡村振兴； ◆快手用户覆盖570个国家级贫困县； ◆快手小店、"散打哥"等	◆贫困县区中，115万快手用户销售额超过193亿元； ◆"福苗计划"春季专场：2.34亿次山货曝光、1.54亿用户逛集、16万名建档立卡贫困人口增收
本地生活类平台	美团	◆美团买菜业务：APP端+便民服务站；生鲜前置仓模式；以"生鲜电商"和"社区化服务"为切入口；服务半径3km之内的社区居民	
本地生活类平台	饿了么	◆饿了么买菜业务：口碑饿了么与叮咚买菜实现战略合作；生鲜前置仓模式； ◆买菜业务在全国100个重点城市铺开，并将迅速扩张至500个城市	
新零售	盒马鲜生	◆"超市+餐饮"线下体验引流线上购物；客户群：富裕的80、90后消费者；农村淘宝、阿里系进口计划为支撑；联合大润发孵化"盒小马"，主攻二、三、四线城市	◆联合广东省农业部门新零售"基地大讲堂"； ◆疫情期间，盒马已助销全国各地600多吨滞销果蔬

续表

企业类型	企业名称	企业情况	扶农助农
新零售	永辉超级物种	◆ "高端超市+生鲜餐饮+O2O"的混合业态； ◆ 与永辉超市共享多家生鲜直采基地及物流仓储基础设施； ◆ 探索智慧零售+无人机配送模式	◆ 搭建"贫困地区+超市门店"的扶贫商品销售直通车。在售产品覆盖50个国家级贫困县。2019年上半年，采购特色产品达12.92亿元
	每日优鲜	◆ 专注于蔬菜生鲜的电商企业； ◆ 首创社区前置后舱模式； ◆ "城市分选中心+社区配送中心"极速达冷链物流体系	◆ 上线"爱心助农频道"，一周帮2700万斤农产品解决滞销难题

资料来源：农业农村信息部、中国国际电子商务中心研究院《2019年全国县域数字农业农村电子商务发展报告》。

2. 县域协作发展，合力带货

（1）四川省茂县案例①

四川茂县地处四川西北部阿坝藏族羌族自治州的青藏高原东南边缘，是全国最大的羌族核心聚居区。由于历史原因和特殊的地域民风民俗，羌民长期居住在岷江上游干热河谷的高半山上，对外开放程度不足，经济社会发展相对滞后。

茂县盛产原生态、高品质的羌脆李、苹果等农特产品，以往受交通、信息和品牌缺位的影响，始终打不开局面，得不到与果品质量相匹配的经济效益。在茂县众多农产品中，羌脆李脆甜爽口、生态健康、食用价值高，且已取得农产品地理标志产品认证，有较好的产业规模和不俗的市场认可度。

为把专业电商团队和先进电商理念融入茂县农村电商建设中，茂县县委、县政府和优秀电商企业通力合作，建立了茂县电商中心，引进发达地区资源，推动农产品电商发展。

一是引入新型传播手段。2018年茂县成功举办的首届羌脆李文化旅游节

---

① 案例来源于四川省农业厅官网。

一改传统宣传方式，组织网络大V、网络红人以及当下流行的抖音艺人到节会开幕式现场、采摘核心区进行微博、微信、视频直播宣传。

二是建立产业基地和服务网络。茂县同京东集团、首农集团、浪潮集团、赶集网等展开深度合作，茂县产品成功上线京东·茂县特产（扶贫）馆，茂县李正式上线中国质量链。同时，县委县政府着手建设和运营全县21个乡镇电商服务站点，实现有效的精准扶贫。组织电商培训小组在乡镇开展扶贫宣传教育、电商普及性培训，引导建档立卡贫困户参与电商创业。

三是发挥电商中心扶持孵化作用。茂县电商中心作为地区发展的主要推手，一方面吸纳本土企业加入，另一方面与农户（贫困户优先）签订农产品采购协议，并开发"一户一码"系统，让农户的产品通过电商村级站点站长上传到平台，通过"鼠标锄头"方式，实施"一加一"精准对接和帮扶，让农户的优质农特产品能第一时间卖出去，把电商扶贫真正落到实处。针对有创业意识的农民群众，电商中心不间断地开展网络销售相关操作的业务培训，让农户自己创业销售农副产品，把好产品通过互联网运到全国各地。茂县的电商中心已吸纳了10余家本土企业，与1380户贫困户签订农产品优先采购协议，试点建设了红富士苹果、羌脆李等5个特色水果质量安全可追溯体系。

四是开展各类活动，形成集聚效应。为扩大共享力度，促进本地电商的可持续发展，茂县还成立了"电商扶贫创业联盟"，启动了"电商扶贫创业大赛"。借助于电商发展，全县梳理了可以与电商接轨的产业和产品，除了羌脆李、甜樱桃、酿酒葡萄、枇杷等特色水果之外，药用价值极高的虫草、大黄、羌活、秦艽、青蒿、贝母等中药材，大量的蕨菜、松茸、羊肚菌、木耳等野生食用植物，甚至美丽而神秘的羌族传统民族特色手工艺品也都搭上了电子商务的"快车"。

五是借力发达地区优势。浙江省温岭、玉环两市是茂县的对口支援市，在资金支持、项目帮扶、人才交流等方面开展多层次、宽领域、全方位合作，通过"广结对""造新血""激活力"的方式助力茂县经济社会发展。茂县也积极与温岭和玉环有关院校、培训机构进行对接，创建电商人才共享机制，引进优质人才，帮助和孵化茂县本土人才，组织本地想创业、有前途的人才积极走出去开阔视野，学习更多电商知识和实操经验。此外，东西部扶贫协作平台整合援建项目资金1000万元，用以完善提升电商园区冷链、物流等配套设施，采取项目收益与兜底贫困户分红等形式，形成电商与扶贫协作项目的最大效应，真正做到电商成果的共建共享。

未来，茂县将健全完善电商配套体系，建设移动电子商务服务平台，发展壮大电商经营主体，持续加大本土电子商务经营主体的培育支持力度，鼓励电子商务领域创新创业，引导贫困群众融入农产品电商产业链条。

(2) 疫情期间的合力带货——西藏米林县案例[①]

西藏自治区米林县地处自治区东南部、林芝市西南部，2018年10月，退出贫困县（区）行列。珞巴族文化入选第三批国家级非物质文化遗产名录，米林藏语意为"药洲"之意。气候的多样性造就了米林丰富的自然资源，全县有2000多种高等植物，是世界上生物多样性最典型的区域之一。

2020年为克服新冠肺炎疫情对农牧产品销售的不利影响，畅通农牧产品产销对接渠道，西藏米林县采取了原产地直采、直发及直播带货等方式扩大市场影响力，设立电商扶贫专柜和米林县电子商务三级物流及消费扶贫专用车加强物流基础设施建设。

一是采取原产地直采、直发及直播带货方式扩大市场影响力。2020年年初，米林县电子商务公共服务中心在淘宝和抖音平台举办"野生鲜松茸原产地直播带货，扶贫益农直播"活动，帮助吞白村农牧民销售野生鲜松茸1860千克，月销售收入84.3万元。7月2日，米林县举行"主播带货"活动，推动灵芝、天麻、松茸等高原特色农副产品，珞巴民族手工艺制品等地域文化产品线上直播，在观海APP、人民视频、腾讯看点三大平台同步展示。2小时的直播时间里，吸引4万余网友围观、选购，成交额303.14万元。

二是构建物流网络体系，夯实电商基础。米林县电子商务公共服务中心通过帮扶创业开店、代运营、物资配送到家、上门收件代发、物流提速降费等措施，让当地农产品销量宽、成本低、群众收入多。例如，米林县电子商务公共服务中心对吞白村农牧民采集的野生鲜松茸统一收购、分级、打包，交顺丰快递直接配送。实现了48小时内送货到家的承诺，进一步提升了消费者购物体验，有效增强了米林松茸市场竞争力。

从全县来看，米林县还推动设立了电商扶贫专柜和米林县电子商务三级物流及消费扶贫专用车。9—10月，电子商务公共服务中心不仅提供帮扶销售、到户取货、分拣打包、售后维护的全方位服务，还对每单进行5元的邮费补贴，以帮助销售。

三是设立线上网店，持续推动农产品电商发展。米林县电子商务公共服务中心和电商平台合作设立淘宝扶贫馆、抖音小店、拼多多小店等，多渠道拓展农产品销售业务，助力电商扶贫。原产地直采直销和直播带货活动、电

[①] 案例来源于西藏自治区农业厅官网。

商创业实操培训提升了当地农产品电商经营意识，在加快人才培养的同时推动电商发展真正落地，让当地群众真正实现触网增收。

3. 特色农产品电商企业发展

玉溪某食品有限公司（以下简称"A食品公司"）成立于2017年，以生产销售坚果类炒货为主，其坚果产品依托云南本地特有的玫瑰花、石斛、鼠尾草、蜂蜜等食材打造，鲜明的地域特色使产品得以在琳琅满目的坚果市场中脱颖而出。

A食品公司始终坚持高品质的产品及先进的经营理念，致力于打造"世界上最好吃、零添加无负担的坚果"。创立3年来，公司借力电商平台拓展市场，聚焦特色市场内提供专业服务，不断夯实驾驭市场能力，取得较好的业绩。

在创业初期，公司积极对接电商平台，设立店铺开展农产品电商经营。进入初期，每月销售量5万~6万单，高峰时可达5000~6000单/天。但在传统电商平台下，消费者更多关注的是低价和品牌，比价行为严重压缩了产品的附加值。

与此同时，A食品公司发现，淘宝等传统的电商平台虽然打开了公司农产品电商的销路，但其可持续性很差。这类平台都需要入驻商户购买直通车以提高商品曝光和浏览量。否则，平台在次月就将流量归零。在消费者看来，这类商品没有销售量。直通车流量的购买大大压缩了公司利润。A食品公司认为，低价策略不可持久。流量直通车没有利润，只能成为定向流量下的品类附庸。

进入瓶颈期后，A食品公司积极调整战略，利用各类新媒体拓展新的运营空间。传统电商平台利润低，A食品公司跳出了竞争圈子，在着力打造特色坚果品类的同时也看到了发展迅速的直播、短视频电商带货方式。公司在维护好原有平台正常经营的情况下，积极拓展直播和短视频平台电商渠道，加强与网红达人的合作。通过网红达人主播线上直播带货，加速品牌的培育推广，推动公司快速高质量发展，有效提升了公司知名度，努力塑造精品坚果品牌。

A食品公司着力优化自身产品定位，致力于坚果细分市场。在对学生群体和其自身发展阶段进行充分分析后，A食品公司提出"致力于开拓教育市场类的精品坚果"的发展构想，认为幼儿园、中小学等消费场景有望成为新的细分市场空间。该消费群体是中小学生、幼儿，消费的坚果产品要求无添加、无干燥剂、天然绿色产品。A食品公司聚焦这一市场，着力优化公司结构，建设农产品追溯系统，实现销售的坚果从生产到消费的全程可追溯，同时建立了更为完善、标准更高的坚果质量控制体系。

除了 B2C 业务之外，A 食品公司也积极拓展 B2B 业务。为其他线上店铺进行供货补货服务。2019 年，A 食品公司营业额突破 3000 万。

在 A 食品公司发展过程中，除了对各类电商平台、新媒体平台逐步加深认识之外，就公司本地经营环境看，也有需要完善的地方。尤其是，农产品电商的经营氛围不浓厚，产业链上下游不齐全，产业集群没有形成，一些农民甚至地方政府对电子商务没有正确认识和深入了解，缺乏了解网络电子商务知识的复合型人才，农产品标准化、品牌化程度低，等等。

调研中，公司负责人指出，尤其是电商集群化程度低，深刻制约着公司的发展。她认为，在公司发展的各个阶段，对于各类电商平台的认识都是自身经验的积累，周边缺乏可以沟通交流的群体，这对于偏远地区的农产品电商发展极为不利。

（二）理想模式探讨

在传统农业中，生产、营销与需求信息不匹配导致严重的农产品滞销。在西南偏远地区，农产品质量虽高，但市场供过于求，价格偏低，农民经济收入不高；在城市地区，农产品供不应求，价格偏高，消费者难以买到物美价廉的农产品。这种现象在 2020 年的疫情中更加突显，农产品价格高企和滞销并存。

农产品电子商务的出现，克服了传统产销模式的缺点，解决了供需匹配的问题，也推动了农产品的规模化、标准化、品牌化发展。尤其是，互联网为供需匹配提供了新的渠道，推动了流通环节扁平化；现代物流大幅度降低了小批量农产品运输的成本，提高了农产品流通运行的整体效率。

1. 发展阶段

总体来看农产品电商的发展大概经历了三个阶段（各阶段模式见图 3-7）。

（1）传统电商平台发展模式

第一阶段是以淘宝、京东为代表的传统电商平台的农产品经营（2014 年被称为农产品电商元年）。期间，全网农产品年销售额稳定在 1000 亿元左右，培养了部分居民网上消费农产品的习惯。这一模式将线下农产品流通过程电子化、数字化。这期间，除了头部电商外，西南地区也有一些专门扶持的电子商务交易平台，如云南地区的文山三七、本兮生活，四川地区的微米等。

从交易模式上来看，这些传统电商替代了传统农产品流通中的批发市场、经销商等，将线下烦琐的流通模式搬入线上，但在农产品流通面向消费者的环节关注较少，客户更难以细分，更难以精准推广。

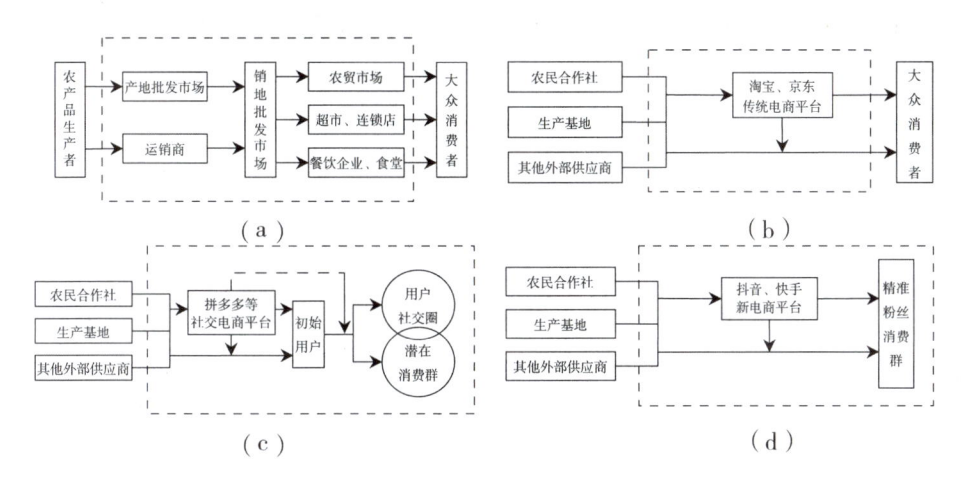

图 3-7 农产品电商模式

（2）拼多多等社交电商发展模式

第二阶段的发展是以拼多多为代表的社交电商农产品经营。这类平台以社交互动驱动消费为主要模式，自 2017 年兴起以来，成为电子商务运营的新模式之一。在这一阶段发展中，西南地区也投资建设了一系列"电商孵化园"，出台了各种配套政策，推动了农产品电商的发展。社交电商以产品的初始消费者为连接点，通过社交互动、信息流推荐、低价包邮等优势迅速崛起。初始用户发起拼单之后将拼单产品链接在社交圈进行分享，好友等潜在消费群参与拼单并继续分享产品链接。通过这种方式打入初始用户的社交圈并影响潜在消费群体，实现用户数的成倍增长。这类平台的发展经验是通过共享和分组将农产品产品供应和消费者需求信息迅速整合。以拼多多平台为例，其农产品订单的规模从 2017 年的 196 亿元扩展到 2019 年的 1364 亿元，占全国农产品上行总规模的 34.3%。

（3）直播、短视频等内容电商发展模式

第三阶段则是以抖音、快手等为主要平台，以直播、短视频等方式呈现，以 KOL（Key Opinion Leader，直译为"关键意见领袖"）、达人、网红为核心的内容电商发展。这类电商发展基于 KOL、达人、网红等意见领袖的作用，通过直播、短视频等方式宣传推广品牌和产品，为地方特色农产品、农业加工品发展提供了全新的渠道。伴随着各级政府的支持，一些偏远地区的市长、县长,越来越多的新一代农民加入抖音、快手等直播平台销售农产品。

当前,三个阶段的划分界限已经模糊,但由于存在"先入为主",各平台之间的差异性依然存在。从长期来看,直播、短视频带货的风向不会改变,但效果将逐步衰减;淘宝、京东等传统电商平台有稳定客群基础,介入直播有一定后发优势;拼购逐渐成为流行趋势。电商模式的发展趋向于综合直播带货加店铺方式,无论传统还是新兴电商,不再只做单一模式,大多以在线店铺为基础,以直播短视频为流量带入口,从而形成自身品牌和社区社群相互融合的新发展生态。

2. 成熟模式

从上文分析的电商发展阶段,我们认为,成熟且成功的农产品电商模式至少包含两个条件。

一是将电商模式的发展顺序调整为内容优先于低价。

通常农产品附加值低,在竞争激烈的传统电子商务平台上溢价空间比较有限。这区别于内容电商和海外代购。后者基于高利润单产品,即使不能大规模销售,也仍然有利可图。同时,电子商务的营销手段日益精细,单纯通过直通车等硬推广模式,获客成本过高。另外,农产品区别于工业制成品的是产品质量差异。特色农产品有助于巩固声誉、提高回购率,这也是内容电商极为擅长的。

二是将电商模式的重心顺序调整为网红(KOL)集群优先于平台产业带。

农产品电子商务的成功标准并不是像服装等流行的产品一样不断推出爆款,而是需要让当地农民形成专业化的网红集群,通过专业的新媒体运营分工提高效率,带动地区的共同致富。直播、短视频成为农产品电商合适承载的主要原因是短小的视频制作相对简单,大多数功能组件易于使用。这极大地降低了农人入网的门槛。由于内容电商的崛起,网红、KOL发挥的消费决策影响日益增强,电商交易、物流服务、线上支付等都成为基础设施。因此,从长期发展看,形成网红、KOL的集群化,尤其是培育出若干头部网红对于区域农产品电商发展具有更为重要的意义。

当然,政府主管部门的通力支持也至关重要。米林县、茂县的案例表明,补齐区域物流短板、形成集群优势(淘宝村),对于县域农产品电商发展不可或缺。

四、加快农产品电商发展的对策建议

(一) 明确电商模式选择

在模式选择上,应根据西南地区内部不同区域呈现的特点,选择适合地区发展的农产品电商发展模式。目前,以"内容>低价"为认知的电商带货模式逐渐成为业内共识。要以现有发展成果为基础,逐步建立品牌,培育农民主播,打造以主播或产品的视频内容、近身体验为核心的媒体矩阵和内容集群,对于带动地区农产品电子商务发展具有十分重要的意义。

当然,媒体矩阵和内容集群的发展难以一蹴而就。一是在现有渠道基础上,推动区域接入淘宝、京东等大型电商平台;二是通过接入拼多多、快手、抖音等社交媒体;三是积极培育网红、KOL集群,重点要结合各地特色农产品发展,打造符合产品特点、具有地域文化特色的网红集群。

(二) 加强基础设施建设

调研发现,西南地区农村基础设施体系薄弱,部分地区信号无法实现全覆盖,快递发运难,或者发运周期长,农村"最先一公里"冷链设施不足等问题相对突出,这在一定程度上制约了西南地区农产品电商发展。深入推进农产品电商发展,就要加大地区基础设施和公共服务建设投入,一是要加强农村地区,尤其是偏远山区移动网络覆盖,解决信号差、信号不稳定问题;二是要加强西南地区公路等基础设施建设,着力解决发运周期长的问题。支持与社会投资者合作,积极运用政府和社会资本合作(PPP)模式,共同推进基础设施的布局建设,共同为农产品电子商务发展夯实基础。

(三) 发挥行业协会职能

从西南地区的实际情况看,农产品电子商务的普及还需要一定的时间。要积极发挥行业协会、有关部门的公共服务职能,借鉴上文案例提到的公共资源服务中心等经验,积极发挥当地农产品行业团体、公共资源服务中心和电商支持部门等的桥梁作用,发挥行业协会、主管部门的组织作用,出台并落实切实可行的政策,增加电商平台发展的公开课,手把手教会使用各类平台,推动个体农户、农业合作组织、农业产业化企业对接各类电商平台,着力解决农户不会用、用不好的问题,着力培育网红、KOL集群。

(四) 着力打造特色品牌

要继续推动农产品电商特色化、品牌化发展。依托"三品一标""一镇一品""一村一品"等特色农产品，梳理、发掘具有独特资源、消费者喜爱、能够在网上行销全国的农产品，支持地区特色农产品闯出去。重点要扶持农业合作组织、农产品龙头企业与各类电商平台开展深度合作，支持共同开发更具附加值、更有竞争力的地域特色产品。要积极支持地方特色农产品的品牌化进程，为农产品品牌发展提供各类支持。要积极推动区域特色农产品营销活动发展，通过线上线下对接会、网上产品节、地方特色馆、特色农产品展销会等多种形式进行整体营销，推动农产品消费领域口碑树立，打造区域农产品特色品牌。

（五）加大人才培养力度

农产品电商的发展离不开具备电商运营能力人才的支持。对了解农产品生产的"旧农人"来说，电子商务是新事物。调研发现，大量农民因为不了解平台规则、难以掌握平台终端使用方法而放弃电商渠道。

但近几年云南电子商务发展的势头强劲。经教育部许可，在云南省32所本科院校中设立了11个电子商务专业和学科，其人才培育、产教融合为区域农产品电商发展奠定了坚实基础。2017—2019年共有900多名电子商务系毕业生进入社会，目前有在校生2200多名。与此同时，云南人社部门也组织16000余人次网上创业培训，这为电商人才的持续培养和云南农产品电商的快速发展建立了强大的人才储备。

从长期来看，一是要加大宣传力度，鼓励涉农大学生、农技人员返乡开展农产品电子商务就业创业，重视对农村本地返乡者的技能培训。二是突出地区特色，吸引外来高水平人才带动区域农产品电商发展。三是推动农民自身的角色转变，加大对农民技术、技能培养，强化综合运营能力建设，增强农民对农产品生产、储存、加工、物流、销售和售后服务的能力，着力打造"新农人"。

（六）着力培育产业集群

一要加强农产品电商企业之间的合作。农产品的电子交易涉及许多链接，如在线支付、生产和加工、物流服务和促销，等等，要通过产业集群间的相互学习，着力增强企业的专业化能力。

二要培养龙头企业。深化"互联网+农产品""互联网+农业"等，促进地区各级产业的综合发展，促进农产品电商产业集群的发展。重点要加强政策支持，推动当地农产品企业与各类互联网平台对接，打造区域领军企业。

三要打造网红、KOL集群。要顺应内容电商发展趋势，围绕各平台特点，培育代运营、多渠道网络（Multi-Channel Network，MCN。通常指网红或KOL的培育（或经纪企业）机构发展，打造区域直播基地，推动形成网红、KOL集群。

参考文献

[1] 农业农村信息部，中国国际电子商务中心研究院. 2019年全国县域数字农业农村电子商务发展报告 [R]. 2019-04.

[2] 清华大学. 新电商重塑中国农业产业链发展研究报告 [R]. 2020-06.

[3] 洪涛. 2019年中国农产品电商发展报告 [R]. 2019-03.

[4] 商务部国际贸易经济合作研究院课题组. 2019中国电商兴农发展报告 [R]. 2019-12.

[5] 阿里研究院. 1%的改变——2020中国淘宝村研究报告 [R]. 2020-10.

[6] 阿里研究院. 2020阿里农产品电商报告 [R]. 2020-07.

[7] 天眼查."双11"电商行业数据报告（2020）[R]. 2020-11.

[8] 商务部电子商务司. 中国电子商务报告（2019）[R]. 2020-07.

[9] 阿里研究院. 2014年中国电子商务示范城市发展指数报告详细版 [R]. 2015-06.

[10] 中金公司. 智慧农业，再次证伪马尔萨斯 [R]. 2017-06.

[11] 阿里研究院. 解读农村电商普惠发展 [R]. 2017-04.

[12] 京东. 2019产业互联网扶贫年度报告 [R]. 2020-01.

[13] 天风证券. 拼多多——疫情导致GMV增速波动，不改平台长期逻辑 [R]. 2020 08.

第四章　中俄农产品贸易现状和问题研究

21世纪以来，中国农产品生产进出口规模不断扩大，农产品消费不断升级，带动经济发展的同时又促进农产品结构不断优化，促进农产品行业结构的转型升级。中俄两国是友好邻邦，在农产品领域均有较大需求，农产品贸易领域是受地域影响较大的产品贸易，是关乎国计民生的重大问题。在当前新冠肺炎疫情席卷全球、逆全球化浪潮兴起、中美贸易摩擦加剧的形势下，研究中俄农产品贸易现状及问题，开发两国农产品贸易发展潜力，探求中国农产品贸易新的突破口，增强中俄农业合作交流，对两国的经济和民生具有重大的理论和现实意义，其重要性和紧迫性日益凸显。

中国自加入世界贸易组织以来，在经济全球化中体现出强大的发展动力，为世界经济发展作出重大贡献，提出的"一带一路"倡议得到俄罗斯等许多国家的积极响应。俄罗斯自2011年加入世界贸易组织以来，其农产品贸易中的各项法规政策都在逐渐与国际接轨，逐步融入世界贸易体系中，更有利于中俄之间农产品贸易的紧密联系。中俄都是农产品生产和消费大国，一直以来都保持着良好的贸易伙伴关系，这促进了两国间的农产品进出口贸易，优化了两国的农产品市场结构，扩大了两国农产品贸易的国际市场，完善了农产品生产技术，改善了农产品品质，使中国从农产品原材料出口国转变为农产品深加工出口国，带动了中国农产品产业的快速发展，逐步得到国际社会的认可。加上有利的地理优势、便捷的交通条件和悠久的边境贸易历史，中俄两国在发展农产品贸易领域有着深厚的合作基础。

一、文献综述

（一）中俄农产品贸易现状

中俄农产品贸易往来状况一直是学者们关心的话题，新帕什纳（Novopashina，2013）认为增加外商直接投资额可以推动中俄双边贸易发展。佟光霁和石磊（2016）提出，市场规模、贸易开放度是影响中俄农产品产业内贸易发展水平的重要因素。崔欣（2017）运用贸易引力模型分析中俄农产品贸易合作的影响因素，提出要改善投资环境、完善配套基础设施建设、建立沿路中俄农业生产基地群的建议。吴学军（2010）、孙育新（2016）、胡国良等（2020）通过在产品细分层面上测算显示性比较优势指数和贸易互补指数等产业内贸易指数，发现中国出口到俄罗斯的农产品主要是水产品、蔬菜及水果等劳动密集型农产品，而俄罗斯出口到中国的农产品主要是林产品，并且除鱼、甲壳及软体类动物及制品外，中国的优势农产品与俄罗斯的优势农产品互不雷同，互补性极强。双方进出口贸易的较大结构性差异也是造成贸易逆差的原因之一（佟光霁和石磊，2017）。

近年来，中国对俄农产品出口贸易结构已从单一的劳动密集型农产品逐步升级为涵盖资本密集与技术密集的农产品贸易结构。刘雪娇（2013）运用血糖生成指数（GI）、GHM 指数，测算了 2000—2011 年中国与其他金砖国家农产品产业内贸易水平、结构，结果显示中国与俄罗斯农产品贸易以产业间为主。龚新蜀和刘宁（2015）用 GL、BI、TM 指数测度了中俄农产品产业内贸易水平和结构，结果显示中国与俄罗斯农产品贸易产业间贸易占主导地位，产业内贸易呈增长态势；产业内贸易以垂直型为主，水平型产业内贸易近年呈增长趋势。因此，我们应当重视并优先发展中俄农产品产业间贸易，改善产业内贸易环境，重点改善中俄产业内贸易的农产品贸易额偏低、主要农产品间产业贸易水平偏低等问题（佟光霁和孙红雨，2019）。奥奇尔扎波娃·亚历山大和霍灵光（2019）通过分析中俄主要农产品的生产现状，从总体上了解了中俄两国的大致生产情况，再运用规模优势指数、效率优势指数、综合优势指数，分别对小麦和土豆两个主要农作物进行比较优势指标分析。郑红玲等（2017）在综合考虑了贸易额和研究意义之后，在出口商品方面选取第 07、08、16、20 章①，在进口商品方面选取第 03、08、12、23 章进行分析②。刘伟轲和景喆（2009）通过测算各章农产品的 RTA 年度平均值曲线，制作了中国相对俄罗斯优势农产品强弱对比表，相对优势最高的是第 14 章编结用植物材料③，其次为第 2、13、20 章④。

---

① 第 07、08、16、20 章，分别为食用蔬菜、根及块茎；食用水果及坚果、甜瓜等水果的果皮；肉、鱼及其他水生无脊椎动物制品；蔬菜、水果或植物其他部分的制品。

② 第 03、08、12、23 章，分别为鱼及其他水生无脊椎动物；食用水果及坚果、甜瓜等水果的果皮；油籽、子仁、工业药用植物、饲料；食品工业残渣及废料、配制饲料。

③ 第 14 章为编结用植物材料、其他植物产品。

④ 第 2、13、20 章为肉及食用杂碎；虫胶、树胶、脂及其他植物液、汁；蔬菜、水果或植物其他部分的制品。

（二）中俄农产品贸易存在的问题

针对中俄贸易存在的问题，学者们展开了进一步研究。孙育新（2016）通过构建中国向俄罗斯农产品出口贸易恒定市场份额（CMS）模型，发现中国农产品的出口结构效应贡献率最低，这表明中国农产品出口结构不能适应俄罗斯农产品需求结构变动的需要，没有很好地形成规模经济和差异化生产。中俄农业经贸合作中的障碍主要体现在开发资金筹措困难、农产品贸易壁垒大、农产品加工和农产品贸易合作滞后、俄罗斯海关在货运和客运工作中效率低、金融和税收方面效率低等（骆晓丽，2012）。栾少香（2014）通过对中俄农村产品贸易数据及政策分析，概括了中俄农业合作面临的问题主要为：合作模式以小额边境贸易为主、农产品贸易以中低端为主、对在俄罗斯农业企业支持力度不足、农业劳务合作处于低水平阶段。除了传统的关税贸易壁垒，孙红雨和佟光霁（2019）通过在险价值（VAR）模型，实证检验绿色贸易壁垒对中国出口俄罗斯的农产品贸易额的影响程度，结果显示，绿色贸易壁垒对中国出口俄罗斯的农产品贸易额产生持续的抑制作用。

（三）"一带一路"倡议、中蒙俄经济走廊下的发展潜力

世界政治经济的变化给中俄农产品贸易提供了良好的环境。杨桂华和刘伟（2015）分析了2014年欧美国家对俄罗斯采取经济制裁后的双边贸易变化，从积极作用和消极影响两方面分析了中国农产品对俄贸易政策。崔宁波和尤里等（2015）认为乌克兰危机是中俄农产品贸易的重要机遇。而中国提出的"一带一路"倡议以及中蒙俄经济走廊的建立更是为中俄两国的设施联通、贸易畅通、资金融通、民心相通提供帮助。

在分析贸易发展潜力的方法运用方面，张志新等（2019）通过贸易结合度TCD、RTA指数等分析了中国与西亚国家贸易关系，并运用贸易引力模型计算出中国与西亚国家的贸易潜力指数，发现双边贸易潜力较稳定。谢一青和乐文特（2020）根据国际贸易的"引力模型"和贸易行业特征从不同角度对"一带一路"沿途国家的国际贸易潜力的广义边际和集约边际进行回顾和分析。周冲和周东阳（2020）运用扩展的引力模型对中国与拉美30个国家贸易潜力进行测算，结果表明中国与多数拉美国家的贸易属于潜力开拓型，未来仍有较大的贸易空间。党琳静和赵景峰（2020）构建了中国对"一带一路"沿线国家农产品出口的时变随机前沿引力模型和贸易非效率模型，测算并分析中国对沿线国家农产品出口的贸易效率及主要影响因素，并预测出口潜力及拓展空间。刘业欣和李丽（2018）使用随机前沿引力模型来研究中俄

双边贸易潜力,表明中俄贸易在总量上已处于相对平稳的水平,贸易潜力巨大。李爽和祖歌言(2020)通过构建中俄农产品出口贸易引力模型,讨论了"中蒙俄经济走廊"背景下中俄农产品出口贸易潜力,认为中俄农产品整体与分类出口贸易潜力均为潜力开拓型,有较大发展空间。农产品种类贸易潜力指数呈上升趋势,贸易发展稳定。

二、中俄农产品贸易现状

改革开放以来,中国一直加强农业方面的探索,以合作共赢的态度对外开放。随着经济和社会的不断改进,中国农产品的出口一直呈上升趋势。加入世贸组织以来,中国加大了农产品的进出口贸易,创造外汇的同时也满足了国内农产品市场的需求,贸易额持续增长。

近年来,凭借得天独厚的地缘优势,中俄双边贸易发展迅速,自2010年来,中国已连续10年成为俄罗斯最大的贸易伙伴。在复杂多变的国际环境以及两国长期以来的友好合作下,中俄的农产品贸易已初具规模。

(一)双边农产品贸易规模较小,但是增长迅速

虽然中俄建立了友好的合作伙伴关系,但是目前中俄农产品贸易的规模不大。2019年,中国向俄罗斯的农产品出口额为18.2亿美元,进口额为35.8亿美元,分别占中俄产品贸易进出口的3.69%和5.95%。但是这两个比例在2002年分别为12.51%和8.02%(表4-1)。农产品贸易占比自2002年以来不断缩小,主要原因是相较于产品贸易来说,农产品对外贸易的扩张速度没有产品贸易扩张速度快,同时也受到了地缘政治环境的影响。可见,中俄农产品贸易规模还有巨大提升潜力。

表4-1 中俄农产品贸易额及其在中俄总贸易额中所占的份额(单位:亿美元)

	2002	2007	2012	2017	2018	2019
中国对俄罗斯农产品出口总额	4.40	11.65	18.39	18.84	19.48	18.28
中国对俄罗斯出口总额	35.21	285.30	440.57	428.31	480.05	494.85
中国对俄农产品出口占其对俄产品出口比重	12.51%	4.08%	4.17%	4.40%	4.06%	3.69%
中国从俄罗斯农产品进口总额	6.75	14.34	15.52	21.24	31.98	35.83
中国从俄罗斯进口总额	84.07	196.89	441.38	413.90	588.87	602.57

续表

	2002	2007	2012	2017	2018	2019
中国从俄农产品进口占其对俄产品进口比重	8.02%	7.28%	3.52%	5.13%	5.43%	5.95%
中国对俄罗斯农产品进出口总额	11.15	25.99	33.91	40.08	51.47	54.11
中国对全球农产品进出口总额	274.89	686.64	1532.47	1888.76	2038.88	2173.43
中国从俄农产品进出口占其对全球农产品进出口份额	4.06%	3.78%	2.21%	2.12%	2.52%	2.49%

资料来源：UN Comtrade 数据库。

但是，中俄农产品贸易规模增长迅速。2002—2019 年，中国对俄农产品出口额从 4.4 亿美元增长至 18.28 亿美元，年均增长率 18.35%。中国对俄进口额从 6.75 亿美元增长至 35.83 亿美元，年均增长率 25.34%。其中，除了 2008—2009 年受到全球金融危机、经济复苏缓慢的影响，以及 2014—2015 年受俄罗斯经济危机和卢布贬值的影响，两国双边贸易额有所下降以外，总体上两国农产品进出口规模呈现逐渐扩张的趋势（图 4-1）。

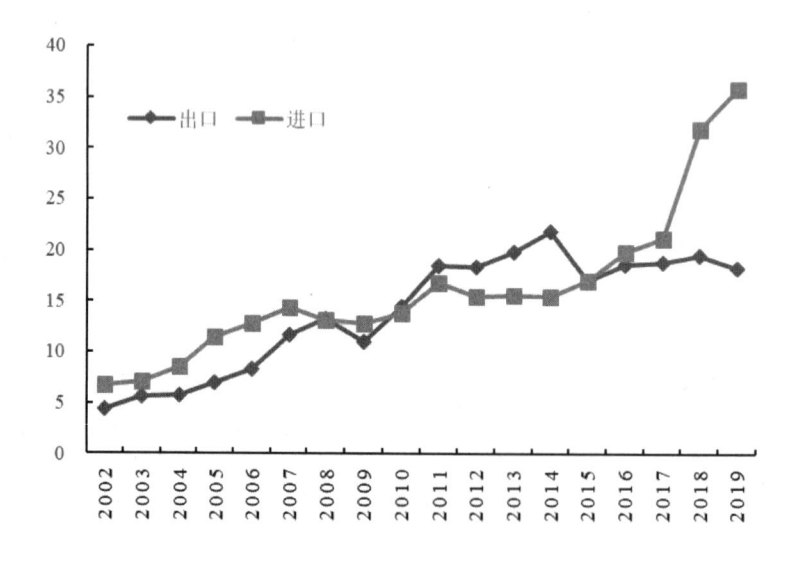

图 4-1 中俄农产品贸易额（单位：亿美元）

资料来源：UN Comtrade 数据库。

2017年以来，中俄两国进一步扩大在农业方面的合作，农产品贸易逐渐成为双边贸易中的重要一环。随着中俄农产品相互准入清单不断扩大，双边贸易中的农产品种类不断增多，为农产品市场注入了新的活力。此外，中国企业还积极参与俄罗斯远东地区的农业开发，开展种、养、加一体化农业合作项目，取得了良好的社会效益和经济效益。俄罗斯方面，农业生产的不稳定对俄罗斯的农业进出口贸易影响较大，不稳定的粮食生产以及自然灾害加速了俄罗斯农产品贸易发展。从总体来看，虽然俄罗斯农产品出口逐年增长，但农产品进口贸易增长趋势更加明显。中俄两国作为世界上主要的农产品生产国和消费国，农产品贸易已成为两国贸易的重要内容之一。2018年，中俄农产品贸易额增长率更是达到了28%，贸易前景良好。

（二）农产品贸易种类较为集中，结构单一，以初级农产品为主

根据联合国贸易数据库（United Nations Comtrade Database，UN Comtrade 数据库）的统计数据，以《商品名称主编码协调制度的国际公约》（HS）编码对农产品进行分类来探究中俄农产品的贸易结构。首先看中国进口俄罗斯的农产品种类。从2002—2019年，中国从俄罗斯进口的农产品主要集中在第03、12、15、23章，其中第03章（鱼及其他水生无脊椎动物）的贸易额遥遥领先于其他章类商品，在2019年进口额达到18亿美元，是第15章（动植物油脂、蜡；精制食用油脂）进口额4.9亿美元的3.78倍。在第03章的产品中，冻鱼类是主要贸易产品，占到了该章的93%，并且贸易额变动趋势与中俄农产品贸易总额一致。贸易额最大的其次是第15章、第12章（油籽；籽仁；工业药用植物；饲料）、第23章（食品工业残渣及废料；配制饲料），这四章的总额占到了中俄所有农产品贸易额的80%。可见，中国从俄罗斯进口农产品结构单一、种类集中。这是由双方的地理环境差异导致的资源禀赋不同决定的。（图4-2）

随着中国居民消费水平和生活质量的提高，对农产品的需求也不断增加，中国在俄罗斯一些种类农产品的进口上实现了从无到有的突破，主要集中在谷物、肉类上。

再看中国出口俄罗斯的农产品种类。从2002—2019年，中国对俄罗斯出口的农产品主要集中在07、20、08、16章。其中07、08、20章的贸易额接近且变化幅度小，近些年都稳定在3.5亿美元左右。在第20章（蔬菜、水果或植物其他部分的制品）中，小白蘑菇、紫菜类制品、番茄罐头年贸易额都超过

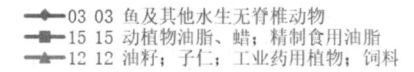

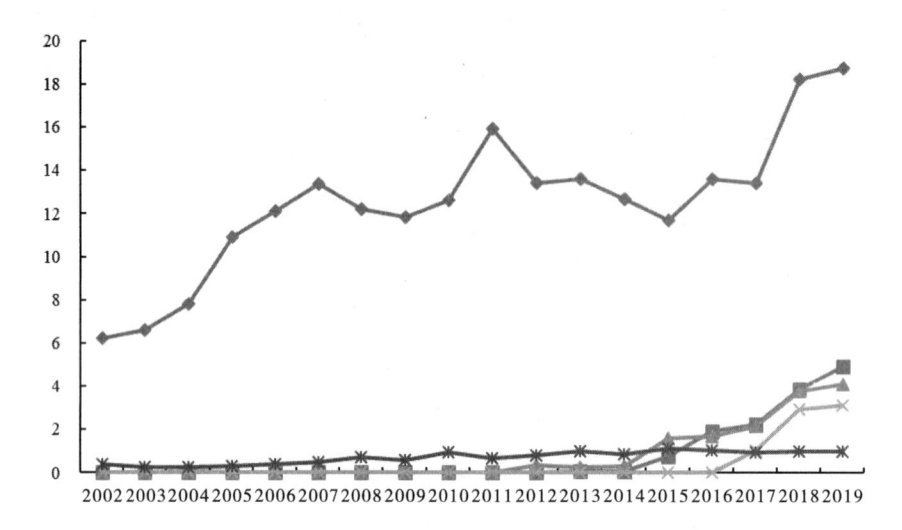

图 4-2 中国进口俄罗斯重点农产品贸易额（单位：亿美元）

资料来源：UN Comtrade 数据库。

5000万美元以在果蔬类产品中占有重要比重。第07章（食用蔬菜、根及块茎）、第08章（食用水果及坚果；甜瓜等水果的果皮）和第16章（肉、鱼及其他水生无脊椎动物制品）都是劳动密集型的初级农产品。中国农产品出口虽然价格低廉，但精加工的农产品较少，主要都是粗加工产品，出口附加值低且易受国际市场价格变动影响。（图4-3）

由此可见，中俄两国之间的农产品贸易主要受两国不同的地理纬度、海洋环境和农业生产基础影响，农产品贸易结构较为单一，部分农产品互补性极强，初级农产品所占比重较大，高附加值农产品种类匮乏。但是，随着两国农业生产水平的提高和农产品多样化发展，以及国际化物流网络的建立和边境口岸的建设，中俄双方之间的农产品贸易也越来越多元化。

图 4-3 中国出口俄罗斯重点农产品贸易额（单位：亿美元）

资料来源：UN Comtrade 数据库

三、中俄农产品贸易竞争力分析

（一）贸易强度指数

贸易强度指数又称贸易结合度指数，是用来衡量两个贸易伙伴之间贸易联系是否紧密的指标，分为出口强度指数和进口强度指数。本文采用出口强度指数来分析中俄农产品贸易关系的紧密程度，计算公式如下：

$$TII_x = (X_{ij}/X_i)/(M_j/M_w) \tag{4-1}$$

公式（4-1）中，X_{ij} 表示 i 国对 j 国的出口额；X_i 表示 i 国的出口总额；M_j 表示 j 国的进口总额；M_w 表示世界的进口总额。若 $TII_x>1$，表明两国之间的贸易联系比较紧密。值越大，说明两国间的贸易联系越紧密。若 $TII_x \leq 1$，表明两国之间的贸易联系比较松散。值越小，说明两国间的贸易联系越疏远。

2002—2019 年中俄与俄中农产品贸易强度指数见图 4-4。可以看到：①中国出口俄罗斯农产品的 TII 平均指数为 1.494，俄罗斯出口中国农产品的 TII 平均指数为 1.831，说明中俄农产品贸易强度较高，贸易联系比较紧密。②俄中农产品贸易强度指数平均值大于中俄农产品贸易强度指数平均值，且俄罗斯对中国的农产品贸易结合度持续大于中国对俄罗斯农产品贸易结合度，表明相对于俄罗斯在中国农产品市场的地位，中国在俄罗斯农产品市场的地位更为重要，彰显了中国市场在俄罗斯农产品贸易中的重要性。③中俄农产品贸易联系紧密且比较稳定，从 2002 年起，中俄农产品贸易强度指数一直保持在 1~2 之间，先显著下降，这是由中国加入世界贸易组织（World Trade Organization，WTO）以来农产品出口市场多样化趋势导致的。然后稍有回升，整体上趋于平稳，这又与"一带一路"倡议和"中蒙俄经济走廊"的提出时间大致吻合。而俄中农产品贸易强度指数一直保持在 1.5~2.5 之间，变动趋势呈现出微弱的"正 U 型"变化，表明俄中农产品贸易结合度虽然在 2002—2010 年有所下降，但随着国内和国际形势的变化，俄中农产品的贸易联系日趋紧密。

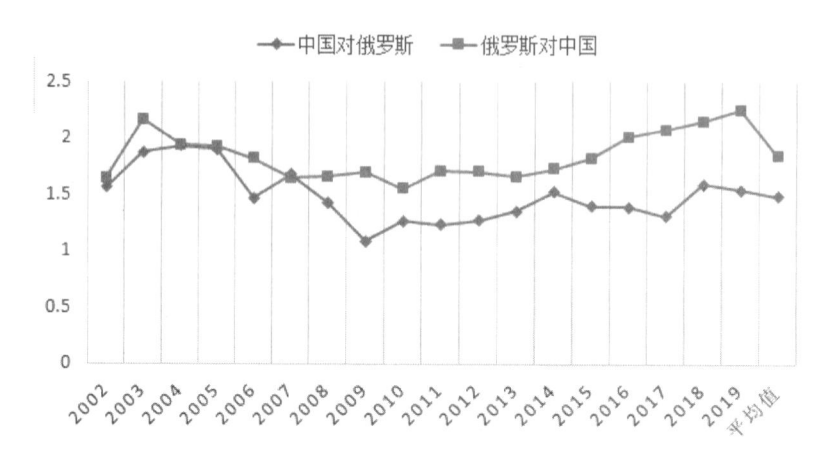

图 4-4　2002—2019 年中俄农产品贸易强度指数变动趋势

数据来源：根据联合国商品贸易统计数据库（UN Comtrade）整理（保留三位小数）。

（二）显示性比较优势指数

通过该指数测算中国与俄罗斯的农产品贸易，分析各分类农产品所具有的比较优势，运用适应双边农产品贸易比较优势分析的计算公式：

$$RCA_{ijk}^{x} = \frac{x_{ijk}/x_{ijt}}{X_{iwk}/X_{iwt}} \tag{4-2}$$

公式（4-2）中 RCA_{ijk}^{x} 为 i 国向 j 国出口商品 k 的显示性比较优势指数；分子中的 x_{ijk}、x_{ijt} 分别表示 i 国向 j 国出口商品 k 的贸易额和 i 国向 j 国出口所有商品的贸易额；分母中的 X_{iwk}、X_{iwt} 分别表示 i 国向全世界出口商品 k 的贸易额和 i 国向全世界出口所有商品的贸易额。当 RCA 值（即比较优势指数）小于 1 时，竞争力较弱；反之，竞争力较强。

根据图 4-5 可得，从总体农产品的显示性比较优势角度，可以看出：中国与俄罗斯的农产品比较优势指数分别为 1.574 和 0.939，表明中国的农产品具有较大的比较优势,而俄罗斯的农产品略逊一筹。值得注意的是,中国农产品比较优势处于不断下降趋势,而俄罗斯农产品比较优势表现为在 2010 年出现跳跃式上升后下降,再趋于平稳的波动过程。如图 4-5 所示,2002—2019年,中国农产品 RCA 值由 2002 年的 2.341 持续下降到 2019 年的 1.199,俄罗

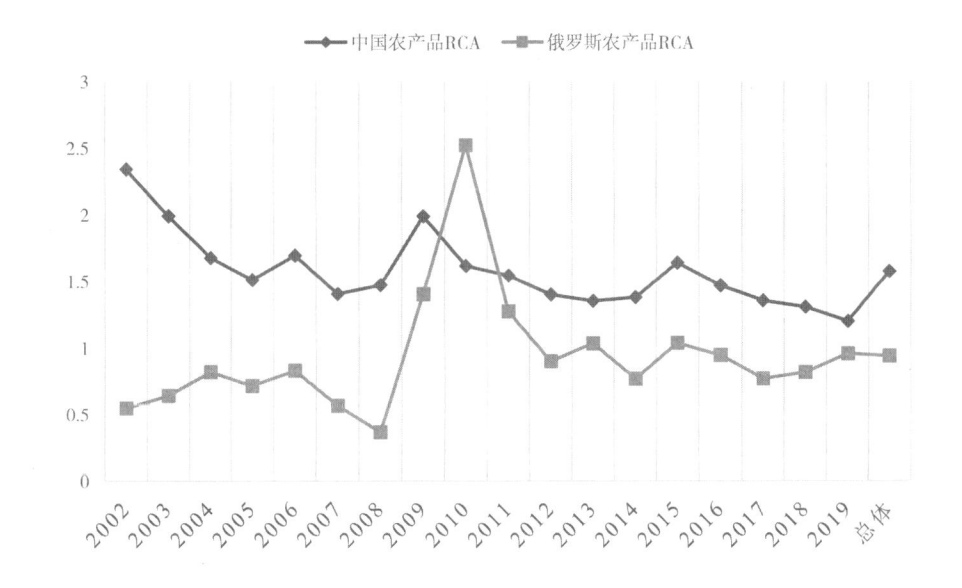

图 4-5　2002—2019 年中俄农产品显示性比较优势指数变动趋势

资料来源:根据联合国商品贸易统计数据库(UN Comtrade)整理(保留三位小数)。

斯农产品 RCA 值在 2008—2010 年间由 0.365 上升至 2.521,2012 年则下降为 0.900,随后一直保持在 1 左右。虽然中国农产品的比较优势不断下降,但仍然高于俄罗斯农产品,考虑到俄罗斯的农业资源优势使得俄罗斯农业更具发展潜力,预计未来俄罗斯农产品比较优势将有进一步发展的空间,并有可能超过中国。

虽然中国农产品的 RCA 值在不断下降,但是,从具体分类农产品的比较优势来看,在俄罗斯市场上,中国某些农产品仍具有一定的竞争优势。

表 4-2 给出了 2009 年(金融危机之后)、2014 年("一带一路"倡议提出之后)和 2019 年(中美贸易摩擦之后)中国与俄罗斯细分农产品显示性比较优势指数。可以发现:

(1)按照显示性比较优势指数 RCA 的大小和持续性,对中国来说一直保持较大比较优势的三类农产品是:食用蔬菜、根及块茎(HS07);食用水果

及坚果；甜瓜等水果的果皮（HS08）；蔬菜、水果或植物其他部分的制品（HS20）。这三类农产品一直保持巨大的竞争优势，其中，HS08 的 RCA 指数一直大于 2.5，具有极强的竞争优势。此外，中国在虫胶、树胶、脂及其他植物液、汁（HS13）和食品工业残渣及废料、配制饲料（HS23）两类农产品中的比较优势逐渐增大。在鱼及其他水生无脊椎动物（HS03），咖啡、茶、马黛茶及调味香料（HS09），肉、鱼及其他水生无脊椎动物制品（HS16）和糖及糖食等农产品（HS17）的显性比较优势指数 RCA 均在 0.9 以上，非常接近 1。但也有诸如杂项食品（HS21）等农产品的比较优势出现了下降。

（2）按照显性比较优势指数 RCA 的大小和持续性，俄罗斯一直保持比较优势的三类农产品为：鱼及其他水生无脊椎动物（HS03），其他动物产品（HS05），油籽、籽仁、工业药用植物（HS12）。其中，鱼及其他水生无脊椎动物（HS03）的竞争优势十分明显。此外，肉及食用杂碎（HS02），动植物油脂、蜡，精制食用油脂（HS15）和可可及可可制品（HS18）比较优势增大，而食用水果及坚果、甜瓜等水果的果皮（HS08）和食品工业残渣及废料、配制饲料（HS23）的竞争优势大幅下降。

（3）总的来讲，中俄两国具有比较优势的农产品种类有差别，双方在农产品贸易中的竞争性较弱。

表 4-2　　　　　　　　中俄细分农产品显示性比较优势指数比较

HS 编码	中国农产品 RCA 指数			俄罗斯农产品 RCA 指数		
	2009	2014	2019	2009	2014	2019
01	0.000	0.006	0.030	0.208	3.444	0.161
02	1.285	1.007	0.145	0.000	0.000	1.810
03	1.453	0.863	0.953	7.109	4.243	3.063
04	0.147	0.082	0.005	0.001	0.065	0.109
05	0.060	0.042	0.024	1.460	2.218	1.602
06	0.349	0.075	0.133	0.405	0.000	0.000
07	2.407	1.770	1.836	0.130	0.022	0.015
08	6.446	3.274	2.628	3.987	2.284	0.387
09	1.866	1.083	0.923	0.000	0.003	0.040
10	1.526	0.542	0.251	0.001	0.012	0.032
11	0.213	0.088	0.035	0.020	0.301	1.082

续表

HS 编码	中国农产品 RCA 指数			俄罗斯农产品 RCA 指数		
	2009	2014	2019	2009	2014	2019
12	1.203	0.607	0.694	0.141	1.082	2.658
13	1.273	1.497	2.031	0.000	0.000	0.195
14	0.184	0.260	0.611	0.000	0.000	0.001
15	0.566	0.379	0.214	0.000	0.094	1.302
16	2.089	1.811	0.949	0.040	0.033	0.119
17	1.661	1.345	0.901	0.000	0.024	0.088
18	1.005	0.836	0.270	0.001	0.084	1.142
19	0.316	0.561	0.587	0.003	0.016	0.300
20	3.418	2.514	2.143	0.011	0.017	0.039
21	1.534	1.686	0.836	0.004	0.038	0.089
22	0.477	0.223	0.366	0.076	0.181	0.434
23	0.208	0.723	0.912	1.996	0.576	0.396
24	0.951	0.305	0.252	0.000	0.308	0.108

资料来源：根据联合国商品贸易统计数据库（UN Comtrade）整理（保留三位小数）。

（三）贸易互补性指数

通过该指数测算中国农产品出口与俄罗斯农产品进口之间贸易互补性的强弱，计算公式为：

$$C_{ijk} = \sum \left[(RCA_{ijk}^x) \times (RCA_{ijk}^m) \right] \quad (4-3)$$

$$RCA_{ijk}^x = \frac{x_{ijk}/x_{ijt}}{X_{iwk}/X_{iwt}} \quad (4-4)$$

$$RCA_{ijk}^m = \frac{m_{ijk}/m_{ijt}}{M_{iwk}/M_{iwt}} \quad (4-5)$$

公式中 x_{ijk} 表示 i 国向 j 国出口商品 k 的贸易额；x_{ijt} 表示 i 国向 j 国出口所有商品的贸易额。X_{iwk} 表示 i 国向全世界出口商品 k 的贸易额；X_{iwt} 表示 i 国向全世界出口所有商品的贸易额。m_{ijk} 表示 j 国从 i 国进口商品 k 的贸易额；m_{ijt} 表示 j 国从 i 国进口所有商品的贸易额；M_{iwk} 表示 i 国从全世界进口商品 k 的贸易额；M_{iwt} 表示 i 国从全世界进口所有商品的贸易额。一般地，$C_{ijk} > 1$ 说明两国在商品 k 上互补性较好。

表 4-3　　　　　　中俄细分农产品贸易互补性指数比较

HS 编码	中国出口 CI			俄罗斯出口 CI		
	2009	2014	2019	2009	2014	2019
01	0.000	0.000	0.001	0.010	9.497	0.029
02	0.020	0.037	0.008	0.000	0.000	0.301
03	1.113	0.582	2.025	110.956	38.448	14.091
04	0.000	0.000	0.000	0.000	0.000	0.001
05	0.000	0.000	0.009	0.552	3.356	1.860
06	0.011	0.001	0.000	0.007	0.000	0.000
07	2.408	1.573	0.016	0.005	0.000	0.000
08	2.873	1.007	0.113	3.622	1.013	0.062
09	0.792	0.407	0.012	0.000	0.000	0.000
10	0.892	0.027	0.003	0.000	0.001	0.008
11	0.041	0.004	0.062	0.000	0.062	0.708
12	0.360	0.070	0.450	0.001	0.036	0.936
13	1.057	1.579	0.221	0.000	0.000	0.000
14	0.088	0.257	0.001	0.000	0.000	0.000
15	0.011	0.010	0.029	0.000	0.004	2.226
16	2.462	1.250	0.078	0.000	0.000	0.707
17	0.432	0.499	0.040	0.000	0.000	0.002
18	0.012	0.058	0.055	0.000	0.011	4.023
19	0.015	0.041	0.045	0.000	0.000	0.013
20	4.694	2.775	0.030	0.000	0.000	0.001
21	0.155	0.299	0.017	0.000	0.001	0.004
22	0.009	0.003	0.008	0.005	0.018	0.101
23	0.011	0.134	0.094	2.944	0.579	0.334
24	0.252	0.065	0.017	0.000	0.087	0.021

资料来源：根据联合国商品贸易统计数据库（UN Comtrade）整理（保留三位小数）。

由表 4-3 可以看出，总体上中国出口到俄罗斯的农产品互补性虽然不断减弱，但中俄在 03 章、07 章、08 章、16 章、20 章类农产品上具有一定的互补性。而在俄罗斯对中国出口的农产品中，总体上讲贸易互补性不断增强，如 02 章、11 章、12 章、15 章、16 章、18 章，因此 16 章可以作为中俄农产品贸易发展的重点。对于 03 章（鱼及其他水生无脊椎动物）、05 章（其他动物产品）的农产品，俄中表现出极强的互补性，其中 03 章与中俄不谋而合，因此在 03 章（鱼及其他水生无脊椎动物）农产品上重点发展中俄贸易关系可以给两国带来较大利益。但是，俄中之间的部分农产品也出现贸易互补性下降的局面，如 08 章、23 章。

整体地看，无论是中国出口俄罗斯的农产品，还是俄罗斯出口中国的农产品，在各年份大部分农产品的指数值均小于 1，可以得出，虽然中俄两国之间在个别农产品上具有高度互补关系，但中国与俄罗斯还没有形成较完整的农产品互补格局。俄罗斯对劳动密集型等重点农产品的市场需求较大，可以预计，在今后一段时间中国与俄罗斯农产品贸易具有较大的发展空间，中国可以着重扩大农产品向俄罗斯的出口规模，促进农产品贸易发展。

（四）贸易专业化指数

从上述分析中看出，中俄个别农产品存在较强的互补关系，这种互补关系到底属于产业间互补还是产业内互补，需要用贸易专业化指数来衡量。通过该指数判断互补关系是属于产业间互补还是产业内互补，计算公式为：

$$TSC_{ij}^k = (X_{ij}^k - M_{ij}^k) / (X_{ij}^k + M_{ij}^k) \qquad (4-6)$$

公式（4-6）中，X_{ij}^k 和 M_{ij}^k 分别为 i 国在 k 产品上对 j 国的出口额和进口额。若 $TSC_{ij}^k < -0.25$ 或 $TSC_{ij}^k > 0.25$，说明两国处于产业间互补状态；若 $-0.25 < TSC_{ij}^k < 0.25$，说明两国处于产业内互补状态。当 $TSC_{ij}^k \geq 0.8$，表明 i 国在 k 产品上具有较强的比较优势（竞争优势）；若 $TSC_{ij}^k \leq -0.8$，表明 i 国在 k 产品上具有较强的比较劣势（竞争劣势）。本文选取中国出口俄罗斯的农产品中平均贸易互补指数大于 1 的 5 种产品，分别计算其贸易专业化指数，结果如表 4-4 所示。

表 4-4 中国出口俄罗斯农产品中平均贸易互补性指数>1 的产品贸易专业化指数

HS 编码	TSC 平均指数
03	−0.737
07	0.994
08	0.732

续表

HS 编码	TSC 平均指数
16	0.582
20	0.997

资料来源：根据联合国商品贸易统计数据库（UN Comtrade）整理（保留三位小数）。

从表4-4可以看出，中俄农产品贸易互补性均属于产业间互补。在这五类农产品中，07章和20章农产品属于中国的高比较优势（竞争优势）产品，08章产品也近乎接近中国高比较优势，其中比较优势更大的是20章农产品，其TSC平均指数为0.997，但03章产品近似属于中国的高比较劣势产品。

四、"一带一路"倡议对中俄农产品贸易发展带来的机遇与挑战

（一）"一带一路"倡议对中俄农产品贸易发展带来的机遇

2013年，习近平总书记先后提出建设"新丝绸之路经济带"和"21世纪海上丝绸之路"的倡议，后统称为"一带一路"建设。"一带一路"倡议代表中国进一步对外开放理念，通过"一带一路"建设将相关国家联系起来，以多元化合作机制为特征，打造一种新型区域合作机制。

1. 政策法规为国际合作保驾护航

2014年5月，在"丝绸之路经济带"农业合作专题论坛上，农业部国际合作司副司长唐尧声称，农业部将继续推进支持"丝绸之路经济带"国内各省区与中亚各国的农业畜业合作，积极构建境外农产品的生产基地，带动区域农业经济发展。2015年3月，中国发布《推动共建丝绸之路经济带和21世纪海上丝绸之路的愿景与行动》，根据该文件，开展农林牧渔业、农机及农产品生产加工等领域的深度合作是"一带一路"建设的合作重点之一。

农业国际合作作为"一带一路"建设的重要组成部分，在中国与俄罗斯的对外贸易中扮演着重要角色。在"一带一路"倡议推动下，2015年中国农业部、外交部等四部委联合出台《共同推进"一带一路"建设农业合作的愿景与行动》，鼓励深化新亚欧大陆桥、中蒙俄等六大经济走廊的农业贸易投资合作，打造优势技术、重点产品农业合作大通道。2017年，中俄总理定期会晤委员会农业合作分委会举办了成立以来的第四次会议，在以往合作基础上，明确提出共同制定中俄在俄罗斯远东地区农业合作战略规划。

2017年7月，两国联合发布了《中华人民共和国和俄罗斯联邦关于进一

步深化全面战略协作伙伴关系的联合声明》，为进一步推动中俄农业合作创造条件。作为推动农业走出去的重要对象国，在中美贸易摩擦等外部因素的影响下，中国企业对俄罗斯开展农业投资合作成为中俄农业合作的重要部分。2018年11月7日，在中俄总理定期会晤框架下，两国继续布局相关农业发展规划以推动两国边境地区的农业合作，致力于在俄远东及贝加尔地区和中国东北共同打造建设一系列的粮食、油料加工、畜牧和渔业综合体。在利好政策的积极推动下，中俄农业合作的关键领域日趋明确，集中在大豆、水稻生产、蔬菜种植、畜牧与渔业养殖等方面，共同生产高附加值产品。此外，双方还计划共同发展农产品物流设施以及推动农业创新技术和科研成果的有效应用。

2. 企业积极响应，强强联合

国家"一带一路"倡议的实施和俄罗斯对远东开发的支持，正是中国农业企业"走出去"难得的窗口机遇期。近年来，依托"一带一路"倡议，在双方政府的极力推动以及两国企业的探索尝试下，中国企业与俄罗斯企业、农业基地签订了一系列重要的合作协议。例如，在2018年的中俄农业地方合作远景展望圆桌会议上，哈尔滨东金集团介绍了在俄开展的"远东一号"农业项目，将在俄远东地区打造集现代化农业种植、养殖、加工、仓储、港口、物流于一体的大型产业项目，为当地解决了部分就业问题，也带动了农产品贸易出口的提升。

随着中国企业在"一带一路"倡议下加强对外合作，中俄两国的农产品合作呈现出投资规模保持增长、产业链建设日趋完整、民营企业成为对俄农业投资的主体、赴俄投资企业的社会责任感明显增强等特征。在双方政府政策支持下，企业的不断涌入为中俄农产品市场注入了新的活力，对农业资源、资金和技术等起到了推动和调配的作用。

3. 中俄跨国合作推动"一带一路"倡议发展

中俄两国加强区域经济合作，共同推进跨国贸易开展，是顺利实施"一带一路"倡议的有力保障。中国与俄罗斯作为"一带一路"沿线的两个重要大国，两国的区域经济合作是推进"一带一路"倡议的重要力量，在推进亚太区域经济一体化方面也具有重要作用。一方面，中俄两国地域毗邻，本国经济繁荣、和平稳定对双方都有利，且共同推进与沿线国家经济合作符合两国既有利益。同时，俄罗斯是"一带一路"沿线区域最为重要的大国，中国与之保持良好的合作伙伴关系，可以有效地避免西方国家对中国的贸易制裁，增加中美贸易摩擦谈判的筹码。另一方面，中俄合作是维护"一带一路"沿线广大发展中国家政治经济利益的重要力量，俄罗斯还可以借助中国资金、技术优势支持俄经济复兴，特别是东部地区大开发战略的实施。

"一带一路"倡议的有效实施，需要中俄两国作为示范带头表率，发挥核心作用，优先加强中俄区域经济合作，从而吸引和推进沿线国家和地区积极参与共建"一带一路"。而中俄作为农产品消费大国，两国间进行农产品贸易对两国的经贸发展具有重要意义。随着近些年中俄双边贸易的扩大，多个中俄农牧业产业示范园、跨境产业集群的落地，包括农产品贸易在内的产业发展逐步推动"一带一路"倡议发展。因此，不仅是"一带一路"倡议促进中俄农产品贸易的发展，中俄双边贸易也对"一带一路"具有积极推动作用。

（二）中俄农产品贸易发展潜力巨大

"一带一路"倡议的提出为中俄农产品贸易发展注入了新的活力。在理念上，"一带一路"秉持和平合作、开放包容、互学互鉴、互利互赢的理念，全方位推进务实合作，打造政治互信、经济融合、文化包容的利益共同体、命运共同体和责任共同体，将中俄企业紧密结合，推动贸易发展。从地缘角度，"一带一路"六大经济走廊推进亚欧互联互通、产业合作，促进政策沟通、设施联通、贸易畅通、资金融通、民心相通，尤其是中蒙俄经济走廊更是获得俄方和蒙方的高度支持，增进三方互信，促进互利互赢合作，实现优势互补、共同发展，推动东北亚区域合作进程。从国际政治角度，无论是在中美贸易摩擦下，还是在俄罗斯陷入与欧美国家制裁与反制裁的持续博弈下，"一带一路"倡议都为双方的发展提供了机遇。

贸易引力模型是引力模型的扩展，主要研究两国经济规模和地理距离对双边贸易的影响。该模型的思想来源于牛顿的万有引力定律：两个物体的相互吸引力与他们质量的积成正比，与他们之间的距离的平方成反比。进而引入国际贸易领域：两个国家的贸易量与它们的经济规模之积正相关，而与两国之间的空间距离负相关。此后，贸易引力模型在研究国家贸易发展潜力上发挥了巨大的作用。

本文将运用贸易引力模型对中俄农产品贸易的发展潜力进行分析，原始的引力模型公式表示为：

$$T_{ij} = \frac{AY_iY_j}{D_{ij}} \tag{4-7}$$

其中，T_{ij}表示国家 i 与国家 j 的双标贸易额，A 是常数，Y_i表示国家 i 的经济规模，Y_j表示国家 j 的经济规模，D_{ij}表示国家 i 与国家 j 的距离。对此公式进行修正并取自然对数后得到引力模型的基本形式：

$$\ln T_{ij} = \alpha_0 + \alpha_1 \ln GDP_i + \alpha_2 \ln GDP_j + \alpha_3 \ln DIS_{ij} + \mu \qquad (4-8)$$

为更好研究中俄农产品贸易潜力，本文在贸易引力模型中添加控制变量，最终模型为：

$$\ln T_{cjt} = \alpha_0 + \alpha_1 \ln GDP_{cjt} + \alpha_2 \ln POP_{cjt} + \alpha_3 \ln DIS_{cj} + \sum \alpha_i X + \mu \qquad (4-9)$$

被解释变量 T_{cjt} 表示 t 年中国与贸易伙伴国 j 的进出口贸易总额，数据来源自 UN Comtrade 数据库。自变量 GDP_{cjt} 表示 t 年中国和贸易伙伴国 j 的经济规模，衡量一国的经济水平，数据来源自世界银行官网；自变量 POP_{cjt} 表示 t 年中国和贸易伙伴国 j 的人口总数，数据来源自世界银行官网；自变量 DIS_{cj} 代表中国北京与贸易伙伴国首都之间的距离，数据来源自 DistanceFromTo 官网。

X 表示其他控制变量。其中有：自变量 SHP_{jt} 表示 t 年贸易伙伴国的班轮运输相关指数，数据来源自世界银行官网，一般认为班轮运输相关指数能较好地反映一国的海上运输能力，从而在国际贸易的货物运输中发挥作用，该指标以 2004 年的最大值为基准，值越高，说明该国海上货物运输能力越强；$APCE_{jt}$ 是 t 年贸易伙伴国是否为 APEC 成员的虚拟变量，以 1、0 分别表示是与不是，数据来源自 APEC 官方网站，一般认为区域贸易集团会促进成员国间交易。

在样本的选取上，为了增强研究结论的可靠性和准确性，将研究范围扩大为中国与俄罗斯的贸易伙伴国，有金砖成员国巴西、印度、南非，还有与中国农业贸易规模大的日本、美国、越南、韩国、泰国、马来西亚、德国、印度尼西亚、菲律宾、英国、荷兰、加拿大、澳大利亚、丹麦、爱尔兰、法国、西班牙、乌克兰、阿根廷、乌拉圭、秘鲁、厄瓜多尔、新西兰，共 27 个国家。

运用 STATA 软件进行实证回归，可以得到线性拟合方程，再将中俄双方贸易的实际值代入拟合方程中，获得一系列拟合值 T'，将实际值 T 与贸易引力模型得到的拟合值 T' 进行比较后的比值 p，可以用来测度中国与俄罗斯的农产品贸易潜力。根据刘青峰和姜书竹（2002）等人的研究，将贸易潜力分为潜力再造型、潜力开拓型、潜力巨大型三类。若 p≥1.2，属于潜力再造型，此时贸易过度；若 0.8<p<1.2，属于贸易开拓型，此时贸易潜力尚未充分挖掘，但挖掘空间有限；若 p≤0.8，属于潜力巨大型，此时贸易不足，贸易潜力空间较大。

经测算，中俄农产品出口贸易潜力指数如表 4-5 所示。

表 4-5　　　　　　　　　中俄农产品出口贸易潜力指数

年份	2010	2011	2012	2013	2014	2015	2016	2017	2018	2019
比值	0.840	0.881	1.002	1.014	1.026	1.009	1.002	1.012	1.024	1.036

总体来看，中俄农产品整体是潜力开拓型，有较大的发展空间。贸易潜力指数逐年呈现上升趋势，此项数据说明中俄两国在农产品贸易方面展开合作的前景巨大，且呈现趋好态势。贸易引力模型的回归结果显示，两国的经济规模、班轮运输相关指数、是否加入APEC均有显著的正向影响，而两国人口规模、距离则有显著的负向影响。对此，中国在扩展与俄罗斯的贸易合作时，可以有针对性地采取相应政策，加强海上运输能力、保持与其他国家的政策沟通，以促进双方友好合作。

(三)"一带一路"倡议对中俄农产品贸易发展带来的挑战

虽然"一带一路"倡议受到沿线国家积极响应，也逐步取得了一定成效，但不可否认的是，"一带一路"倡议背景下的中俄农产品贸易也遇到了一些挑战。中国与俄罗斯农产品贸易进出口额占中国与"一带一路"沿线国家农产品贸易进出口总额的比重相较于1995年有明显的下降，虽然一部分原因是中国"一带一路"沿线国家迅速发展，中国与"一带一路"沿线国家的农产品贸易总额在自1995年以来扩大了十多倍，但也在一定程度上说明了中俄农产品贸易相较于其他沿线国家增速较慢。

除了前文提到的中俄农产品贸易中存在的困难外，在"一带一路"背景下，中俄农产品贸易还会面临大国地缘政治竞争风险以及国内相关部门与政府利益博弈的影响。

首先，丝绸之路经济带起点是中国，桥梁是中亚和俄罗斯，落脚点是欧洲，延长线是北非。新丝绸之路经济带建设将带动中俄两国在原油、天然气、输油管道、合资炼油厂、交通等资源能源和基础设施建设领域的大项目合作，而海上丝绸之路则可以为俄罗斯的资源和产品提供更广阔的出路。更为重要的是，当前两国在共同应对西方威胁上存在利益交叉，与俄合作不仅有助于中国获取资源、扩大市场，而且还对保持全球战略格局（大三角）的基本稳定、对抗美国战略风险等方面具有重要意义。在未来很长时期内，俄罗斯都将是中国在战略上为数不多的可以借助的力量之一。但应看到，中俄两国同是这块大陆上最重要的陆权中心，中国任何整合欧亚大陆的战略尝试都必然会遭遇俄罗斯发自本能的怀疑、消极应对甚至抵制。我们应当继续保持和平开放的态度，积极与俄罗斯展开合作，争取对中国资本开放市场，维护地区稳定、促进贸易发展。

其次，随着全国各地如火如荼地响应"一带一路"倡议的号召，国内各涉及农业的部门出于部门利益的考量，迅速做出计划。由于分配和监管机制的不完善，各部门和企业之间缺乏必要的合作与配合，不能从宏观战略层面进行规划。同时，一些农业资源丰富的地方政府希望获得更多的中央政策扶持与项目支撑，提出诸多不切实际的"农业走出去"与"农业引进来"计划，以至于出现几个省份争取与某一个沿线国家签订某个农业合作项目让对方难以应对的情况。国内相关部门与地方政府之间出现的个别竞争现象不仅造成资源浪费与重复建设的后果，还导致协调成本增加，不利于农产品贸易顺利进行。

五、中俄农产品发展存在的问题

（一）贸易壁垒

1. 关税壁垒

农产品的进出口关税能对本国的农产品起到一定的保护作用，但是针对一些重点农产品设置的较高的关税壁垒也会影响进口货物的市场价格以及外国货物的进口数量和本国农产品的出口数量。自加入WTO以来，中国大幅降低进口关税，据国务院新闻办公室发表的《中国与世界贸易组织》白皮书显示，目前，中国农产品平均税率从23.2%降至15.2%，约为世界农产品平均关税水平的1/4，远低于发展中成员56%和发达成员39%的平均关税水平。中国正在不断推进关税税率结构调整，积极协商签订区域贸易协定，为打破关税壁垒、降低农产品贸易成本做出努力。近些年，为了促进本国农产品发展以及应对突发事件的影响，俄罗斯农业部还在政府工作例会上探讨提高葵花籽、猪肉等农产品的关税，这可能导致两国相关农产品企业的利益受到损害。

2. 非关税壁垒

非关税壁垒是指一国或地区在限制进口方面采取的除关税以外的所有措施，通常采用行政程序，制定起来迅速、程序简单，相较于关税壁垒，更具灵活性、便捷性。由于非关税壁垒针对性强，可以对不同国家的产品差别对待，非贸易壁垒措施已经成为各主要发达国家保护本国贸易的重要手段。非贸易壁垒种类繁多，有技术性贸易壁垒、绿色贸易壁垒、知识产权壁垒、进口许可证、配额制、进口最低限价制、进口产品歧视等。

俄罗斯在加入世贸组织之后，为了弥补本国农产品生产企业因为失去高关税保护带来的损失，也采取了一系列非关税壁垒措施。俄罗斯目前在农产品贸易中主要采取的非关税壁垒措施主要有反倾销、进口配额、技术性壁垒和通关环节壁垒。2021年俄政府颁布政策，维持牛肉和禽类进口配额不变，且主要派分给欧亚联盟国家。俄方还从中国进口的农产品设置了较高的技术性壁垒，加大了对中国进口农产品的安全检查力度，使得中国农产品进入俄罗斯市场的难度大大增加，减弱了中国农产品的出口竞争力，甚至可能激发双边贸易摩擦。俄罗斯还给许多中国农产品企业设置了通关环节壁垒，部分农产品具有不易储存、保鲜周期短的特点，过于复杂的通关环节和较长的通关时间会损害中国农产品生产企业的利益，不利于中国企业在俄罗斯市场上的开拓。

虽然中国是农业大国，但是农产品作为保障居民正常生活、满足人体基本需求的必需品，为了避免中国国内自然资源短缺或者资源耗竭而加以限制的出口政策促使中国农产品出口受到了出口许可证、出口配额等的限制，在一定程度上影响了出口。在面对其他国家的非关税壁垒时，中国也通过了一些反制措施予以应对，但是收效甚微，因此如何有效解决中俄农产品贸易中双方的非关税壁垒是提高贸易效率的关键。

（二）物流方面的制约

1. 物流合作规模小、缺乏长期稳定的合作基础

俄罗斯地域广阔，近五分之四的人口都集中在欧洲部分城市。并且由于政治因素，双方政府都在有意地控制物流合作的发展速度，两国之间的沟通对话机制不通畅，运输能力不足，从而导致中俄两国物流合作规模较小，方式单一。

虽然俄罗斯政府出台了一系列政策来吸引外国资金去俄罗斯投资，但是由于谈判过程中的诸多限制以及俄罗斯每个州的法令制度不同，使投资者在投资时会遇到难题，增大合作难度，缺乏长期稳定的合作基础。

2. 中俄边境口岸物流建设不完善，基础设施落后

自"一带一路"倡议提出以来，中俄双方已经在物流运输建设上加强合作，但是效果不显著。目前两国在边境口岸物流建设上的不完善成为农产品贸易的较大阻碍因素，产业的集中度比较低，发展方式比较单一，区域间发展不平衡，企业总体呈现"小、散、弱"的状态。中俄口岸普遍存在"数量多、质量低"的情况。这些边境口岸大多成立在20世纪八九十年代，设施老旧、标准化程度不高。再比如中国新疆维吾尔自治区和俄罗斯阿勒泰边疆区

接壤，但是一直没有开通陆地口岸。

中国自 2001 年加入世贸组织以来，积极探索对外合作模式，在跨境物流的基础设施建设和人才储备方面取得成效，有着丰富的基础设施建设和项目管理经验。中国政府在东北地区建立了很多大规模仓储中心，高铁、公路、机场等基础设施的建设也大大提高了物流运输速度，物流产业信息化管理模式已经形成。但是俄罗斯方面，加入世贸组织时间较晚，又由于地域辽阔，人口集中在欧洲部分地区，境内物流基础设施建设不均衡，亚洲部分铁路大多数还是沿用苏联时期的交通运输设施，铁路网络稀疏、严重老旧，不能满足农产品现代化运输需求，更不论一些需要特殊储存手段的农产品。并且由于俄罗斯纬度较高，水路运输系统常受季节影响无法通航，这些因素都极大地降低了农产品运输效率，限制了农产品贸易。

3. 中俄双方海关政策不统一，俄罗斯缺乏与中国合作的积极性

受限于俄罗斯方面针对中方的非贸易壁垒，中国出口俄罗斯的农产品在通关时会受到高标准的检疫检查，这些标准远高于中国对俄罗斯的标准水平，阻碍了中俄农产品贸易往来。

俄罗斯海关技术落后，没有实现电子报关，大大降低了通关效率；不同海关关口的执法尺度不一、办理的通关手续也不一样，执法较随意，没有合理和合法的程序，走私、逃税的事件时有发生，使得很多中国商人在中俄双边贸易中承担较大的风险。

由于历史因素，俄罗斯对中国进口的商品一直采取非公平政策，歧视心态明显。而俄罗斯本身还处于经济调整和恢复时期，经济贸易政策不成熟，各联邦主体的经济贸易政策不统一，加上受到一些国际环境影响，使得一些俄罗斯企业对于和中国的合作持观望态度，在中俄双方合作中没有尽到应有的职责。例如，在三座界河大桥的规划和设计上，中国境内的工程即将竣工，却因俄罗斯方面以各种理由推诿，迟迟不肯动工，导致物流园区及双边贸易区的建设不能按期进行，使得双方前期的努力几乎报废。俄罗斯政府提出的"与中国合作"的口号未得到响应。

4. 进出口农产品结构单一，贸易附加值低

中俄两国由于地理位置不同，纬度差异较大，使得两国虽然在农产品领域贸易往来频繁，但是进出口结构单一，多为互补性贸易。一方面，中国作为世界上第一大蔬菜生产国，其蔬菜播种面积和产量分别占到世界蔬菜播种总面积的 1/3 以上和全世界蔬菜总产量的 60%。俄罗斯地处北温带和亚寒带，冬季寒冷且持续时间长，蔬菜种植难度大、产量小，难以满足本国市场需求。

因此俄罗斯年均自产蔬菜不足本国市场需求的20%，其余大部分依赖国外进口，中国作为俄罗斯的邻国，生产的蔬菜和水果能够满足俄罗斯的需求。另一方面，中国人口众多，对粮食消费基数大，而俄罗斯土地资源丰富，大宗谷物产品在国际上具有较强的竞争优势，中国会从俄罗斯进口谷物以满足人民生活需要。因此，由于地理环境及气候的先天原因，导致两国的差异化生产农产品正好能优势互补，中俄农产品贸易合作空间巨大。但是这一地理优势，又使得两国的农产品贸易大多为劳动密集型的初级农产品，贸易附加值低，单一的农产品结构同样也会成为贸易的阻碍。

5. 农产品安全问题

农产品安全是关乎每个人的大事，关乎个人生命健康。农产品在国际贸易中，每批次的量都非常巨大，为了保障国民的安全，农产品安全成了不容忽视的问题。中国出口俄罗斯的农产品，在入境时必须经过俄罗斯国家标准认证才能获批进入俄罗斯市场，肉类也需要经过严格检疫，得到检疫证明书后才能办理通关手续。

中国在加入世贸组织后，农产品对外出口市场门槛大大降低，但是中国农产品安全问题成为农产品出口的限制条件之一。由于农药残留超标、重金属超标和违反添加剂使用标准等问题，中国多次收到来自俄联邦兽医和植物卫生监督局、美国食品药品监督管理局、欧盟食品和饲料快速预警系统以及加拿大食品检验署等多个部门发布的通报。中国部分农产品在生产加工过程中，存在生态资源受到污染、农药化肥使用不合理的情况，以及农业生产技术较为落后，生产加工出来的农产品在面对欧美国家严苛的农产品检验标准时，由于品质没有达到发达国家要求的相关技术标准，从而被拒绝进入该国农产品市场。这会造成中国农产品企业的形象口碑受损，削弱在国际市场上的竞争力，食品安全问题也成为中俄农产品贸易的重要阻碍。

6. 中小企业农产品贸易受限

中国农产品出口企业大多规模较小，年出口额达到千万美元级别的企业只有几十家。这些中小企业，规模和实力普遍较小和较弱，出口的农产品种类单一，抗风险能力差，信息渠道较窄，在国际市场上竞争力不够。一方面，这些中小型企业的资金规模有限、法律意识不强，在面对突发风险时不能迅速做出反应，不擅长运用法律武器保护自己。另一方面，这些中小型企业对政策敏感度不够，信息来源狭窄，可能导致盲目生产和出口，生产出来的产品也可能达不到出口标准。当然，这一问题不仅存在于中方，中俄双方的企业都面临企业凝聚力不强、缺乏沟通与交流、大量零散资金不能集中的情况，从而导致中小型企业很难在中俄农产品的贸易发展中做大做强。

六、中俄农产品贸易发展的政策建议

为促进中俄农产品贸易更好地开展、加强双方友好合作、提高两国在农产品贸易市场的国际地位，针对中俄农产品贸易中暴露出的问题，提出以下政策建议。

（一）完善物流基础设施建设，打造高水平边境物流口岸

国际贸易的发展与强大的物流体系分不开，物流系统的完善与发达，可以为经济发展提供服务，推进农产品物流，开拓海外市场，为贸易创造条件。为推进中俄农产品贸易的发展，要寻求物流产业科学性、高质量与高速度的发展。而物流产业的发展，不能仅靠传统理论和观念，要不断学习外国物流产业迅速发展、转向成熟的经验，并结合自身优势，寻求突破、创新，建设高质量、高水平、高效率的跨国物流合作系统。因此，中国与俄罗斯对物流产业的发展要有合理且科学的统筹规划，对双方已拥有的资源进行整合，尽力实现内外网络的同步建设与发展。

首先，要加快中俄两国双方物流信息公共平台的建设，对现有的信息资源进行整合，通过对双方信息储备的利用，建成适合中俄物流产业合作领域的信息网络。其次，要对"一岸多用"的边境物流口岸进行扩建与修复，对已有口岸加强管理，维护口岸正常运营，还要增加中俄边境航道口岸，修复受灾口岸，恢复停用口岸，加强水运口岸建设。除此之外，中俄双方应加强对话沟通，共同规划物流基础设施建设，在现有基础上，以区域物流基础平台的规划为重点，强调综合干线规划的重要作用，根据不同城市作为物流枢纽的特点，明确其发展的领域和方向，将物流园区、物流中心在城市内部进行有效的布局和分工。最后，我们也鼓励俄罗斯从中国引进专业的物流规划建设团队，加快物流体系建设步伐，提高双边物流效率。

（二）完善政策制度，保障贸易顺利进行

俄罗斯东部地区农业生产基础较落后，造成大量土地资源浪费，基于此，中俄两国应重视关于农产品贸易合作基地建设的规划，通过出台中俄边境建立农产品贸易合作基地的优惠政策，吸引农产品贸易企业的投资，避免资金链断裂。还可以通过在政府间签订协议的方式，保障基地的资金运转正常。

由于历史原因和俄罗斯对本国农产品生产企业的保护，俄罗斯对中国进口农产品具有较多的非关税壁垒，这不利于中俄两国的友好合作往来。为确

保中俄农产品贸易合作的顺利进行，实现农产品贸易额的提升，俄罗斯应放松其对农产品贸易的管制，减少贸易壁垒，将关注点投向出口企业，鼓励大量农产品出口企业提高自身国际竞争力，增加本国出口贸易额。中俄两国可依托"一带一路"倡议，鼓励有实力的大型企业、集团"走出去"。同时制定对特定企业的扶持政策，降低市场准入门槛，对中小型企业提供技术支持和法律方面的指导。

（三）扩大农产品进出口种类，提高农产品附加值

中俄农产品贸易结构失衡，形式单一。中俄双方必须从资源禀赋和国情出发，重点培育一些优势特色农产品，避免落入比较优势陷阱。一方面要稳定和支持本国优势农产品出口，在中俄边境建立大型农产品储存基地，提供冷冻库、保鲜库等配套设施；另一方面可以加大贸易规模较大地区的科研投入，通过培育质量更高、产量更大、更符合俄罗斯进口标准的农产品，弥补两国农产品贸易结构单一、大多数为初级农产品的缺陷。除此之外，还可以在延长产业链条上下功夫，提高农产品贸易附加值。

同时，要加大农业基础设施投入，通过划分不同类别农产品生产基地范围，集中进行加工，形成具有规模的农产品生产加工基地，降低生产和运输成本。通过在中俄边境接壤地区农业基地建立两国自贸区，不仅可以带动周边经济发展，还可以促进两国农产品生产技术的相互交流学习，吸引更先进的科技服务于中俄农产品贸易平台。通过加快中俄两国贸易大通道和物流网络建设，改善农产品流通体系，改善两国边境交通状况，使贸易运输线路多元化，降低综合费用，增加农产品贸易种类和数量，通过便捷的交通运输网络，改变两国的贸易结构。

（四）加强农产品生产监管力度，建立风险防范机制

在农产品生产和加工过程中，要抓牢各个环节的质检工作，避免农产品质量出现问题。不断加强农产品加工中关键环节的质量控制，不断完善中国农产品质量安全标准，有效提升中国农产品出口质量。例如，在处理农药化肥残留问题时，要强化相关部门的农药登记管理水平，对市场上的农药进行有效监督管理，强化行业协会对于农药残留的监管力度，对于农药残留未达到食品安全标准的生产地进行曝光处罚，坚决杜绝不达标的农产品流入市场。同时，要加大对食品行业违法行为的打击力度，使违法成本远远大于违法收益，对于农产品种植、养殖环节，也要逐步完善法律监管机制，将违法行为扼杀在摇篮里。

中俄两国农产品贸易集中在少数主要农产品上,意味着农产品贸易更易受到国际农产品市场价格波动和不确定的影响,政府必须尽快建立风险防范机制,提高抵御外部冲击的能力。灵活、综合运用调整农产品价格、农产品金融衍生品等方式,消除汇率波动风险对农产品跨国贸易的影响,防范、化解汇率风险;同时加快人民币的国际化进程,引导中国农产品出口企业以人民币定价和结算的比重,以消除汇率波动带来的不利影响;调整农产品贸易结构,建立多元化农产品贸易市场体系,更好地应对未知风险。

(五)中小企业应加强合作沟通,积极响应政府号召

中俄双方企业可根据自身资本、资源优势,到对方市场上开展贸易和投资,在合法合规情况下,主动开拓市场,扩大企业市场份额占有率。面对市场风险,企业可以考虑设立风险基金,应对未知风险和其他突发情况。中小企业应团结协作,相互沟通交流、学习,形成协同联动的整体,增强影响力,提升抵抗贸易风险的能力,并选出代表与政府对接,获取国内外贸易规则信息。中小企业可以建立友好的合作机制,共同承接大宗农产品。贸易企业间可合作建设学习的农业园地,便于相互间的监督与学习,遇到问题可相互请教,增加知识储备。

中国、俄罗斯均已加入"中欧安全智能贸易航线试点计划",双方应鼓励、支持、引导有稳定进出口业务和相对固定贸易伙伴的企业加入"安智贸"项目,即使国际上发生重大事件,也能最大限度地保证参与企业货物快速通关,提高通关效率,节省成本。

(六)注重人才培养,提高就业福利,留住人才

中俄两国要想建设农产品贸易合作基地,需要大量的高素质、专业性人才,而目前符合要求的人员数量仍较少,这就要求中国展开对科研管理型人才、技术实操型人才和理论联系实际的操作型人才的培养。中国应当在重点贸易类及农业类院校招收俄语生源,开设俄语课程及中俄贸易相关课程,培养未来中俄农产品贸易合作基地建设的职业技术型人才和高级管理型人才。在东北地区专科院校培养实操型人才,负责农产品生产加工及贸易报关报检等。在相关重点院校对俄培养人才的基础上,增设基地内部运营实验室,模拟农产品贸易基地运作流程,了解基地内部农产品贸易的整个流程,这将为两国进行贸易提供成熟的专业人员。此外,中国相关重点贸易院校可以增强与俄国相关院校的交流合作,增加对交换生培养的数量及质量。

政府和企业可以通过完善人才培养体系及就业福利留住培养出的人才。

在对俄人才培养过程中，签订相关培训协议，包含培训结束后要在基地工作的最低年限、工作期间合理的升职政策、优厚的就业待遇等，以避免人才大量流失，促使中俄贸易合作高速运行。

参考文献

[1] И. А·马卡罗夫. 俄中农业合作：期望与现实 [J]. 俄罗斯研究, 2017 (2)：105-127.

[2] 佟光霁, 石磊. 中俄农产品贸易的现实状态：1996—2015 年 [J]. 改革, 2016 (11)：118-129.

[3] 崔欣. 中俄农产品贸易合作影响因素研究 [D]. 黑龙江：东北农业大学, 2017.

[4] 吴学君. 中国和俄罗斯农产品贸易：动态及展望 [J]. 经济经纬, 2010 (2)：43-47.

[5] 孙育新. "一带一路"背景下中俄农产品产业内贸易增长潜力分析——基于 2001—2013 年的 UN Comtrade 数据 [J]. 中国农学通报, 2016, 32 (26)：181-187.

[6] 胡国良, 骆秋怡, 王岩冰. 中俄农产品贸易的竞争性与互补性分析 [J]. 市场研究, 2020 (5)：24-28.

[7] 佟光霁, 石磊. 基于产业内的中俄农产品贸易实证分析 [J]. 农业经济问题, 2017, 38 (6)：89-100.

[8] 刘雪娇. 中国与金砖国家农产品产业内贸易及影响因素 [J]. 国际贸易问题, 2013 (12)：87-95.

[9] 龚新蜀, 刘宁. 中俄农产品产业内贸易水平与结构分析——基于丝绸之路经济带战略背景 [J]. 亚太经济, 2015 (2)：50-54.

[10] 佟光霁, 孙红雨. 我国对俄农产品出口贸易影响效应研究 [J]. 农村经济, 2019 (10)：137-144.

[11] 奥奇尔扎波娃·亚历山大, 霍灵光. 中俄主要农作物生产比较优势分析 [J]. 东北亚经济研究, 2019, 3 (4)：67-85.

[12] 郑红玲, 佟继英, 梁晓慧. "一带一路"背景下中俄农产品贸易增长因素分析 [J]. 价格月刊, 2017 (7)：49-54.

[13] 刘伟轲, 景喆. 中俄农产品贸易问题研究 [J]. 广东农业科学, 2008 (12)：150-152.

[14] 骆晓丽. 中俄农业经贸合作的障碍分析 [J]. 北方经贸, 2012

(4): 4-6.

[15] 栾少香. 解析中俄农业合作的发展前景 [J]. 世界农业, 2014 (2): 138-141.

[16] 孙红雨, 佟光霁. 俄罗斯绿色贸易壁垒对中俄农产品贸易的影响 [J]. 江西社会科学, 2019, 39 (3): 77-85.

[17] 杨桂华, 刘伟. 欧美对俄罗斯经济制裁背景下中俄农产品贸易特点与对策 [J]. 世界农业, 2015 (1): 94-96.

[18] 崔宁波, 施密特. 乌克兰危机下的中俄农产品贸易发展趋势及对策研究 [J]. 求是学刊, 2015 (3): 1-8.

[19] 张志新, 黄海蓉, 林立. 中国与"一带一路"沿线西亚国家贸易关系及潜力研究 [J]. 华东经济管理, 2019, 33 (12): 13-19.

[20] 谢一青, 乐文特. "一带一路"倡议沿途国家的国际贸易潜力分析 [J]. 上海经济, 2020 (1): 85-98.

[21] 周冲, 周东阳. "一带一路"背景下中国与拉美国家贸易潜力研究——基于引力模型的实证分析 [J]. 工业技术经济, 2020, 39 (4): 63-71.

[22] 党琳静, 赵景峰. 中国对"一带一路"沿线国家农产品出口的贸易效率与潜力预测 [J]. 西北农林科技大学学报（社会科学版), 2020, 20 (1): 128-136.

[23] 刘业欣, 李丽. 对中俄双边货物贸易潜力的分析与思考 [J]. 金融与经济, 2018 (7): 93-96.

[24] 李奭, 祖歌言. "中蒙俄经济走廊"背景下中俄农产品出口贸易潜力研究 [J]. 农业经济, 2020, (4): 127-129.

[25] 刘青峰, 姜书竹. 从贸易引力模型看中国双边贸易安排 [J]. 浙江社会科学, 2002 (6): 17 20.

第五章 中澳农产品贸易现状、问题和前景分析

一、中国与澳大利亚农产品贸易现状

自 1972 年中国与澳大利亚正式建立外交关系之后，两国的政治经济关系日益密切，经济贸易稳步发展。进入 21 世纪以来，两国在技术、资源及资本等方面的互补性不断增强。2009 年，澳大利亚的最大贸易伙伴正式由日本转为中国。目前，中国是澳大利亚最大的出口目的国、进口来源国及第一大贸易伙伴。2015 年，中澳正式签订了《中华人民共和国政府和澳大利亚政府自由贸易协定》（以下简称中澳自贸协定）。中澳自贸协定涵盖内容丰富，包括货物、投资、服务和规则等十多个领域，除此之外，该协议还在电子商务、政府采购、知识产权、竞争等"21 世纪经贸议题"在内的十几个议题，就推动双方的交流合作方面做了有关规定。这是我国与西方发达国家签订的首个高水平自贸协定，对两国的经济贸易往来进一步深化起到了极大的推动作用。同时中澳两国皆为农业大国，因此农产品作为双边贸易的一个重要领域，受到了两国的高度重视。据联合国商品贸易统计数据库（UNcomtrade）的数据显示，中国与澳大利亚在 2019 年的农产品交易总额已达到 111.38 亿美元。其中，中国对澳大利亚的农产品进口额达 107.99 亿美元，出口额为 10.38 亿美元，中澳互为对方重要的农产品贸易伙伴。

（一）中国—澳大利亚农产品贸易总额现状

从总量上看，2015—2019 年，中国与澳大利亚农产品双边贸易总额总体上呈上升趋势。如图 5-1 所示，2015—2016 年间，由于国际市场不景气、中国经济增长放缓、世界贸易深度下滑等因素，中澳农产品双边贸易总额有一定的下滑。2016—2019 年皆呈增长态势。农产品贸易总额从 2015 年的 83.48 亿美元增长到 2019 年的 118.39 亿美元，翻了 1.41 倍，年均增长率 9.12%。

其中主要是以中国从澳大利亚进口农产品为主，进口额由 2015 年的 73.79 亿美元增长到 2019 年的 107.99 亿美元，翻了 1.46 倍，年均增长率 9.99%。相比于进口额来说，2015—2019 年，中国对澳大利亚农产品出口额的波动较小，均在 10 亿美元附近波动。这充分说明中澳农产品未来仍有巨大的发展潜力。

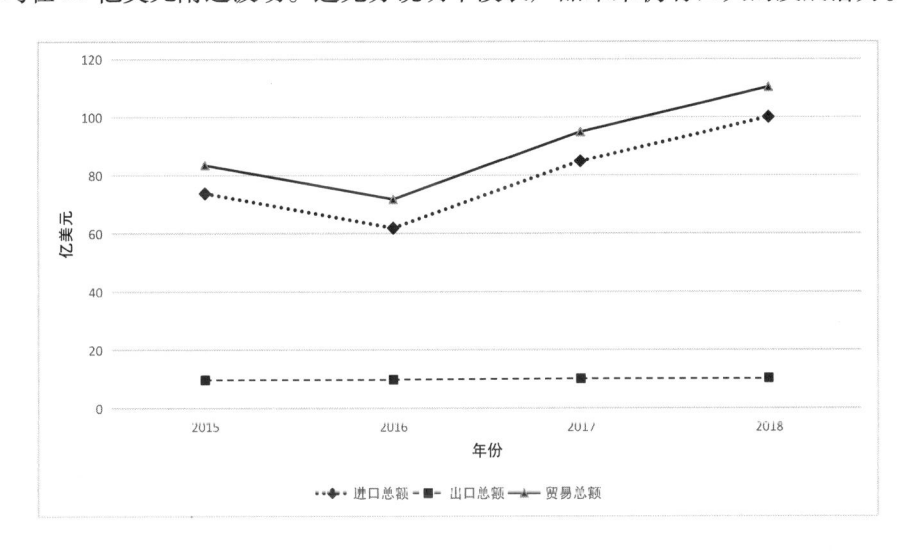

图 5-1　2015—2019 年中国与澳大利亚农产品进出口贸易额

数据来源：根据 UN Comtrade 数据绘制。

从增长速度看，农产品贸易总额增速除了在 2015—2016 年为负数之外，其余年份皆为正数，并且在 2017 年其增幅达到了最大，为 32.34%；从进口额增速看，2015 年有一定的下降，其余年份皆为增长，其中增幅最大的年份为 2017 年，增幅达到 37.14%；从出口额增速看，虽然出口额每年都保持了一定的增长水平，但是增长速度整体比较缓慢，如表 5-1 所示。中国与澳大利亚的农产品贸易长期处于逆差状态。除 2015—2016 年间，中澳农产品贸易逆差状况有一定缓解之外，两国的农产品贸易逆差一直在扩大，在 2019 年甚至已经扩大到了 97.62 亿美元。

表 5-1　2015—2019 年中澳农产品贸易增速

	贸易额 （亿美元）	贸易额 增速 （%）	出口额 （亿美元）	出口额 增速 （%）	进口额 （亿美元）	进口额 增速 （%）
2015	83.48	—	9.69	—	73.79	—

续表

	贸易额	贸易额增速	出口额	出口额增速	进口额	进口额增速
2016	71.78	-14.02	9.8	1.91	61.90	-16.12
2017	94.99	32.34	10.10	2.27	84.88	37.14
2018	110.38	16.20	10.28	1.70	100.09	17.92
2019	118.38	7.25	10.38	1.02	108.00	7.90

数据来源：根据 UN Comtrade 数据计算得出。

相比于进口额来说，出口额一直较低，出口额虽每年都有增长，但其增速十分缓慢，几乎停滞。

综上所述，中澳两国近五年农产品贸易一直保持良好的发展态势，两国农产品贸易发展潜力巨大，合作前景仍旧十分开阔。但也存在一定的问题，两国的农产品贸易一直处于逆差状态，并且逆差仍在进一步扩大，这说明中国和澳大利亚在农产品贸易领域一直处于一个不对称的状态，且这种不平衡的状态越来越严重，而这种状态势必也会影响两国后续的更深一步的合作。因此，我们需要进一步找出造成农产品贸易逆差的原因并提出针对性的意见。

（二）中国—澳大利亚农产品进出口贸易结构

自 2015 年中澳自贸协定签署后五年，中澳双方的农产品主要进出口种类与比重发生了变化，具体如表 5-2 所示。

表 5-2　　　　中澳进口总额与出口总额排名前五的农产品种类

进口总额排名前五农产品种类代码					出口总额排名前五农产品种类代码				
2015	2016	2017	2018	2019	2015	2016	2017	2018	2019
10	51	51	51	2	20	3	16	16	20
51	10	10	2	51	3	16	20	20	16
2	2	2	10	22	16	20	3	3	3
52	22	22	52	52	21	21	21	21	21
22	52	52	22	10	19	7	19	19	19

数据来源：根据 UN Comtrade 数据计算得出。

注：研究的农产品选取《商品名称及编码协调制度的国际公约》，简称为

协调制度（Harmonized System，HS）统计下的四大类来定义农产品：第一类活动物、动物产品（HS01—05章）；第二类植物产品（HS06—14章）；第三类动、植物油、脂及其分解产品、精制的食用油脂、动植物蜡（HS15章）；第四类食品、饮料、酒及醋、烟草、烟草及烟草代用品的制品（HS16—24章）。每大类里面又对各类农产品进行更加详细的划分，具体分类情况如表5-3所示。

表5-3　　　　　　　　　　各类农产品涉及的HS编码1

分类	产品	章节	产品
1类	活动物；动物产品	01	活动物
		02	肉及食用杂碎
		03	鱼及其他水生无脊椎动物
		04	乳；蛋；蜂蜜；其他食用动物产品
		05	其他动物产品
2类	植物产品	06	活植物；茎、根；插花、簇叶
		07	食用蔬菜、根及块茎
		08	食用水果及坚果；甜瓜等水果的果皮
		09	咖啡、茶、马黛茶及调味香料
		10	谷物
		11	制粉工业产品；麦芽；淀粉等；
		12	油籽；籽仁；工业或药用植物；饲料
		13	虫胶；树胶、树脂及其他植物液、汁
		14	编结用植物材料；其他植物产品
3类	动、植物油、脂、蜡；精制食用油脂	15	动、植物油、脂、蜡；精制食用油脂
4类	食品；饮料、酒及醋；烟草及制品	16	肉、鱼及其他水生无脊椎动物的制品
		17	糖及糖食
		18	可可及可可制品
		19	谷物粉、淀粉等或乳的制品；糕饼
		20	蔬菜、水果等或植物其他部分的制品
		21	杂项食品
		22	饮料、酒及醋
		23	食品工业的残渣及废料；配制的饲料
		24	烟草、烟草及烟草代用品的制品

按照HS编码分类，如表5-4所示，自2015年以来，中澳农产品贸易出口和进口前五大类产品中，中国出口澳大利亚的农产品主要为HS03（鱼、甲壳动物、软体动物及其他水生无脊椎动物）、HS16（肉、鱼、甲壳动物、软体动物及其他水生无脊椎动物的制品）、HS19（谷物粉、淀粉等或乳的制品；糕饼）、HS20（蔬菜、水果、坚果或植物其他部分的制品）和HS21（杂项食品）。其中，HS16和HS20的出口额一直排名保持稳定。

表5-4　　　　　中国对澳大利亚主要出口农产品比重（%）

种类	2015	2016	2017	2018	2019
HS03 鱼、甲壳动物、软体动物及其他水生无脊椎动物	13.89	17.51	10.09	11.35	11.92
HS16 肉、鱼、甲壳动物、软体动物及其他水生无脊椎动物的制品	11.75	12.92	18.61	14.49	13.49
HS19 谷物粉、淀粉等或乳的制品；糕饼	6.99	6.51	7.04	7.03	7.17
HS20 蔬菜、水果、坚果或植物其他部分的制品	13.95	12.31	13.22	13.85	14.28
HS21 杂项食品	8.89	8.09	8.49	10.25	11.38

数据来源：作者根据UN Comtrade数据计算得出。

中国进口澳大利亚的农产品如表5-5所示，主要为HS02（肉及食用杂碎）、HS10（谷物）、HS22（饮料、酒及醋）、HS51（羊毛、动物细毛或粗毛；马毛纱线及其机织物）和HS52（棉花）。2015年以来，HS02（肉及食用杂碎）的进口额排名不断上升，2019年占据第一。

表5-5　　　　　中国对澳大利亚主要进口农产品比重（%）

种类	2015	2016	2017	2018	2019
HS02（肉及食用杂碎）	13.89	12.20	11.79	15.01	23.85
HS10（谷物）	28.90	20.23	21.94	13.47	7.40
HS22（饮料、酒及醋）	6.30	9.44	8.90	8.23	8.44

续表

种类	2015	2016	2017	2018	2019
HS51（羊毛、动物细毛或粗毛；马毛纱线及其机织物）	21.25	26.35	23.94	22.74	16.43
HS52（棉花）	6.38	6.19	5.85	9.01	7.58

数据来源：根据 UN Comtrade 数据计算得出。

中国对澳出口主要是以水果、蔬菜和鱼及其他水生无脊椎动物及其制品为主，三者所占比重超过中国出口澳大利亚农产品总额的1/3。在中国出口澳洲农产品中，杂项食品所占比重不断上升，从8.89%上升至11.38%，提高了2.49个百分点。中国与澳大利亚分别位处北半球和南半球，季节相反，在水果蔬菜出口方面本身具有反季节优势，并且中澳自贸区的建立对许多农产品关税减免，使得我国对澳大利亚出口规模不断扩大。从进口来看，中国进口澳大利亚农产品主要是肉及食用杂碎、谷物和羊毛、动物细毛或粗毛以及马毛纱线及其机织物，三者之和占中国对澳大利亚总进口额比重最高达到64.04%。其中，肉及食用杂碎类在中国进口澳大利亚农产品中比重不断增加，从13.89%上升至23.85%，这主要是因为中澳自贸协定实施以来，澳大利亚对中国出口的农产品大多享受零关税，并且2019年在中国市场上备受欢迎的澳洲牛羊肉也进一步降税，牛肉关税由7%~15%降至6%~12%，羊肉关税由12%~23%降至6.7%。按照整体出口量来计算，中国首次超越美国和日本成为澳大利亚2019年最大的牛羊肉出口市场。

由此来看，双边农产品贸易的集中程度较强，两国出口的商品都具有比较优势和竞争优势。而且，中澳两国的农产品贸易优势种类基本没有重合，具有明显的互补性，竞争性比较弱。澳方地广人稀，机械化程度高，农业高度发达，出口主要以土地密集型产品为主，而中方劳动力资源丰富，主要出口劳动或资源密集型产品，中国在这方面具有较高的成本优势。同时，中澳双方的贸易产品结构具有明显的不对称性，中方出口澳方农产品种类少，附加值较小，而澳方作为世界上最大的羊毛出口国，第二大牛肉和蔗糖出口国，第三大大麦和乳制品出口国，出口中国的农产品在市场上具有强竞争性。

二、中国与澳大利亚农产品贸易比较优势分析

(一) 中国与澳大利亚农业资源禀赋分析

农业是整个社会赖以存续和发展的基础产业,一个国家的农业特征和农产品供给在很大程度上依托于本国的资源禀赋,资源禀赋决定了一国农产品的比较优势。农业资源禀赋包括自然资源和经济资源。其中,农业自然资源主要包括气候资源、土地资源等,农业经济资源主要包括劳动力资源、技术资源等[3]。

在气候资源方面,中国地处北半球而澳大利亚地处南半球,两国同一时间的季节完全相反。中国东南沿海地区为温带和亚热带季风气候,西北内陆地区为温带大陆性气候和高原山地气候。东南部季风气候区雨热同期,十分有利于农作物的生长和成熟,种植着小麦和水稻等农作物;西北部温带大陆性气候区降水少,遍布草原,以畜牧业为主;西南部青藏高原地区海拔高、气温低,一半地区分布有天然草原,适合发展畜牧业。澳大利亚以南回归线附近的热带沙漠气候和其外环的热带草原气候为主。中西部热带草原气候区全年高温,干湿季分明,非常适合发展畜牧业。

在土地资源方面,中国与澳大利亚皆幅员辽阔,土地资源丰富。不同的是,中国人多地多,而澳大利亚人少地多。两国农业用地占国土总面积的比例均高达一半左右,高于世界平均水平。如表5-6所示,中国耕地面积1.19亿公顷,占比为12.7%,均为澳大利亚的两倍以上,这是由于中国广阔的东部平原地区非常适合农作物的生长,分布着全国90%以上的耕地,而澳大利亚适合耕种的土地较少,大部分农业用地为牧地和林地。具体来看,中国人均耕地面积约为0.086公顷/人,低于世界平均水平;澳大利亚为1.904公顷/人,远高于世界平均水平,澳大利亚人均耕地面积是中国的22倍之多。

在劳动力资源方面,两国差异巨大。如表5-6所示,在2019年,中国农村人口总数为5.55亿,而澳大利亚农村人口总数只有352万,中国农村人口总数是澳大利亚的159倍之多。中国农村人口占比为39.7%,澳大利亚农村人口占比为13.9%,均低于世界平均水平,中国农村人口占比是澳大利亚的近三倍。此外,中国劳动力总数为7.79亿,澳大利亚劳动力总数仅为1350万,中国劳动力总数是澳大利亚的58倍。显然,中国比澳大利亚具有更多农村劳动力。在两国的农产品贸易中,中国出口的农产品以劳动密集型为主,澳大利亚出口的农产品以资源密集型为主,符合两国的资源禀赋特征。

在技术资源方面，澳大利亚机械化水平比中国高得多。澳大利亚早在1970年左右就实现了农作物机械化生产，机械作业贯穿农业生产的各个环节，牧草从种植到收获全部使用机械，至今一直保持高度机械化水平，节省大量人力物力。中国农村存在大量剩余劳动力且以家庭为单位经营的耕地非常分散，劳动密集排斥资本和技术，再加上农民收入水平较低导致购买力不足，中国农业机械化整体水平较低，现代化农业设备和技术等生产资料投入较少，生产效率较低。

表5-6　　　　　　中国与澳大利亚农业资源禀赋对比

指标	世界	中国	澳大利亚
2016年农业用地占比（%）	37.4	56.2	48.2
2016年耕地占比（%）	11.1	12.7	6.0
2016年耕地面积（百万公顷）	——	118.9	46.0
2016年人均耕地（公顷）	0.192	0.086	1.904
2017年谷物产量（千克/公顷）	4074	6029	2674
2019年人口总数（百万）	7674.0	1398.0	25.4
2019年农村人口总数（百万）	3397.0	554.8	3.5
2019年农村人口占比（%）	44.3	39.7	13.9
2019年农业增加值（十亿）	3503	1020	29
2019年农业增加值占GDP的比重（%）	4.0	7.1	2.1
2020年劳动力总数（百万）	3492.0	778.7	13.5

数据来源：世界银行。

（二）中澳农产品贸易的国际竞争力分析和贸易互补性分析

1. 贸易农产品的范围界定与数据来源

对贸易农产品范围的界定有不同的分类方法，采用不同的分类方法所得出的研究结果会存在一定差异。目前，国际上常用的主要贸易商品分类标准有3种，具体包括：商品名称及编码协调制度（HS分类标准）、国际贸易标准分类（SITC分类标准）和大类经济类别分类（BEC分类标准）。本文参照世界贸易组织（WTO）农产品协议，将农产品界定为H3中第1—24章及51—53章的所有产品，同时结合中澳农产品贸易特点、中国国家统计局以及海关总署对中国贸易商品的分类统计，进一步将其分为五大类，如表5-7所示，所有数据均来自联合国贸易数据库（UN Comtrade）。前四类与表5-3相同，故只说明第五类。

表5-7　　　　　　　　各类农产品涉及的 HS 编码 2

分类	产品	章节	产品
5类	羊毛及其制品和棉花等	51	羊毛、动物细毛或粗毛；马毛纱线及其机织物
		52	棉花
		53	其他植物纺织纤维；纸纱线及其机织物

2. 国际竞争力分析

贸易专业化指数（Trade Speciallization Coefficient，TSC）是衡量一个国家的产品是否具有国际竞争力的重要指标，指一国进出口差额与贸易总额的比重，计算公式如下：

$$TSC_{ik} = \frac{X_{ik} - M_{ik}}{X_{ik} + M_{ik}} \tag{5-1}$$

其中，X_{ik} 表示 i 国家 k 种商品的出口额，M_{ik} 表示 i 国家 k 种商品的进口额，TSC_{ik} 的取值范围在-1 到 1 之间，取值越接近 1，说明该国在该种商品的国际竞争优势就越强，取值越接近-1，说明该国在该种商品的劣势越明显。

根据表 5-8，中国目前具有国际竞争优势的产品主要有：16 章（肉、鱼及其他水生无脊椎动物的制品）、07 章（食用蔬菜、根及块茎）、20 章（蔬菜、水果等或植物其他部分的制品）、13 章（虫胶、树胶等）、09 章（咖啡、茶、马黛茶及调味香料）、05 章（其他动物产品）、52 章（棉花）；澳大利亚目前具有国际竞争优势的产品主要有：51 章（羊毛、动物细毛或粗毛；马毛纱线及其机织物）、52 章（棉花）、02 章（肉及食用杂碎）、01 章（活动物）、10 章（谷物）、11 章（制粉工业产品；麦芽；淀粉等）、12 章（油籽；籽仁；工业或药用植物；饲料）、04 章（乳；蛋；蜂蜜；其他食用动物产品）；在两国都具有国际竞争优势的产品主要是棉花，从表中可以看出澳大利亚在 2019 年的贸易竞争优势（TCI）指数为 0.901，国际竞争优势明显高于中国（0.210）。

表5-8　　　　　　　中国与澳大利亚农产品的 TSC 指数

HS 编码	中国出口农产品的 TSC 指数				澳大利亚出口农产品的 TSC 指数			
	2016	2017	2018	2019	2016	2017	2018	2019
1	0.242	0.214	0.137	0.012	0.878	0.812	0.816	0.861

续表

HS 编码	中国出口农产品的TSC指数				澳大利亚出口农产品的TSC指数			
	2016	2017	2018	2019	2016	2017	2018	2019
2	-0.838	-0.824	-0.854	-0.915	0.893	0.885	0.901	0.893
3	0.329	0.270	0.094	-0.085	0.088	0.120	0.107	0.114
4	-0.713	-0.792	-0.810	-0.838	0.353	0.271	0.263	0.255
5	0.545	0.580	0.553	0.474	0.444	0.465	0.511	0.480
6	0.186	0.093	0.129	0.231	-0.729	-0.791	-0.807	-0.824
7	0.700	0.692	0.673	0.735	0.736	0.786	0.571	0.558
8	-0.033	-0.090	-0.243	-0.304	0.236	0.224	0.300	0.374
9	0.634	0.722	0.677	0.585	-0.853	-0.866	-0.852	-0.859
10	-0.859	-0.811	-0.718	-0.637	0.943	0.945	0.918	0.798
11	-0.224	-0.256	-0.197	-0.227	0.711	0.662	0.657	0.651
12	-0.869	-0.889	-0.884	0.868	0.726	0.764	0.712	0.653
13	0.709	0.681	0.659	0.583	-0.797	-0.801	-0.793	-0.745
14	-0.257	-0.144	-0.058	-0.052	-0.919	-0.978	-0.945	-0.951
15	-0.855	-0.829	-0.796	-0.802	0.000	-0.141	-0.187	-0.200
16	0.955	0.794	0.735	0.690	-0.689	-0.695	-0.687	-0.656
17	0.078	0.111	0.125	0.074	-0.196	-0.178	-0.254	-0.360
18	-0.234	-0.274	-0.322	-0.340	-0.564	-0.600	-0.566	-0.529
19	-0.486	-0.550	-0.543	-0.530	-0.189	-0.178	-0.137	-0.106
20	0.764	0.696	0.656	0.626	-0.747	-0.765	-0.746	-0.773
21	0.194	0.154	0.061	0.037	-0.211	-0.028	-0.192	-0.380
22	-0.370	-0.407	-0.462	-0.470	0.082	0.106	0.112	0.103
23	-0.051	-0.122	-0.100	-0.171	-0.207	-0.256	-0.269	-0.358
24	-0.113	-0.141	-0.112	-0.146	-0.871	-0.872	-0.893	-0.899
51	-0.190	-0.290	-0.258	-0.155	0.954	0.967	0.969	0.963
52	0.318	0.274	0.218	0.210	0.899	0.910	0.879	0.901
53	0.140	0.134	0.208	0.128	-0.972	-0.931	-0.966	-0.972

注：根据 UN Comtrade database 整理计算所得。

从分类农产品来看如表 5-9，近年来中国对澳大利亚的出口主要集中在第一类、第二类和第四类上，其中第四类农产品所占比重最大。2019年，中国向澳大利亚出口的第四类农产品占比达到62.98%。澳大利亚对中国农产品的出口主要集中在第一类、第二类、第四类和第五类上，且澳大利亚对中国第一类农产品的出口所占比重自2016年以来持续上升，2019年达到40.86%。从分类农产品可以进一步看出产业内贸易水平在增加。

表5-9　　　　　　　　　　中澳各类农产品出口比重（%）

产品种类	中国向澳大利亚出口农产品				澳大利亚向中国出口农产品			
	2016	2017	2018	2019	2016	2017	2018	2019
第一类 （01—05章）	19.75	12.16	13.53	13.67	21.96	23.83	31.12	40.86
第二类 （06—14章）	21.07	19.19	18.4	17.72	20.25	20.51	20.35	14.29
第三类 （15章）	1.36	1.27	1.62	1.84	0.42	0.58	0.39	0.44
第四类 （16—24章）	53.82	64.01	62.55	62.98	22.71	25.33	22.07	20.29
第五类 （51—53章）	4.00	3.37	3.9	3.79	34.66	29.75	26.07	24.12

注：根据UN Comtrade database整理计算所得。

3. 中澳农产品产业内贸易水平测算

（1）产业内贸易（G-L）指数

根据国际贸易理论，产业内贸易是基于贸易两国进出口同一产业部门生产的产品所进行的贸易，为了测算贸易商品的产业内贸易指数，根据格鲁贝尔（Grubel）和劳埃德（Lioyd）提出的G-L指数，其计算公式如下：

$$GLI_{ij} = 1 - \frac{|X_{ij} - M_{ij}|}{X_{ij} + M_{ij}} \tag{5-2}$$

其中 GLI_{ij} 表示国家 i 和国家 j 在某个产业（或产品）上的产业内贸易指数，X_{ij} 表示国家 j 向国家 i 某个产品的出口；M_{ij} 表示国家 j 向国家 i 某个产品的进口；GLI 的取值范围在0~1之间，当 GLI 取值介于0~0.5之间时，表明该产品以产业间贸易为主，当 GLI 大于0.5时，表明该产品的贸易主要以产业内贸易为主。GLI 的取值越接近于1，产业内贸易水平越高。另外为了进一步分析中澳农产品的产业内贸易水平,又分别采用无权重的整体产业内贸易指数(GLI_u)和有权重的整体产业内贸易指数(GLI_w)进行研究。

表 5-10 给出的是 2012—2019 年中澳农产品贸易关于农产品分类和总体的 G-L 指数值。从分类农产品来看,自 2012 年以来,23 章(食品工业的残渣及废料;配制的饲料)G-L 指数值始终大于 0.6,表明产业内贸易水平非常高。08 章(水果及坚果;甜瓜等水果的果皮)、19 章(谷物粉、淀粉等或乳的制品;糕饼)在 2012—2015 年 G-L 指数值大于 0.5,具有较高的产业内贸易水平,但从 2016 年起 G-L 指数值均小于 0.5,即该类农产品贸易已从产业内贸易转向产业间贸易。11 章(制粉工业产品;麦芽;淀粉等)在 2016 年以前的 G-L 指数值均小于 0.5,自 2016 年以来,G-L 指数值始终大于 0.5,表明该章农产品已从产业间贸易转向产业内贸易,且产业内贸易水平逐年升高,2019 年 G-L 指数值已经达到 0.73。03 章(鱼及其他水生无脊椎动物)部分年份 G-L 指数值大于 0.5,表明具有一定的产业内贸易水平;01 章(活动物)、02 章(肉及食用杂碎)的 G-L 指数值始终为 0,10 章(谷物)、14 章(编结用植物材料;其他植物产品)、24 章(烟草、烟草及烟草代用品的制品)、51 章(羊毛、动物细毛或粗毛;马毛纱线及其机织物)、53 章(其他植物纺织纤维;纸纱线及其机织物)的 G-L 指数值在绝大多数年份为 0,表明这几章农产品以产业间贸易为主。因此,在中澳农产品贸易中,产业内贸易和产业间贸易并存,以产业间贸易为主。

从农产品总体来看,GLI_u 和 GLI_w 均小于 0.5,可见 2012—2019 年中澳农产品贸易整体产业内贸易水平较低,中澳双方农产品贸易互补性强。GLI_u 和 GLI_w 在 2015 和 2016 年分别达到最大值,表明中澳自贸协定的成立对中澳农产品贸易带来一定影响,但 2016 年以后该影响有所减弱。从整体而言,产业内贸易在中国农产品贸易的增量变化上有所加强。

(2) 边际产业内贸易(Brülhart)指数

为了测算一定时期内贸易商品的产业内贸易水平,采用边际产业内贸易(Brülhart)指数来反映产业内贸易水平动态变化。具体公式如下:

$$BI_{ij} = 1 - \frac{|\Delta X_{ij} - \Delta M_{ij}|}{|\Delta X_{ij}| + |\Delta M_{ij}|}$$

其中 ΔX_{ij} 和 ΔM_{ij} 分别表示相邻年份在某个产品的出口额和进口额的增量。BI_{ij} 取值在 0~1 之间,BI_{ij} 的取值越接近 1,表明该类商品贸易量的变化主要是由于产业内贸易引起;BI_{ij} 的取值越接近 0,表明该类商品贸易量的变化主要是由于产业间贸易引起。

表 5-10　　　　　　　　2012—2019 年中澳农产品贸易 G-L 指数值

HS 编码	2012	2013	2014	2015	2016	2017	2018	2019
01	0	0	0	0	0	0	0	0
02	0	0	0	0	0	0	0	0
03	0.48	0.33	0.26	0.62	0.54	0.61	0.40	0.34
04	0.10	0.04	0.10	0.12	0.11	0.08	0.08	0.06
05	0.13	0.15	0.15	0.16	0.30	0.27	0.19	0.34
06	0.17	0.16	0.12	0.29	0.30	0.18	0.18	0.22
07	0.16	0.01	0.02	0.40	0.30	0.37	0.71	0.18
08	0.74	0.82	0.87	0.66	0.41	0.21	0.14	0.11
09	0.15	0.12	0.12	0.12	0.08	0.13	0.13	0.18
10	0	0	0	0	0	0	0	0.01
11	0.30	0.29	0.29	0.43	0.50	0.57	0.67	0.73
12	0.51	0.13	0.30	0.35	0.51	0.34	0.48	0.29
13	0.02	0.01	0.12	0.16	0.01	0.02	0.03	0.05
14	0.23	0	0	0	0	0	0.09	0
15	0.16	0.28	0.34	0.66	0.95	0.51	0.68	0.58
16	0.02	0	0	0.05	0.04	0.05	0.07	0.13
17	0.29	0.26	0.21	0.26	0.17	0.14	0.15	0.15
18	0.07	0.05	0.27	0.20	0.71	0.33	0.31	0.38
19	0.80	0.80	0.79	0.67	0.36	0.30	0.24	0.23
20	0.07	0.08	0.07	0.09	0.10	0.14	0.22	0.16
21	0.41	0.47	0.93	0.44	0.31	0.21	0.39	0.49
22	0.15	0.18	0.25	0.17	0.14	0.12	0.12	0.11
23	0.74	0.69	0.83	0.75	0.85	0.95	0.79	0.85
24	0	0	0	0	0	0	0	0.04
51	0.02	0.01	0.02	0.02	0.02	0.01	0.01	0.01
52	0.03	0.03	0.05	0.09	0.12	0.15	0.17	0.05
53	0.02	0.02	0.01	0.10	0.01	0.01	0	0
GLI_u	0.21	0.18	0.23	0.25	0.25	0.21	0.23	0.21
GLI_w	0.10	0.09	0.12	0.14	0.15	0.12	0.13	0.11

注：根据 UN Comtrade database 整理计算所得。

表 5-11 测算了 2012—2019 年中澳农产品的边际产业内贸易（Brülhart）指数。从分类农产品可以看出，除少数章节外，大多数农产品的边际产业内贸易（Brülhart）指数在各个年份的值均小于 0.5，表明贸易增量变化主要是由产业间贸易引起；需要特别指出的 16 章（肉、鱼及其他水生无脊椎动物的制品）、18 章（可可及可可制品）在 2012—2018 年边际产业内贸易

(Brülhart)指数均小于 0.5,但在 2018—2019 年该指数达到近几年的顶点,分别为 0.93 和 0.80,这表明这两章贸易增量变化主要是由产业内贸易引起。从总体来看,近几年贸易增量的变化主要是由产业间贸易引起。由此可以看出,中澳产业内贸易水平的提高有助于改善两国的产业贸易结构。

表 5-11　　　　中澳农产品边际产业内贸易(Brülhart)指数

HS编码	2012—2013	2013—2014	2014—2015	2015—2016	2016—2017	2017—2018	2018—2019
01	0	0	0	0	0	0	0
02	0	0	0	0	0	0	0
03	0	0	0	0	0	0.15	0
04	0	0	0.02	0.05	0.01	0.01	0
05	0.05	0.13	0.75	0	0.16	0.01	0
06	0.22	0	0.77	0.34	0	0.15	0.34
07	0.93	0	0.25	0	0	0	0
08	0.15	0	0	0	0	0	0.07
09	0	0.05	0.23	0.37	0.85	0.02	0.04
10	0	0	0	0	0	0.01	0
11	0.24	0.34	0	0	0.13	0.95	0
12	0.01	0	0	0.17	0	0.04	0
13	0	0.69	0.23	0.62	0.03	0.07	0
14	0	0	0.02	0.22	0	0.67	0
15	0	0.91	0	0.34	0	0	0
16	0	0	0	0	0.05	0	0.93
17	0	0.97	0	0.74	0	0.26	0.24
18	0.37	0.43	0.41	0	0.15	0.49	0.80
19	0.97	0.22	0	0	0.16	0.05	0.15
20	0.01	0.23	0.42	0	0.32	0.76	0
21	0.87	0	0.10	0.04	0	0	0
22	0	0	0	0.06	0.10	0.08	0.01
23	0.53	0	0.44	0	0	0.12	0
24	0.04	0.01	0	0	0	0	0
51	0.13	0	0	0.07	0	0.03	0
52	0.05	0	0.02	0.01	0.03	0	0
53	0.06	0	0	0	0.02	0	0

注:根据 UN Comtrade database 整理计算所得。

(三) 产业内贸易水平对中澳农产品贸易影响的实证分析

1. 模型构建

引力模型最早由丁伯根（Tinbergen）和波洪能（Poyhonen）在对贸易规模、各国GDP以及两国之间距离的关系进行研究时引入国际贸易领域。贸易引力模型最初的描述是两国之间的贸易流量与经济规模成正比，与两国间距离成反比。此后许多学者对该模型进行了深入研究，并在原始模型的基础上进行了扩展。在国内外学者对引力模型的研究中，除了基本模型中包括的变量，另外引入了其他变量来研究双边贸易潜力。其中包括人口因素、语言、运输成本、人均收入、是否加入同一个经济组织、是否拥有共同边界以及是否拥有共同语言等。为探讨产业内贸易对两国间贸易流量的影响，本文在Tinbergen的简约模型上加入了一些新变量进行扩展，构建如下回归方程：

$$LnTRADE_{ijt} = \alpha_0 + \alpha_1 Ln(Y_{it}Y_{jt}) + \alpha_2 Ln(D_{ij}) + \alpha_3 Ln(DG_{ijt}) + \alpha_4 Ln(AGRO_{jt}) + \alpha_5 SIM_{ijt} + \alpha_6 Ln(OPENNESS_{jt}) + \alpha_7 RTA_{ijt} + \alpha_8 BOR_{ij} + \alpha_9 LANG_{ij} + \mu_{ijt} \quad (5-3)$$

其中 j 表示贸易伙伴国，i 表示中国，t = 2012, 2013, …, 2019。α_0 为常数项，α_1、α_2、α_3、α_4、α_5、α_6、α_7、α_8 是待估参数，μ_{ijt} 是随机扰动项。

其中，$TRADE_{ijt}$ 为中国与41个国家的农产品双边贸易额，虽然很多文献中经常会选择进口数据或出口数据分别进行计量分析，但对两个国家来说，由于一国的进口即另一国的出口，为避免重复计算，本文选择双边农产品贸易总额 $TRADE_{ij}$ 来表示双边农产品贸易的总体贸易效应。

表5-12　　　　　　　　　　引力模型变量说明

解释变量	含义	理论解释
$Y_{it}Y_{jt}$	t 时期中国与 j 国的国内生产总值的乘积	贸易双方GDP规模越大，潜在的出口能力就越大，进而双方贸易流量就越大
DG_{ijt}	中国和 j 国人均GDP差的绝对值	绝对值越小，两国产业内贸易水平的可能性越大
D_{ij}	中国与贸易国之间的绝对距离	反映了贸易的运输成本，距离越远，运输成本越高
$AGRO_{jt}$	t 时期 j 国农业增加值占其国内生产总值的比重	一国GDP中农业产出所占比重越大，发生农产品贸易的可能性就越大
$OPENNESS_{jt}$	t 时期 j 国的贸易依存度	一国对贸易的依存度越高，其发生贸易的可能性就越大

续表

解释变量	含义	理论解释
SIM_{ijt}	t 期 GDP 计算的两个国家经济规模的相对差异	两国经济规模相差越大，意味着两国产业内水平就越高
RTA_{ijt}	t 时期 j 国与中国签订自贸协定	签订自贸协定有利于农产品贸易
BOR_{ij}	两国存在边界	两国存在边界，会影响两国之间的贸易
$LANG_{ij}$	两国拥有共同语言	拥有共同语言有利于促进双边贸易

如表 5-12 所示，解释变量分别为 t 时期中国与 j 国国内生产总值的乘积 $Y_{it}Y_{jt}$、t 时期中国的人均国民收入值与 j 国人均国民收入值之差的绝对值 DG_{ijt}、中国与 j 国首都物理直线距离 D_{ij}、t 时期 j 国农业增加值占其国内生产总值的比重 $AGRO_{jt}$、t 时期 j 国对贸易依赖程度的大小 $OPENNESS_{jt}$、t 时期根据 GDP 计算的两个国家经济规模的相对差异 SIM_{ijt}，以及虚拟变量两个国家是否签订自由贸易协定 RTA_{ijt}、两个国家是否拥有共同边界 BOR_{ij}、两个国家是否拥有共同语言 $LANG_{ij}$。如果 t 时期中国与 j 国签订自贸协定，RTA_{ijt} 取值为 1，反之为 0；如果中国与 j 国拥有共同边界，BOR_{ij} 取值为 1，反之为 0；如果中国与 j 国拥有共同语言，$LANG_{ij}$ 取值为 1，反之为 0。其中核心解释变量为 t 时期中国的人均国民收入值与 j 国人均国民收入值之差的绝对值 DG_{ijt}。

2. 模型变量选择说明

DG_{ijt} 的引入是根据需求偏好理论对双边贸易流量的解释。根据"林德假说"，两个国家的人均收入水平越相似，需求结构也就越相似，说明双边产业内贸易水平也就越高。换句话说，DG_{ijt} 值越小，则两国之间的贸易以产业内贸易水平为主。

$AGRO_{jt}$ 是指 t 时期 j 国农业增加值占其国内生产总值的比重。该解释变量可以在很大程度上从行业细分角度解释说明对农产品双边贸易的影响。但由于各国农产品产出数据获取存在困难，本文转而采用农业增加值占一国国内生产总值的指标来衡量。

SIM_{ijt} 变量是 t 时期基于 GDP 数据计算的两国国内经济规模的差异，其计算公式如下：

$$SIM_{ijt} = 1 - \left(\frac{CDP_{it}}{GDP_{it} + GDP_{jt}}\right)^2 - \left(\frac{CDP_{jt}}{GDP_{it} + GDP_{jt}}\right)^2 \quad (5-4)$$

SIM_{ijt} 的取值范围是 [0, 0.5]。该指数的特点是能够有效去除变量之间的相互干扰,并且在一定程度上反映贸易结构的相似性。该值越大,表示两国经济规模越相似;反之,则表示两国的经济规模相差越大。

3. 样本及数据来源

(1) 样本范围

本文选择 2012—2019 年的数据进行分析,共选取 42 个国家或地区(包括中国)作为样本,选取的这些国家或地区都属于与中国农产品贸易的前 50 大主要贸易伙伴。这些样本国家或地区中不仅包括美国、日本、法国、德国、意大利、韩国、新加坡等发达国家,马来西亚、泰国、印度尼西亚等发展中国家,而且还包括转轨经济体俄罗斯。

(2) 数据来源

t 时期 j 国与中国之间的农产品贸易量数据根据联合国商品贸易统计数据库整理计算得出;国内生产总值、人均国内生产总值、农产品增加值占国内生产总值的比重以及贸易度均来自世界银行数据库(https://data.worldbank.org.cn/);两国间的距离数据通过 http://www.freemaptools.com 获得;两国是否签订自贸协定的数据来自中国自由贸易区服务网站(http://fta.mofcom.gov.cn/index.shtml),两个国家是否拥有共同边界以及是否拥有共同语言,来自数据库 CEPII。

4. 实证检验与结果分析

本文采用 stata14 统计分析软件及扩展的引力模型对中国与 41 个农产品贸易伙伴国 2012—2019 年的面板数据分别进行固定效应(FE)、随机效应(RE)以及混合效应(OLS)的回归分析。

通过豪斯曼检验对固定效应和随机效应进行检验,发现 Prob>chi2 = 0.0839<0.1,故拒绝原假设,说明使用固定效应模型优于随机效应模型,另外通过 LSDV 回归结果观察个体效应的存在情况,发现大多数个体虚拟变量均不显著,即认为不存在个体效应,混合回归优于固定效应。基于以上分析,本文最终选取了混合效应模型(OLS)进行分析,分析结果如表 5-13 所示。

表 5-13　　　农产品总体贸易流量决定因素:引力模型回归结果

	固定效应(FE)	随机效应(RE)	混合效应(OLS)
$LnY_{it}Y_{jt}$	0.7039***	0.6980***	0.6040***
	(0.0706)	(0.0612)	(0.0780)

续表

	固定效应（FE）	随机效应（RE）	混合效应（OLS）
$LnDG_{ijt}$	0.1631***	0.1527***	0.0599*
	(0.4174)	(0.0400)	(0.0336)
LnD_{ij}		0.0031	0.1280
		(0.2191)	(0.0963)
$LnAGRO_{jt}$	0.4845***	0.5313***	0.3375***
	(0.1443)	(0.1000)	(0.0402)
$LnOPENNESS_{jt}$	0.3846***	0.3607***	0.1199
	(0.1164)	(0.1090)	(0.1118)
SIM_{ijt}	−0.2857	−0.2660	1.4088*
	(0.3613)	(0.3466)	(0.7270)
RTA_{ijt}	−0.0762	0.0393	1.0699***
	(0.1172)	(0.1097)	(0.1003)
BOR_{ij}		−0.1742	−0.1761
		(0.3829)	(0.1244)
$LANG_{ij}$		1.0260*	0.4066***
		(0.6228)	(0.1376)
$Cons$	−20.2494***	−19.9876***	−15.3282***
	(4.0240)	(4.2070)	(4.3965)
R^2	0.3912	0.4644	0.5799

注：*、**、***分别表示在10%、5%、1%水平上显著。

从混合效应（OLS）回归结果中可以看出：拟合优度 R^2 为0.5799，总的来说模型中所列的各个自变量可以解释57.99%的双边贸易的农产品贸易流量。t 时期中国与 j 国国内生产总值的乘积 $Y_{it}Y_{jt}$、t 时期 j 国农业增加值占其国内生产总值的比重 $AGRO_{jt}$、两个国家是否签订自由贸易协定 RTA_{ijt}，以及两个国家是否拥有共同语言 $LANG_{ij}$ 均在1%的置信水平上显著为正，这说明 t 时期中国与 j 国国内生产总值的乘积 $Y_{it}Y_{jt}$ 每增加一个百分点，将带动中国与 j 国农产品的贸易量增加0.60%；t 时期 j 国农业增加值占其国内生产总值的比重 $AGRO_{jt}$ 每增加一个百分点，将带动中国与 j 国农产品的贸易量增加0.34%；

RTA_{ijt}的回归系数为 1.0699，说明建立自贸区很大程度上促进了中国与其他国家的农产品贸易；共同语言 $LANG_{ij}$ 的回归系数为 0.41，说明两个国家如果拥有共同语言，会促进两国农产品贸易的开展。另外 t 时期中国的人均国民收入值与 j 国人均国民收入值之差的绝对值 DG_{ijt} 在 10% 的置信水平显著为正，说明 t 时期中国的人均国民收入值与 j 国人均国民收入值之差的绝对值 DG_{ijt} 每增加 1%，将带动中国与 j 国农产品的贸易量增加 0.06%，说明了中澳农产品贸易是以产业间贸易为主，尚未进入对收入水平趋近很敏感的产业内贸易主导阶段。

三、中澳农产品贸易发展的主要问题和障碍分析

（一）政治因素的影响和冲击

国际贸易并不是简单的经济行为，在现实中政治与经济是无法完全割裂的，经济行为的背后往往蕴含着政治态度与政治观点。近段时间，中澳外交遇冷，政治关系持续走低，政治层面的"渐冻"在一定程度上对双方的经济与贸易交流产生了负面影响。中澳争端使得双边贸易紧张局势加剧，给近期已恶化至谷底的中澳关系雪上加霜，此前中国先后对原产于澳大利亚的大麦、牛肉、葡萄以及食糖的进口进行不同程度的制裁，很大程度影响了澳大利亚对中国的农产品出口贸易。对中澳农产品贸易影响较大的政治因素主要有以下两点：

第一，社会制度差异层面。中国是一个社会主义国家，而澳大利亚是资本主义国家，两国在社会制度、价值观念和意识形态方面存在着巨大的差异。在西方国家中，社会主义制度对三权分立制度产生潜在威胁的言论一直以各种各样的形式存在，加之近年来中国综合国力不断增强以及国际地位提升，澳大利亚国内关于"中国威胁论"的言语甚嚣尘上，因此导致双方互不信任。有部分澳方官员污蔑中方派遣留学生作为"间谍"渗入澳大利亚，澳大利亚国内主流媒体对中国进行大量负面报道，中澳关系每况愈下。

第二，中美澳关系层面。特朗普上台后中美贸易摩擦不断升级，原先尚且可以在中美关系中保持平衡的澳洲政府，如今不得不做出战略调整。澳大利亚作为"五眼联盟"的一员，在中美关系紧张的情况下选择在战略上配合美国，对华采取了很多强硬措施。这些不客观、不理性的举措无疑使得中澳关系更加敏感，相应的中澳两国在农产品贸易领域的合作也会大大减少，原本就存在问题的贸易交流受到更大的阻碍，双边贸易关系遭遇巨大挑战。

（二）关税壁垒及非关税壁垒

在关税限制方面，自 2015 年中澳自贸协定正式签署后，关税对中澳双方

大部分农产品出口的阻碍作用逐渐被削弱。但稻米、小麦、棉花、苹果等 20 多种农产品并未被列入关税减免对象中，部分农产品的进出口方面还存在着较高的关税壁垒，需要未来进一步的磋商交流。

在非关税限制方面，中澳自贸协定虽然使得关税壁垒不再是双方开展贸易的主要"绊脚石"，但协议中没有取消任何具体的非关税措施，如今非关税壁垒已经成为中澳双方深化农产品贸易领域合作的主要障碍之一。

技术性贸易壁垒及卫生和植物检疫壁垒是当今世界被运用最广泛的非关税措施，澳大利亚被公认为全球动植物检验检疫措施最为严格的国家之一。2015 年，澳大利亚政府对植物检疫机构进行了调整，并取消了沿用 100 多年的全世界首部《检疫法》，代之以管辖范围更广的《生物安全法》，办理进口植物检疫事务采用先进的"生物安全进口条件系统"。除此之外，《出口管制法》《进口食品管理法》以及《生物安全法》下的一系列配套条例等法律条款中都带有明显的贸易壁垒色彩。2018 年澳新食品标准局发布通知，修改澳新食品标准法典附录 20，调整不同农畜化学物的最大残留量，对动植物卫生检验检疫标准更加严格，澳方政府对众多农产品进口实施严格的限制，审批过程漫长，规则复杂多变，受限于当前的经济发展状况，中国的出口农产品附加值较低，澳方设置的严格要求给中国农产品的出口造成了较大技术障碍，不利于两国的农贸交流。

（三）物流运输效率有待提升

本课题拟对中国 4 个特大城市以及澳大利亚 2 个人口大州的农产品物流效率进行分析，由于年鉴统计出版的滞后性以及国内外统计口径的差别，分别选取中国 4 个特大城市、澳大利亚悉尼和墨尔本两个人口聚集城市所在州作为统计单元，并就农产品物流效率方面指标进行数据包络分析（DEA）。投入产出指标如表 5-14 所示。

表 5-14　　　　　中澳农产品物流效率投入与产出变量表

城市（州）	输入指标				输出指标
	生鲜果蔬物流仓储中心/个	批发零售业从业人数/人	市内道路总里程/千米	亿元及以上商品交易市场摊位数/个	批发零售销售总额/亿元
北京	54	1289000	29429	81324	69467.08
上海	15	2439200	18423	119002	119461.28

续表

城市（州）	输入指标				输出指标
	生鲜果蔬物流仓储中心/个	批发零售业从业人数/人	市内道路总里程/千米	亿元及以上商品交易市场摊位数/个	批发零售销售总额/亿元
广州	13	1839428	14007	78810	8081.43
深圳	20	1787151	6443	117555	26757.36
悉尼（NSW）	15	563052	185000	8956	5066.98
墨尔本（Vic）	5	497956	156500	5731	4086.22

数据来源：中国国家统计局、澳大利亚国家统计局。

运用DEAP-xp1方法计算得出中澳各城市（州）农产品物流的综合效率值、纯技术效率值和规模效率值，结果见表5-15。

表5-15　　　　　　中澳各城市（州）基本效率测度表

城市（州）	综合效率 CCR	纯技术效率 BCC	规模效率 SE	规模报酬
北京	1.000	1.000	1.000	-
上海	1.000	1.000	1.000	-
广州	0.102	1.000	0.102	irs
深圳	0.640	1.000	0.640	irs
悉尼（NSW）	0.564	0.687	0.820	irs
墨尔本（Vic）	0.710	1.000	0.710	irs
均值	0.669	0.948	0.712	

注：irs表示规模报酬递增，-表示规模报酬不变。

通过上述模型的计算，可以发现当效率值为1时，即代表农产品物流DEA有效，小于1则非DEA有效。规模报酬递增表示增加现有投入可以获得更多的产出回报。由表5-15可知，北京、上海两市的综合效率值都为1，即DEA有效，这说明2018年两座城市农产品物流发展情况较好，资源利用率较高，整体发展规模同资源水平相适应。两座特大城市交通便利，农产品运输数据信息化程度较高,为农业与新技术进一步结合提供良好的环境。

效率值小于1的城市(州)即农产品物流效率无效。对于广州、深圳两座城市及澳大利亚新南威尔士州、维多利亚州属于非DEA有效,造成决策单元非DEA有效的原因主要是规模效率无效和纯技术效率无效。悉尼所在的新南威尔士州对于生鲜果蔬物流仓储中心个数、批发零售业从业人数、州内道路总里程三个投入指标,应该减少9.715、9825.791、32431.265或增加2303.904单位的产出。广州、深圳,以及墨尔本所在的维多利亚州需要扩大规模,以实现效率最佳。

另外,农产品大多具有易腐、难保存的特点,对保鲜技术具有很高要求,因此在贸易过程中,运输效率显得尤为重要。但中澳双方在物流运输方面还存在着很多需要改进的地方。首先在运输链方面,农产品的最佳运输方式是冷链运输,许多发达国家已经发展得比较好,但中国正处于初始阶段,与澳大利亚相比,我国的冷链物流基础比较薄弱,缺乏专业的物流企业和专业管理人才,且在贸易运输过程中存在"断链"现象,无法保证农产品从生产源头到消费者餐桌的过程中一直保持冷储藏状态,导致农产品损耗较大,新鲜感保持较差,增加了企业的成本以及在对方国家的竞争难度。中澳两国地理位置相隔较远,农产品进出口需要长途运输,这也提高了对冷链运输的要求。其次在通关效率方面,由于通关手续烦琐复杂,农产品在海关滞留时间较长,受今年疫情影响,各国出于安全防护,加大了海关清查检疫力度,通关速度普遍下降,很多农产品遭遇清关延迟,物流运输时间拉长,导致大量产品变质腐坏,给农贸交流带来挑战。

(四)中澳农产品贸易逆差较为突出

中国自2009年以来一直是澳大利亚第一大贸易合作伙伴、第一大出口目的地,但同时澳大利亚是中国第二大贸易逆差来源国,长期的贸易逆差使得中国在对澳大利亚贸易中处于不利地位。通过比较2014—2020年中国对于澳大利亚进出口额可以看出,进出口额总体呈现逐年增长态势,但进口额远大于出口额,很大程度反映中澳之间长期存在着贸易逆差问题。如图5-2所示,2019年全年中国与澳大利亚进出口贸易中,以动物产品为主的农产品进口额为41.8亿美元,增长47.3%,占进口总额的4.0%。矿产品占对澳进口份额接近七成的决定性比例,基本决定中国对澳大利亚整体进口表现,而农产品的较快增长助推了进口额增速,使得近六年来贸易逆差额逐步扩大。2020年新冠肺炎疫情发生后,一方面澳大利亚采取贸易限制措施,并收紧靠港规定,增加中国农产品出口难度；另一方面澳大利亚作为中国部分农产品主要进口来源地，疫情全球爆发可能带来进口农产品来源的不稳定和食品安全隐患等问题，以及农产品供不应求带来的市场价格大幅攀升，中国农产品进口成本急剧增加的问题。上述两方面将合力推动中澳贸易逆差额进一步扩大。

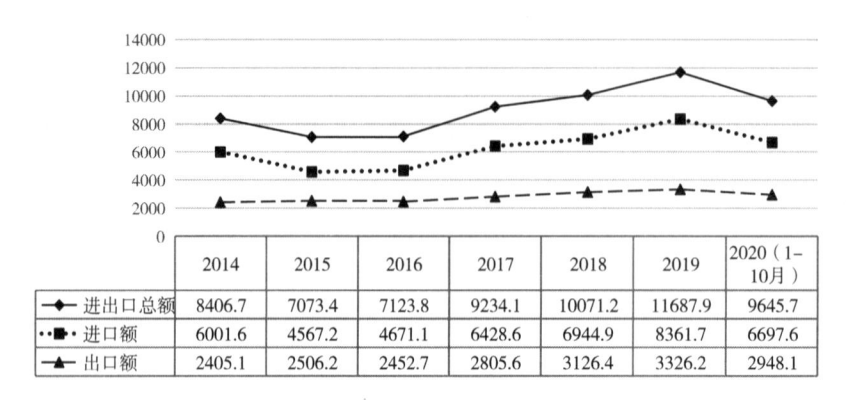

	2014	2015	2016	2017	2018	2019	2020（1—10月）
进出口总额	8406.7	7073.4	7123.8	9234.1	10071.2	11687.9	9645.7
进口额	6001.6	4567.2	4671.1	6428.6	6944.9	8361.7	6697.6
出口额	2405.1	2506.2	2452.7	2805.6	3126.4	3326.2	2948.1

图 5-2　中国与澳大利亚进出口额度走势图（单位：亿元）

数据来源：中华人民共和国海关总署。

四、中国与澳大利亚农产品贸易发展的对策建议

（一）优化农业产业结构，扩大与澳大利亚的农业投资与合作

中澳两国农产品分别以劳动密集型与土地等资源密集型为主，互补性强且少有重叠，主要为产业间贸易。发展优势产业是关键，如加强茶叶、蔬菜、水果、花卉、水产品及畜产品等农产品的生产与贸易。由于中国对澳大利亚出口的农产品多数具有替代性，因此需要重点加强纺织原料及纺织制品、饮料及烟类的出口竞争优势，持续加强特色水果、农业加工品的出口，进一步保持和改善非食用原料、燃料除外的农产品的优势，适当调整其他类别农产品的出口结构。

目前澳大利亚农业主要依托其绿色、清洁的形象吸引各国投资，中国投资者对澳大利亚综合农业的投资近年来明显增长。由于两国农业发展的季节因素和地理特征存在明显差异，两国多数同类农产品成熟时间点不同，因此可以在不同时段转换出口优势，加强贸易合作，互惠互利。中国的因地制宜思想以及澳大利亚清洁、绿色天然的农业生产理念可以互相交流、促进。

（二）提高贸易便利化，加强在海关、质检等的合作

通关便捷度和贸易便利化程度极大影响着两国农产品进出口贸易的顺利

进行。加强电子化通关能力，建立和优化电子口岸数据平台，不仅有利于进出口企业的通关申报，也有助于海关及其他相关部门的数据监控和连接开放。同时也可以考虑大力发展中澳现代农业产业园，促进优势农产品的产出和贸易，对于农业产业园的进出口贸易，海关可为其提供"绿色专用通道"，进一步促进中澳农产品合作贸易。

加强两国政府对于农产品基础设施建设规模化、标准化等方面的政策扶持，提高产销规模效益，降低产业及产品成本，增强农产品出口价格竞争优势。中澳两国海关的整合程度，尤其是信息互联程度有待进一步提高，尽量避免海关资源在整合上的不协调性，给通关造成不便。两国在通关技术水平上，也要逐渐缩小差距，共同打造现代化、智能化的通关技术和物流运输装备。另一方面，加强两国之间农产品的检验标准，同时优化农产品安全管理机制，提高农产品整个产销过程的标准化和安全化水平。对于两国进行资本投资、技术投资的农产品，给予政策优惠和通关、质检通道，鼓励双方企业的合作交流和互利共享。

(三) 加强农产品冷链物流建设，提高物流效率

进一步加强国内快递企业的冷链物流系统建设和智能化、集约化水平对于增强农产品贸易具有不容忽视的保障和推动作用。着力打造集农产品冷链物流、信息发布、电子交易于一体的特色农产品交易平台，加强中国和澳大利亚之间的农产品电商交易比例，打造国际化农商对接平台，建立直接、有效、高速的流通渠道，减少对冷链物流的滞压压力。依托自贸区，建立国际化的冷链物流平台和农业对外开放平台，借助自贸区的政策优惠和贸易便利，提高冷链物流的信息化和智能化水平，同时做到更加合理充分地利用双方现有的经贸合作通道和枢纽，建设农产品物流基地，增强国际中转和双方产品国际市场拓展能力。构建中澳两国海空多式联运的冷链物流体系，加强农产品国际化仓储配送能力，发展高端物流。

在目前规定的物流运输国际标准的基础上，进一步加强中澳双方对于物流运输工具、物流信息平台、检测和电子标签的统一设置和管理，这需要农产品进出口企业、海关等多方协同，才能实现物流信息的共享和物流运力、效率的提高。推动物流设施和管理创新，通过大数据和智能化等新技术的引入，实现农产品物流的自动化程度，打造智慧物流。采用先进的物流调控系统，引进数字化的物流软硬件设施，如无人仓、分拣机器人等，通过集中的调控系统和平台即可进行自动化运行，快速提高农产品物流运输效率。

（四）加强双边政治经济合作，完善合作机制

中澳之间的经济贸易合作，在一定程度上会受到双方政治体制机制以及双方外交关系的影响。虽然澳大利亚在经济上对中国具有较强的依赖性，但是中澳之间在政治及双边关系上并非像经贸合作一样紧密。政治上作为美国反华桥头堡之一的澳大利亚紧跟美国政府的步伐，在政治、外交以及军事领域对中国进行打压。

政府的双边外交行为会影响到两国之间的经济合作，在与澳方的外交上，应尽量避免将政治与经济相混淆，在与澳大利亚政府进行接触时，应避免将伤害外溢到与中国有联系的澳方企业。对于澳大利亚政府向我方提出的贸易诉讼，应在WTO框架下解决，避免出现互相制裁的恶性循环。我们可以通过"一带一路"和亚太经济合作组织等国际多边贸易大框架，将澳方政府及有关企业与我国国家重大战略相嵌套，将其引入并建立更为多元化的双边沟通机制，尽量避免政治上的短期逐利损害两国的长远利益，以政治外交合作为两国的经济贸易合作加上牢固的安全锁。

（五）提高农产品质量，树立品牌意识

在双方的农产品贸易中，中国应该注重提升我国出口农产品的品牌与质量，建立统一的质量监管体制，从中央到地方秉持从上到下的管理原则，由中央制定质检标准，各地在执行时按统一标准进行，避免"两个地方两套标准"的情况出现。同时，将质检过程透明化，避免出现地方为了指标任务而放松质检的情况，中央应加强对地方的统筹约束与管理。

发展绿色农产品，在一定程度上就是提高农产品质量。出口农产品前，对化肥及农药使用进行严格控制，并按照联合国粮农组织以及欧盟标准对农产品质量进行严格把关。对于绿色农产品的发展，要与科研机构、高校等合作，在培育技术、种子优选以及化肥改进等步骤上实现进步，保证科研在生产之前，这是一个涉及多部门的宏观机制。目前我国在绿色农产品方面发展有限，但仍有很大进步空间，应该由中央牵头，联合农业部、科研机构以及高校等协同进行。

目前我国的"脱贫攻坚"工作也可以与澳大利亚的农产品贸易联系起来。在脱贫攻坚战中，有相当一部分农村都在打造自己的特色农产品，并以此作为脱贫工作的主要抓手。这部分工作应该以地方政府、扶贫工作组，以及中央政府共同规划，由扶贫工作组与农民商谈具体事宜，地方政府进行质量检测并统一采购，中央派出工作组与地方进行接洽并做出口准备以及海关申报，

将中国出口的农产品打造成以特色、丰富、多样化、绿色为标签的优质农产品。

同时，我国应该培育自己的大型农产品品牌。目前我国在出口农产品方面，虽然有中粮等大型国企，但是大部分出口产品仍然是以地方企业为主体，各个地区出口各自的农产品，以地区为单位，出口种类较为单一。因此可以由商务部牵头，联合多部门，建立国有企业来专门负责农产品出口业务，统一从地方进行采购，统一质检并出口，让大多数农产品享有同一个品牌，此举也可以提升我国农产品的品牌影响力。

（六）推进中澳农产品跨境电商发展和物流合作

跨境电子商务作为数字贸易的一种重要形式，不仅是传统商务的电子化、网络化，也是各种商业交易、金融活动的新型商业运营方式。跨境电子商务的发展不仅为全球经贸活动提供了便利，也减少了贸易过程中的风险和成本。但是中澳两国于2017年9月才签署《关于电子商务合作的谅解备忘录》，可以说在跨境电子商务的合作上刚刚起步。加强跨境电子商务的合作，不仅为两国的经贸活动提供了新动力，也可以让更多的企业参与到双边贸易中。

首先，随着互联网技术的快速发展，跨境电子商务已越来越普及，我们应该尽快健全相关的法律法规以及知识产权规则，使得中澳两国在经贸活动中的各种行为有法可依，增加跨境电子商务的稳定性、安全性。

其次，澳大利亚已基本实现了农产品贸易的资源共享和信息互通，其农产品电子商务模式较为完备。我国政府应汲取相关经验，借鉴发达国家的先进做法，逐步健全农产品物流体系，改善农业电商服务环境，尽可能地挖掘多渠道的电子商务平台，加强中澳两国之间的跨境电子商务合作。

五、中国与澳大利亚农产品贸易发展的潜力和展望

在《区域全面经济伙伴关系协定》（RCEP）签署、国际贸易格局重塑、单边贸易保护主义盛行以及国际地缘政治矛盾不断升级的新形势大背景下，中澳双边经贸关系在面临挑战的同时，也面临着新的机遇。

（一）中澳农产品贸易关系面临的机遇

1. RCEP的签署将强化双边农产品的贸易效应

截至2020年11月15日，包括中澳两国在内的全球体量最大的自贸区RCEP正式签署。与传统的自贸协定不同，此次协定紧跟全球贸易发展趋势，纳入了很多全新的贸易形式，包括电子商务、知识产权、竞争政策、中小企业等,超过世贸组织规定的内容,这表明区域内经济贸易的便利化和自由化水平将进一步上升,各国之间利用自身的比较优势,将产生更大程度的贸易创造效应。我国在加大进口商品的同时,也要推动国内相关企业的发展,提高我国农产品在国际贸易中的竞争力。

2. "一带一路"倡议有望成为中澳农产品贸易增长的平台

截至 2020 年 11 月 17 日,我国已与 138 个国家、31 个国际组织签署 201 份共建"一带一路"合作文件。面对新冠肺炎疫情的冲击,共建"一带一路"呈现出十足的韧性。此外,澳大利亚政府也积极参与"一带一路"建设,多次表达参建"一带一路"的意愿。澳大利亚虽然是发达国家,但是北部地区相对落后,为推动地区发展,澳大利亚在 2015 年曾提出了"北部大开发"计划,拟通过和中国的经贸合作来推动北部地区的经济发展,而这一计划与我国提出的"一带一路"倡议相互契合,可以进行有效的战略对接,但这一计划随着澳政府换届,反华势力崛起,胎死腹中。虽然澳大利亚与中国尚未签订"一带一路"备忘录,但已经有大批澳洲企业积极参与"一带一路"项目,澳大利亚维多利亚政府也于 2019 年 9 月与中国正式签署了一项"一带一路"倡议框架协议。中国一直是消费需求大国,在"十四五"规划中明确提出"到 2035 年实现经济总量或人均收入翻一番目标",中国将会有非常大的市场份额和消费需求,若澳方改善与华关系,"一带一路"有望成为一个发展平台,促进中澳农产品贸易的进一步提高。

3. 互联网的发展促进中澳农产品贸易高效率运输

农产品在生产过程中极易受到各种自然灾害的影响,因此造成较大的产中损失,又由于对运输仓储条件要求较高,还面临着较大产后损失。而智慧物流可以简单地理解为在物流系统中采用物联网、大数据、云计算和人工智能等先进技术,使整个物流体系如人的大脑一般智能,实时收集并处理信息,实现最优布局,最终协同物流系统中各方参与者高质量、高效率、低成本地分工协作。由于中澳两国在农产品贸易方面有较多合作,因此可以借助当前的物流优势和数字信息技术,提高贸易之间的联动水平优化业务流程。

(二)中澳自贸区推进背景下中澳农产品贸易的前景展望

1. 中澳双边农产品贸易将持续增长

在 2015 年中澳自贸协定签署的前后五年,中国一直是澳大利亚农产品的第一大出口国。可预期,在《中国-澳大利亚自由贸易协定》《中澳企业间农业与食品安全百年合作计划谅解备忘录》、RCEP 等协议相继签订并有效实施的大背景下，在澳方嚣张的反华气焰消退后，中国的"一带一路"倡议与澳大利亚的"北部大开发"计划将会进一步深度衔接，农业合作也将积极拓展。王晓英等通过测算得出，中澳农产品贸易出口相似度不高，且中国进出口澳大利亚农产品结构不太合理，但互补性较强，贸易强度高，农产品贸易联系紧密。

综上所述，中澳两国农产品贸易依存度高且互补性较强，澳对中出口主要是资源密集型农产品，中对澳出口主要是劳动密集型产品，这符合两国农业生产的特点和优势，加之自贸区的建立更减少了贸易转移的可能，这增加了中澳之间的贸易创造，有利于两国贸易的持续稳定发展，因此中澳农产品贸易有望进一步持续增长。

2. 农产品贸易逆差短期内不会改变

澳大利亚农产品生产方式以规模化生产为主，具有一定的价格优势和竞争优势。而澳大利亚是人口稀少且农业发达的国家，畜牧业和农业都具有较大优势，因此中国农产品进入澳洲国内市场的空间非常有限。中国具有比较优势的农产品仅是一些水产品、水果蔬菜等加工类农产品，具有出口潜力的农产品类少，因此出口规模也很难有扩大。究其根源，中国农产品的竞争力比较弱，中国农产品在生产和消费之间还存在较大的缺口，在一定比例上还要依赖进口满足国内需求，且出口产品种类有限、结构单一，所以农产品的贸易逆差还会持续一段时间。此外，澳大利亚一直是国际自由贸易的积极推动者。综上所述，中澳农产品贸易逆差短时间内不会改变。

3. 中国对澳洲农产品直接投资有望提高

从澳洲的农业产业及供求状况来看，近几年包括牛奶、红酒、牛肉等澳洲农产品越来越受到中国消费者的青睐，而澳大利亚部分商品因中国消费者的高需求而供不应求。这一现象可能使得中国企业对澳直接投资向农业倾斜，中国对澳农业投资极有可能将进一步扩大发展。随着中澳企业多元化贸易合作，以及政府的利好政策推动，中国对澳直接投资农产品的潜力巨大，前景广阔。

在自由贸易协定签署以及"一带一路"的推进背景下，结合大数据互联网在农产品贸易中的使用，中国企业可以不断扩大中澳农业合作领域，提高贸易效率和规模，从而通过农业产能合作实现两国农业合作的多样化，增强两国农产品贸易紧密度。从长期发展来看，中澳两国农产品贸易的进一步提高，可实现两国农产品贸易的互利双赢。

参考文献

[1] 药泽琼,刘文丽,郑菲,等.中国—东盟农产品贸易竞争性与互补性分析 [J].农业展望,2019,15 (7):75-82.

[2] 周海燕.中国与澳大利亚农产品贸易互补性研究 [J].世界农业,2014 (9):105-108.

[3] 张攀春.资源禀赋与农业现代化路径选择:来自国外的经验借鉴 [J].江苏农业科学,2017,45 (3):250-254.

[4] 龙吉泽.澳大利亚农业与农业机械化 [J].湖南农机,2014 (4):166-167.

[5] 冯启高,毛罕平.我国农业机械化发展现状及对策 [J].农机化研究,2010,32 (2):245-248.

[6] Tinbergen, J. An analysis of world trade flows [J]. Shaping the World Economy, 1962 (3): 1-117.

[7] Pöyhönen, Pentti. A Tentative Model for the Volume of Trade between Countries [J]. Weltwirtschaftliches Archiv, 1963, (90): 93-100.

[8] 李博英.中韩 FTA 对中韩农产品贸易影响研究 [J].世界经济与政治论坛,2020 (2):155-172.

[9] 佟光霁,祁海佳.中澳农产品贸易特征及增长因素的实证研究 [J].学习与探索,2019 (10):151-157.

[10] 肖黎,周基.我国农产品国际贸易竞争力评价——基于灰色关联分析 [J].商业经济研究,2019 (1):132-136.

[11] 王贝贝,肖海峰.贸易开放下中国—澳大利亚农产品贸易增长分析 [J].大连理工大学学报(社会科学版),2014,35 (4):12-18.

[12] 古璇,古龙高.依托自贸区 加快农业对外合作试验区建设 [J].大陆桥视野,2020 (1):59-66.

[13] 黄梅波,方紫琼.中澳经贸关系发展现状与未来趋势 [J].亚太经济,2020 (4):70-79.

[14] 周明.发达国家农产品电子商务发展模式及启示 [J].中外企业家,2019 (33):61.

[15] 王晶,卢进勇.中国与澳大利亚贸易的现状、影响因素和发展策略 [J].国际贸易,2015 (10):37-44.

[16] 孙璐.建构中澳"一带一路"务实灵活的合作框架 [EB/OL].中

国经济网,2019.

[17] 李佳.基于大数据云计算下的智慧物流模式重构[J].中国流通经济,2019(2):20-29.

[18] 王晓英,王嘉铭.中澳农产品贸易的发展态势及增长潜力分析[J].粮食科技与经济,2018,43(6):36-39,46.

第六章　重庆涪陵榨菜产业发展现状研究

涪陵榨菜有着悠久的历史，是重庆知名度最高、辐射能力最强、生产销售规模最大的特色农产品品牌。从1898年诞生以来，历经百余年的发展，与来自欧洲的酸甜甘蓝和酸黄瓜一起成了世界著名的三种腌菜。于2000年被注册为中国国家地理标志商标，原产地的生产者经质检总局批准，方可使用该商标，目前涪陵榨菜产业已成为重庆涪陵农产品加工的支柱产业，对推进重庆市农业结构调整、发展三峡库区经济、促进农民增收致富起到十分重要的作用，对实现重庆市全面乡村振兴和农业农村现代化具有积极的意义。

一、重庆涪陵榨菜产业概况

（一）涪陵榨菜的简介与起源

榨菜是采用一种名为青菜头的蔬菜栽培植物的瘤茎作为原材料，经过专门加工腌制而成的腌菜食品。四川东部的土壤、气候条件最为适合青菜头的生长，所形成的瘤茎部分非常肥嫩。这里的自然环境对榨菜加工非常有利，青菜头在自然风的吹拂下露天脱水，并在最适宜的条件下对青菜头腌制加工，同时运用长期积累起来的一整套独特加工工艺，让瘤茎丰富的营养成分能够保持合理转化，并凸显出独特的风味。青菜头的瘤茎本身就富含对人体十分有益的多种营养成分，榨菜又是用青菜头的瘤茎为原料经腌制加工而成，故对增进身体的健康十分有益。榨菜是中国著名特色产品，也是中国对外出口的三大名菜（榨菜、薇菜、竹笋）之一。我国青菜头种植主要分布在重庆市、四川省内30多个市县，其他省市如浙江、福建、江苏、上海、湖南、广西、台湾等地也有生产，但产量很低，其中以重庆涪陵榨菜名头最响、产量最大。

榨菜起源于涪陵，据原涪陵州志《涪州志》记载：1898年，涪陵县城郊的商人邱寿安将涪陵青菜头"风干脱水"加盐腌制，压除经榨去卤水（盐水），拌上香料，装入陶坛，密封存放。其将一坛当年腌好的榨菜送给在湖北宜昌开"荣生昌"酱园店的弟弟邱汉章，邱汉章在一次宴会上又将哥哥邱寿安送的榨菜让客人品尝，客人们倍觉可口，其风味"嫩、脆、鲜、香"，为其他任何咸菜所不及，争相订货。次年，邱寿安即专设作坊加工，扩大生产，并按其加工工艺过程将其命名为"榨菜"。涪陵榨菜从诞生至1909年（清宣统元年）的10余年间，一直为邱家独家生产经营，直到1910年，其生产工艺才被泄漏并迅速传开，后逐渐形成一大行业，历久不衰，至今传承已达100多年的历史，绝对可以算作是酱腌菜行业中的领导者。涪陵榨菜除具有鲜、香、嫩、脆的独特风味及特色，兼有营养、佐餐、调味等多重作用，还具有贮存方便、适宜加工等优点。如今成品榨菜大致分为方便榨菜、全形榨菜及出口榨菜三大系列，产品品种达到100种以上，其中涪陵榨菜品牌荣获国内外省部级以上奖项共计100余个。

（二）涪陵榨菜产业的发展历史

在涪陵民间有两句家喻户晓的俗谚："好看不过素打扮，好吃不过咸菜饭"，可见涪陵榨菜的好吃已成为一个不争的事实。由涪陵榨菜催生出来的榨菜行业历经百年，不断发展壮大，可分为以下三个发展阶段。

第一个发展阶段从1898年开始一直到我国改革开放初期，属于榨菜行业发展的初期。由于受到生产技术水平以及所处环境的限制，榨菜产品的主要生产形式以手工作坊为主，产品品种比较单一。另外，交通运输的落后使得榨菜产品的销售范围相对狭窄，主要局限在原产地周边区域。

第二个发展阶段是从改革开放初期一直到20世纪末。这个时期是榨菜行业的发展阶段，与第一阶段相比，产业有了较大的发展。得益于我国实行改革开放政策，经济政策的活跃促进了人们经济意识的形成，个体小规模榨菜生产企业不断涌出。该阶段的基本发展在反复的扩张与收缩中进行，榨菜行业在不断地扩张和收缩中发展壮大，这一发展阶段榨菜的品种与第一阶段相比有所增加，但相对而言工业化生产水平还处于比较落后的程度。

第三个发展阶段是从2000年至今，这是榨菜行业发展最为迅速的阶段。自从国家发展落实"三农"政策决定走农业产业化路线方针后，新技术设备不断出现在榨菜加工企业中，技术开发的投入也不断加大，设备与技术的更新就催生了一批机械化和规模化的生产企业。这些榨菜生产企业引入了先进的生产技术设备、现代化规范化的管理模式和规模化的生产手段，带动了涪陵地区榨菜行业的发展，市场集中度越来越高，与此同时菜农的收入也得到了进一步提升。

（三）涪陵榨菜产业的现状

青菜头在重庆的种植范围非常广，其中三峡库区长江沿岸的涪陵、渝北、巴南、长寿、丰都、忠县、万州以及江津、合川等区县是重庆榨菜的主要产地。单是涪陵区，据统计全区共有23个乡镇街道及管委会种植青菜头，种植农户数量约为16万，其中青菜头原料加工农户约为1.2万，2019年涪陵区的青菜头种植面积达到75万亩，青菜头产量160.81万吨，其中青菜头销量为54.05万吨，收购加工105.23万吨，农户人均年增收1900元以上。

在榨菜产业发展的前两个阶段，由于技术、成本的门槛比较低，准入标准及条件不明确，出现了大量以个体经营为主的榨菜生产商。但在发展的第三个阶段，伴随着国家相关法律法规的出台，政府也规范了榨菜行业的准入标准。同时随着日渐激烈的市场竞争，众多不符合规范的榨菜加工企业纷纷退出市场竞争，榨菜加工企业数量有所缩减，但企业数量的减少并没有带来榨菜产量的减少，反而使得那些符合规范的企业得到了进一步的发展，其产量也有了大幅的提升。目前涪陵的榨菜产业以涪陵榨菜集团为首，带动全区其他中小型榨菜企业和股份合作社共同发展。

（四）龙头企业涪陵榨菜集团现状

涪陵榨菜集团是一家成立于20世纪50年代初的老国有企业，现已发展为以榨菜为根本、立足于佐餐开味菜领域的国有控股食品加工企业，现有注册资本7.89亿元。集团立足于佐餐开味菜领域，是重庆快速发展的农业产业化企业集团。从2000年至今，榨菜集团经济效益良好，社会效益突出，特别是在2010年改制上市后公司一直规范运行，发展迅速。总体经营管理围绕市场、业绩不松劲，公司效益逐年攀升，年年实现利润和税收双增长，未出现过亏损情况。2019年实现利润近7亿元，税收3亿元，毛利率连续5年保持在50%以上，最高达到60%，营收净利率超30%，国有资产保值增值率116.18%。

2020年上半年来，公司按照"适应变化，大胆改变，突破发展"的战略部署，围绕"做精做强榨菜、实现高质量发展"的目标，积极应对新冠肺炎疫情猛烈冲击带来的系列影响，坚持抓技改、保供给、促转型、强管理，全力推进战略重点工作，基本实现目标任务。

在带领菜农增收致富、推进榨菜原料发展方面，公司2020年在全区收购、订购青菜头总量超过42万吨，收购支付金额超3亿元。参与组建榨菜专业合作社100个，公司与154个榨菜专业合作社签订订单合同，带动农户16

万户（其中贫困户会员 12230 户），实现合作社平均加工收益 200~300 元/吨，入社农民（贫困户）种菜年平均收益 6000 元/户，务工年收益达到 10000 元以上，直接带动扶贫村增收脱贫。

二、榨菜产业的市场竞争格局

榨菜产业是国民经济中一个较小的构成部分，在一定时期榨菜行业由不同规模的生产企业构成，形成一个无序竞争市场。随着榨菜生产相关标准形成以及消费者对食品安全卫生的要求逐渐明朗，榨菜生产加工企业自主分化，目前已形成个人或者原材料粗加工商、规模化生产企业共存的市场竞争格局。榨菜行业的竞争主要表现在质量竞争、原材料竞争、品牌竞争等各方面。榨菜属于方便快捷的食品，生活水平的提高早已使人们不再限于单纯的温饱，对日常消费品中的产品质量、品牌的要求越来越严格。榨菜均价不高，消费者对某一品牌具有忠诚度，就能让榨菜加工企业赢得高出行业平均水平的利润，所以榨菜加工企业将竞争的焦点集中在了提高自身产品质量和塑造产品品牌上。重庆和浙江是原材料青菜头种植的主要产区，榨菜加工企业要扩大市场就必须建立与生产能力、生产数量相匹配的榨菜原料（即青菜头）种植基地，原材料粗加工商也参与青菜头收购，这让榨菜加工企业收购原材料时的竞争愈加激烈。经历了一百多年的行业发展和市场竞争，现在大致形成了加工品种丰富、企业规模类分、区域龙头地位显现的局面，市场化程度较高。

由于最初榨菜行业投入成本较低，准入标准不明确，出现了大量的榨菜生产商。随着《中华人民共和国食品卫生法》《中华人民共和国国境卫生检疫法》《中华人民共和国农产品质量安全法》《食品质量安全市场准入审查通则》《中华人民共和国食品安全法》等相关法规政策陆续出台，再加上市场竞争日渐激烈，部分不够规范的榨菜加工企业逐渐退出，榨菜加工企业数量有所缩减。

涪陵榨菜市场份额最大，其他品牌榨菜飞速发展。如图 6-1 所示，根据中国品牌网的调查显示，涪陵、鱼泉、高福记、味聚特、铜钱桥、备得福、新繁和国泰分列榨菜八大品牌，其中涪陵榨菜市场份额 29.7%高居榜首。排在第二和第三位的是鱼泉和高福记两个品牌，市场占有率分别为 12.6%和 9.6%。虽然一直以来涪陵榨菜的市场占有率一直高居榜首但其增速已经放缓，其主要竞争对手浙江余姚的备得福、国泰等品牌飞速发展，湖南等新兴地区的榨菜品牌也纷纷涌现。需要注意的是，由于青菜头种植的区域性，榨菜生产加工企业主要集中在重庆和浙江地区。较多企业或品牌的市场呈明显的区域性，占全国的市场份额较低，市场竞争激烈。

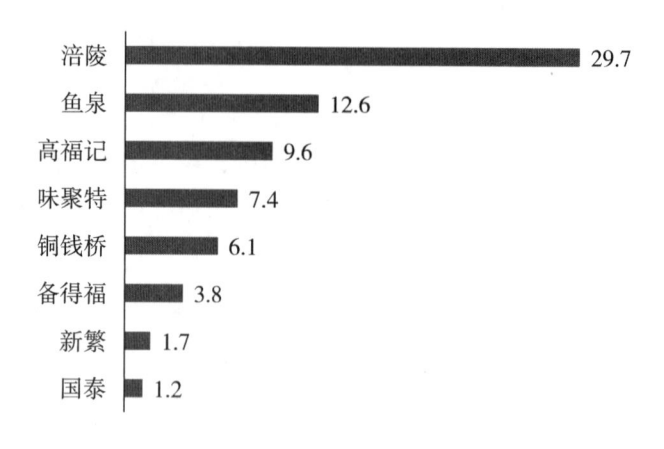

品牌	市场份额(%)
涪陵	29.7
鱼泉	12.6
高福记	9.6
味聚特	7.4
铜钱桥	6.1
备得福	3.8
新繁	1.7
国泰	1.2

图 6-1　榨菜八大品牌市场份额（%）

三、重庆涪陵产业 SWOT 分析

（一）产业优势分析

1. 历史地理优势

涪陵榨菜历史悠久，据考证，在清朝乾隆 51 年，《涪陵县续修涪州志》中针对涪陵榨菜便有了一定的记载，"青菜有包、有薹、盐腌，名五香榨菜"，通过这段记载我们能够看出早在 18 世纪后期之前，涪陵就已经有"榨菜"这一说法。而"榨菜"名称的广泛传播则是在 1898 年，涪陵城郊（现涪陵区荔枝乡红光五村洗墨池）一名名叫邓炳的雇佣工人用当地生产的菜头仿照前人腌制大头菜的方法将青菜头做成腌菜，经过压榨去除青菜头的卤水，后经不断的加工改进又形成商品生产，形成了我们嘴上说的"榨菜"。

重庆市涪陵区在地理格局上，处于东北-西南走向的"太行山-巫山山系"与南北走向的横断山系的交接处，这里气候温和、四季分明。又是长江与乌江的交汇处，每到上游涨水的时候，两江交汇处的水汽便大面积蒸腾而上，蔚为壮观。它独特的生态系统非常适合大范围地种植青菜头，其种植总面积业已占到国内该领域的 45.6%，也是我国最大的榨菜生产地区，被授予"中国榨菜之乡"的荣誉称号。涪陵地区九月播种青菜头，十月份进行移栽，在当地适宜的自然条件下生长，使得青菜头本身的组织结构非常致密，铸就了当地独特的嫩脆品质。涪陵位于东经 106°56′~107°43′，北纬 29°21′~30°01′的范围内，地貌主要是丘陵地形，属于亚热带季风气候。当地四季分明，全年维持着温和气候，年降水量大约达到了 1072 毫米，自然条件优越。涪陵榨菜生长在由侏罗系中统沙溪庙组地层岩石风化而来的紫色土上，土中富含磷、钾、硫、镁和多种微量元素。这种地质条件，只存在于重庆涪陵一带的长江沿岸。自 20 世纪 30 年代至今，重庆、四川、浙江、江西、湖北、江苏、福建、河南、安徽等地纷纷大面积种植青菜头，但是重庆涪陵的青菜头移种到其他地区时瘤茎就会变小，甚至变成莴笋一样的直茎，口感等略逊一筹。

2. 龙头企业的带动作用

重庆市涪陵榨菜集团股份有限公司现有 7 家子公司、8 家生产厂、1 个数字化生产车间、15 条自动化生产线、30 万吨原料发酵窖池，年生产榨菜、泡菜 20 万吨。2020 年公司实现利税总额超 10 亿元，资产规模超 30 亿元，目前市值超 300 亿元，是中国酱腌菜行业唯一一家上市公司，中国农产品加工 50 强、农业产业化国家重点龙头企业、重庆市 100 户重点工业企业。同时，公司还拥有国家级榨菜加工技术研发专业中心、酱腌菜行业省（部）级技术中心、市级博士后科研工作站，技术研发实力行业领先。

集团拥有 1000 多家忠实的一级经销商，销售网络覆盖全国 34 个省市自治区，260 余个地市级市场，1000 多个县级市场，产品远销欧盟、美国、日本、中国香港等 50 多个国家和地区，市场占有率均为行业第一。公司的发展壮大，极大地带动了涪陵及周边地区农业产业发展和 10 万菜农增收致富，为当地榨菜行业的发展作出了杰出贡献。

公司狠抓管理创新，全面推进目标绩效管理体系建设、全面预算管理体系建设、ISO9001 质量管理体系建设和标准化管理体系建设，"两化融合"等工作使公司的管理上了新台阶，助推公司出效益。管理的标准化和信息化把一个区域特产、身处内地的地方企业，变成了一个现代化、管理规范的上市企业，树立起了行业的标杆。因为创新，涪陵榨菜集团成功登陆资本市场，造就了业内首家上市公司，其品牌知名度第一，市场占有率第一。

（二）产业劣势分析

1. 对环境造成污染

榨菜制作过程中产生的污水和榨菜的老茎废弃物常常没有得到有效处理而到处乱排乱倒。据统计，重庆涪陵榨菜在生产过程中，采用的是以盐脱水为主的腌制工艺，会产生大量的腌制废水。以每年总产 150 万吨计算，产生的腌制榨菜的卤水可以达到170万吨左右，这些榨菜腌制和加工过程中大量的废水直接排到了江河中。特别是第一次腌制中产生的腌制水是完全排出去的，没有利用价值，只有第二次和第三次的腌制水少量被熬制成了榨菜酱油。这对生态环境特别是水环境造成了严重污染。据环保部门测算，重庆市涪陵榨菜产业在加工过程中每年需要排放的废水总量为135万吨，虽然大型榨菜企业建有专门的榨菜废水处理站，但半成品加工户比较小且分散，头渍盐水和二渍盐水未经处理直接排放到土地和江河中，造成严重的环境污染，榨菜废水污染成为重庆市涪陵榨菜产业可持续发展的一大难题。大型榨菜厂也面临着一些困难：一是治污设施安装费用高，年产万吨成品榨菜的企业安装一套治污设施，费用一般在300万元以上；二是治污设施运行成本高，按照目前的治污技术，每生产1吨榨菜需废水处理费用3~5元，部分企业达到10元，直接抬高了生产成本；三是榨菜废水处理利用率低，只有治污设施周围的企业和加工户将盐废水接入了治污管网，其余大部分都没有开展盐废水处理利用。

2. 榨菜生产附加值偏低

榨菜生产加工过程中的副产物未得到很好的开发和利用。青菜叶和青菜头的产量比为一比一，但目前青菜叶仅有少量被加工成咸菜或用作青饲料。此外，盐渍卤水熬制而成的榨菜酱油非常受消费者的欢迎，在三峡地区，榨菜酱油已经存在了几百年，特别是在当地居民当中，现在所食用的酱油大多数都是榨菜酱油，但因为不符合酱油类产品标准，因此很难在市场上销售。所以，加强榨菜副产物的开发和利用，能够有效地提高榨菜生物产量的利用效率，同时也显著增加农民收入，让加工企业提高经济效益。涪陵榨菜集团针对榨菜腌制液生产榨菜酱油的渠道进行了拓宽，现阶段已经可以年生产榨菜酱油5000吨。通过其榨菜销售报表能够看出，现阶段的榨菜酱油收入在整个榨菜企业之中所占的比重还是比较小的，所销售的区域也比较小，仅仅局限在重庆周边。造成这种现象的主要原因是人们对于榨菜酱油的认可程度比较低。

3. 涪陵榨菜出口规模小

涪陵区获得出口榨菜食品权限生产企业10家，生产能力13.4万吨，但年出口量仅为1.38万吨，占生产能力的9%，不到涪陵榨菜生产量的3%。获得出口榨菜卫生注册的企业个数仅占20%，单个企业出口量不到2000吨，最少的仅为30吨，单个企业出口单个国家和地区量不足300吨。出口国和地区有日本、韩国、美国、欧盟、东南亚等。以涪陵榨菜品牌和当地品牌出口的量不足 1000 吨，未形成真正意义上的涪陵榨菜规模出口，与涪陵榨菜品牌极不相适。榨菜的市场在海外拓展方面还欠缺很多，要打造中国特色腌菜的形象，就必须要不断地进行海外市场的扩展，占据更多的海外市场，才能够成为国际知名品牌。

(三) 产业机遇分析

1. 电商平台的迅速发展

随着通信技术与网络技术的快速进步和发展，网络经济快速兴起，以高度渗透、快速传播等多种特点，悄无声息地转变了社会成员的生活习惯与消费观念，也在很大程度上冲击着企业的营销模式与经营理念，与此同时它也给各个企业创造了更多的发展机遇。在网络经济快速发展的形势下，涪陵榨菜企业必须更新和改善以往的市场营销模式，大力推进网络营销活动。涪陵区应该以"国家最大规模的榨菜产品加工生产基地"为依托，紧紧发挥这个金字招牌的作用，主动适应经济新常态的发展形势，稳步落实科技创新的发展战略，有效地搭建自身的电商销售平台，全方位采取"互联网+榨菜产业"的营销模式，通过一体化的大宗原材料采购平台，稳步促进线上销售、订单生产。利用网络营销平台，开展分销活动，扩大榨菜市场，促进产品在用户中的普及率。在此过程中，产业发展方向应该从以往的单一营销模式逐步过渡到同时开展线上线下一体化营销方式，推动和实现自身的跨越式发展。

2. 政府扶贫政策大力支持

据调查，涪陵区各级政府对该区所有种植早市青菜头的种植户进行补助，每亩补助 200 元，且涪陵区经济发展办公室联合农业服务技术中心工作人员为辖区 180 户贫困户免费赠送榨菜种子 540 袋，预计可以种植榨菜的面积将达到 505.5 亩，每年可为农户平均增加 3000 元左右的经济收入。同时，技术人员向发放榨菜种子的贫困户讲解榨菜播种的相关事宜及病虫害的防治技术，解决种植过程中农户们存在的各种疑惑和问题。涪陵区的相关扶贫工作人员组织和成立了技术指导小组，每月定时进入农村对种植榨菜的农户进行技术指导，保障和增加榨菜产业的提升，切实增加农民的经济收入，改善贫困户的经济状态，帮助其脱贫致富。

此外，涪陵区扶贫办还出台了相关的产业扶贫机制，制定了相应的实施方案和策略，设立建卡贫困户的标准，对已建卡的贫困户给予一定的种植补贴。2018 年年底，在涪陵区委区政府支持下，在涪陵区内组建榨菜股份合作社200家,推进农业农村现代化,支持和鼓励农民就业创业,拓宽增收渠道,搭建农村贫困户脱贫致富平台。榨菜股份合作社由村集体经济组织、个人(不少于5个贫困户)、榨菜企业、原料加工大户、青菜头种植户等自愿组建。青菜头种植户以青菜头种植当季土地经营权(以青菜头销售获得的菜款)入股,其他成员以资金或资产入股,形成紧密的股权联结。榨菜股份合作社推行"一个保护价,两份保证金,一条利益链"模式。通过产业帮扶,该区63个贫困村现均形成1~2个特色主导产业,每个贫困户有1~2个增收产业项目。当前涪陵区的建卡贫困户在产业扶贫政策的帮扶下,已有53000名建卡贫困户的经济收入高于当地的贫困线,为达到和实现产业脱贫目标提供助力。

(四)产业威胁分析

1. 原材料生产受限

榨菜的原材料是青菜头,青菜头的产量直接关系着榨菜的生产总量。重庆涪陵作为中国榨菜之乡、世界榨菜之乡,主要原材料青菜头的种植面积基本饱和。如图6-2所示,2014—2019年,全区青菜头的种植面积分别为72.9万亩、72万亩、72.2万亩、72.5万亩、72.5万亩、72.7万亩,增长空间有限。2019年其种植面积已占全区耕地面积的64%,最适合于种植青菜头的沿江乡镇已经种满种尽,产量名列前茅的珍溪和百胜镇,青菜头的种植面积已经占到了耕地的97%,已无再进一步拓展的空间。垫江、丰都是近几年才大力发展起来的种植区域,但其产量较低,发展空间还待进一步扩大。

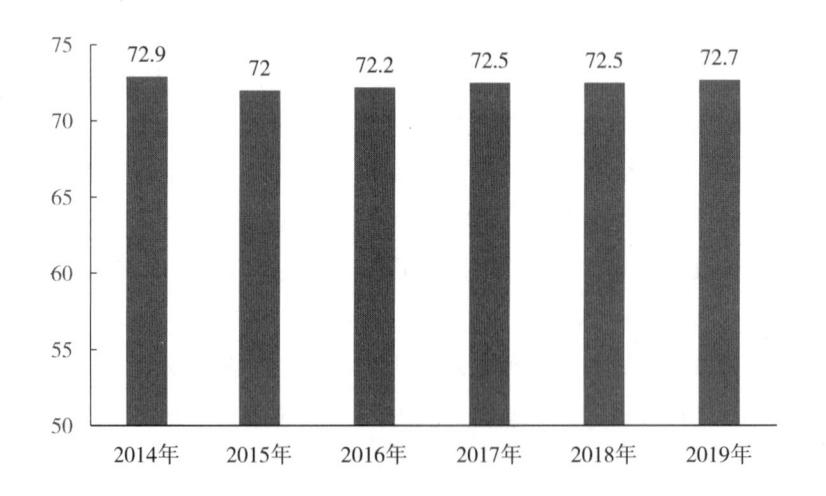

图6-2 2014—2019年涪陵区青菜头种植面积(万亩)

近几年来重庆市加速发展沿江公路和铁路的修建，如重庆市沿江高速和到武汉高铁的修建等占用了一些耕地。土传病害的蔓延也使部分土地不堪病害侵袭而导致产量锐减，最终不再适宜种植青菜头。此外，城镇化建设的加快、退耕还林还草等都限制了青菜头种植面积的增加。

近些年随着我国城市化进程的发展，城镇人口不断增加的同时农村人口逐年递减，农村劳动力的减少随着农民工进城务工而越发凸显。重庆榨菜主产区，属深丘和山区，山高坡陡，青菜头种植、管理和采收基本上靠人力操作。据涪陵区2019年数据显示，全区63.75万农村人口中，已有30.88万青壮劳动力外出务工，仅留守的32.87万人从事农业生产且都是些半劳动力（妇女、老人和未成年人）。在种植、管理过程中，雇请一个帮工约40元/天。在青菜头采收季节，100元/天也难雇请到人，导致一些青菜头因不能及时采收而抽薹或空心、或长筋、或收砍下来堆在田头，难以外运而烂掉，极大地损害了农户的利益和种植积极性。与此同时，劳动力成本的增加将进一步降低农户的实际收入。

2. 市场竞争激烈

主要竞争对手来自浙江余姚。由于榨菜的原材料主要是青菜头，我国青菜头产地具有明显的区域性特征，主要集中在重庆和浙江地区，两地集中了84%的种植面积。因此，区域竞争首先在重庆市涪陵区和浙江省余姚市之间展开。榨菜虽然是涪陵原创品牌产业，但是，无论是"榨菜之乡"还是"榨菜原产地"，都是浙江余姚首先申请。这说明，余姚虽然在榨菜原创品牌方面处于劣势，但却在市场竞争，特别是区域竞争方面处于优势。涪陵榨菜虽有原创品牌的优势，但在市场竞争特别是区域竞争方面处于劣势。而在市场经济条件下，市场竞争优势特别是市场战略竞争优势尤为重要。

除余姚外，榨菜又在一些新的省市快速发展了起来，如湖南省近年来榨菜常年栽培面积稳定在26.67万公顷左右，年产量120万吨，年加工量100多万吨，加工年产值在亿元以上。湖南省常德市榨菜栽植面积已超过3.33万公顷，总产值逾3.5亿元，榨菜加工企业50余家，年加工量达35万吨，生产规模追赶浙江余姚，其创立了"富民桥""八百里""凤娃"等榨菜品牌，年创利税5600多万元。

综上所述，重庆涪陵榨菜产业的SWOT分析如图6-3所示。

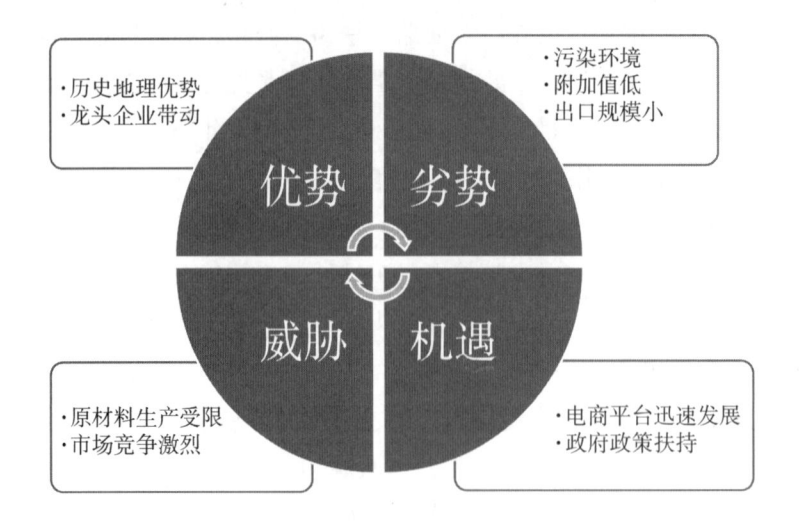

图 6-3 重庆涪陵产业的 SWOT 分析

四、对策建议

（一）原材料青菜头生产方面

1. 加强青菜头基地建设

青菜头基地建设要重点做好田地质量建设、路网与电网建设及农田水利设施建设。要针对青菜头生产、采收和贩运等环节制定完善的标准体系，使生产过程标准化、投入品使用安全化、产品质量优质化，实现整个生产体系的规范化管理。利用绿色食品、有机农产品、无公害农产品及地域特色农产品对生产环境与产品生产等方面的实际要求，充分发挥龙头企业带动作用，通过龙头企业化来带动标准化，进而提升产品质量安全水平。

2. 提高机械化水平，加强合作机制

随着我国经济的发展，涪陵区农村劳动力缺乏问题近几年也越发严重，尤其是在青菜头收割时段，因农村劳动力缺少导致青菜头不能及时收割而影响榨菜产品的质量。首先，要努力提高农机化水平。联合有关院校和科研机构，创新研发和大力推广方便、经济、适用的小型农用机具，减轻青菜头育苗、移栽、管理，特别是采收过程中的劳动强度，提高生产效率和经济效益。其次，涪陵榨菜企业可以加强合作机制，解决农村劳动力不足的问题。例如，加强和政府机关单位的联系，在青菜头收割时段的周末或者节假日期间，组织涪陵区企事业单位工作人员一同参加收割。此外，企业还可以与涪陵当地的高校之间寻求合作，组织高校青年志愿者参加到青菜头收割活动中来。另外，还可以与其他榨菜企业合作，举办一些与青菜头收割相关的社会活动，既可达到收割青菜头的目的，还可以作为榨菜文化的一种宣传。

3. 青菜头良种选育和推广

青菜头的品质和产量直接关系到榨菜成品，如果得不到保障就会直接影响到产品的市场竞争力，所以加强青菜头良种选育在整个营销环节中起到至关重要的作用。涪陵榨菜应发挥涪陵榨菜研究所在良种选育推广上的研究优势，在全市青菜头鲜销基地以"涪杂2号"早熟良种为主推品种，加工原料基地以"永安小叶""涪丰14"常规良种为主导品种，不断扩大良种种植面积，实现优质高产。同时，逐步示范推广适于第二季种植的"涪杂8号"杂交良种，为推动鲜销和二季种植创造条件。涪陵榨菜产业应持续在产量和品质两方面下手，重点支持榨菜研究所组织精干力量攻关难题，保持行业领先的青菜头产量和质量。

（二）榨菜核心加工生产方面

1. 以龙头企业带动形成统一质量标准

统一质量标准对于提高涪陵榨菜产品整体形象有很大的帮助。涪陵榨菜集团股份有限公司从最初的原料加工再到最终的产品出厂，均严格执行着GH/T1001、GH/T1002标准中所规范的生产工艺和生产工序及质量要求，全程监控生产质量，实现规范化、标准化管理，也顺利通过ISO9001、ISO9002质量标准体系认证、国家绿色食品认证标准。涪陵榨菜产业应加强加工基地的建设，形成行业统一的质量标准，由龙头企业引领，使更多加工企业与大户加入，以便有利于各类资源的整合，可统一管理配套建设水、路、电信息等各方面基础设施，加工户、企业在进入基地或园区之后不仅能够节约在基础设施方面的投入，还能享受到高效便捷的物流与信息等服务，显著减少经营成本，提升经济效益。在有效解决质量监管问题的同时，还从根本上解决了原料加工户多、小、散、乱的原有格局，并有助于对加工废水的集中处理。

2. 提高原材料利用效率、增加产品附加值

首先是关于青菜头叶的合理利用。青菜叶和青菜头的产量比为一比一，从总量而言，榨菜青菜叶每年生产的总量是得到保证的，完全可以将其利用起来。但目前青菜叶仅有少量被加工成咸菜或用作青饲料，绝大部分被还田作了肥料。查阅相关资料发现，青菜叶虽然在营养含量上不及青菜头，但不意味着青菜叶不可食用，研究发现榨菜青菜叶可以起到清火气的作用，而且

能作为腌菜的原材料进行加工，如涪陵区浩阳食品有限公司已经对榨菜叶子进行了小批量的机械试生产，已取得不错的市场效益。涪陵其他企业可以效仿这种方式，同时也应持续开发新产品，提高青菜头附加值。

其次是榨菜酱油的推广。榨菜生产中产生的盐渍水含有较高的盐量与氨基酸，若直接排放会污染环境，而且浪费资源。就榨菜盐渍液低利用度问题，涪陵榨菜企业应转变生产观念，提高原材料的利用程度增加产品的附加值，转劣势为优势。经研究，处理晾干后的菜块经过二次腌制后渗出的卤水大约是晾干菜块质量的30%，而混合后盐的质量比重约为7%~8%，而且还含有大量菜块的可溶性的营养成分，诸如糖分和氨基酸等。卤水经过澄清过滤之后，还可以用来熬制榨菜酱油。把澄清卤水放置于锅中，添加0.5%左右未经研磨的香料，跟卤水一起煮沸浓缩，并且在卤水蒸发浓缩后，颜色呈深褐色或者绛紫色，出锅过滤，最终得到的便是香气逼人、味道鲜美而且呈深红色的榨菜酱油。通常，3~3.5 kg卤水能够熬制1kg榨菜酱油。榨菜酱油富含维生素、氨基酸及微量元素等，营养和传统酱油差不多，甚至还比传统酱油多了一种诱人的菜香味。经调查，当前除了少数几家榨菜龙头企业实际有在生产榨菜酱油外，其他大多数企业都没有进行加工生产，所以榨菜酱油的生产推广，将有效地提高榨菜副产品的利用率，增加农民和企业的收入，并最大限度地减少环境污染。

最后是其他附加产品的开发。经研究试验，发现榨菜腌制盐水也能用新技术处理后用作泡制泡菜及生产火锅底料、豆瓣酱等。研究、试验盐水回用技术，试验作复腌液、生产乳化辅料及泡菜（干椒、干木耳等），从源头减少废水排放，实现循环利用，减少排放，提升效益，引领行业绿色健康发展。

3. "风脱水"加工工艺的适当恢复

如今大多数企业都采用盐脱水加工工艺，曾经长江边、公路边大面积晾晒青菜头的场面基本已不见。涪陵榨菜产业应建议政府适量恢复"风脱水"传统加工工艺，这样可适当减缓对环境造成的污染。从一定的意义上讲，一方面传统代表绿色、健康和文化，也代表品位、价值和财富；另一方面，在市场竞争环境中现阶段几乎所有的榨菜企业都是采用的"盐脱水"技术，虽然说"盐脱水"是榨菜生产的一次革命，但在风味方面与"风脱水"技术有着很强的差异性，涪陵榨菜这一可再生的绿色食品资源，其无形资产区外无法替代，应适当恢复"风脱水"传统加工工艺，打造高端品质的涪陵榨菜。

4. 细分市场、开发新产品

现代市场是一个越来越大的市场，也是一个越来越细分的市场，对榨菜行业也是如此。每一个细分出的新市场都是一个新的商机、新的财源。产品细分有如下对策可供选择：针对不同性别、不同年龄段的需求进行细分，设计产品规格重量，实现产品规格差异化。针对不同区域市场的饮食习性进行细分，配制不同的口味，实现口味差异化。针对消费群体所属行业进行细分，设计功能性产品，实现产品功能差异化，等等。从口味来说，榨菜已历经了百余年的发展，而口味始终未产生太大的变化，依旧是麻辣咸。因此在对榨菜品种进行研发过程中，应积极研发新口味，像怪味、孜然味、咸鲜味或麻酱味等；又因榨菜在实际研制过程中会损失部分水分，造成水溶性维生素与矿物质的部分流失，所以可将榨菜和各类坚果、果脯进行结合尝试产品创新。从食用方法来说，首先可将产品种类细化，把烹调用榨菜与佐餐榨菜进行区分，还可以开发榨菜火锅、榨菜比萨、榨菜饼干、榨菜包子等不同食用方式的个同榨菜产品。

（三）营销策略方面

1. 打造涪陵榨菜文化

泡菜，作为一种经济价值低且普通可见的传统佐餐食品，却在韩国发展成那么大一个产业，并雄心勃勃地走向国际市场。不但已经在欧、美拥有了非常广阔的市场，而且在亚、非等发展中国家也获得了相当不错的成绩，一年至少可创收 7 千万美元。传统宣传方式是利用"广告轰炸"式的办法来达到吸引目标群体注意的目的，而韩国人的宣传所依靠的却是卖健康。健康可视为人的永恒追求，现如今，韩国泡菜已逐渐发展成为全球公认的健康发酵食品。韩国人并非只是通过广告方式向大众传播泡菜的营养价值。让公众对泡菜产生一种由内而发的欣赏与肯定，依靠广告轰炸式的宣传办法是无法做到的。韩国人对泡菜的营养价值进行积极的探索，合理、适当地转变和调整营销策略，将韩国地域文化特色与泡菜紧紧结合，该生产销售理念让韩国泡菜发展为在市场上拥有强劲竞争实力的大品牌。涪陵榨菜产业也可以适当借鉴韩国泡菜产业的方式，紧抓各种恰当时机向全世界展示和宣传中国涪陵榨菜文化。对涪陵榨菜的历史、营养价值等进行深入挖掘，合理、适当地转变和调整营销策略，将中国涪陵榨菜文化与品牌紧紧结合。

2. 以文化活动推广涪陵榨菜品牌

深入地研究、挖掘和弘扬涪陵榨菜的历史与文化，充分利用现代媒体的影响力和作用，运用文学艺术形式及旅游观光业平台，大力提升涪陵榨菜文化和品牌的宣传力度，尽可能地吸引更多的人注意和喜欢涪陵榨菜文化，逐步扩大涪陵榨菜的消费规模。随着小康社会建设的全面推进，消费的人文化、时尚化色彩越来越浓郁。涪陵榨菜有着一个多世纪的历史文化基础，而且涪陵也是中国乃至世界榨菜的重要发源地，历经一百多年的发展，积累和沉淀了极为丰富的榨菜历史文化。榨菜营销不但要重视企业及产品文化的包装，而且还需要通过建设榨菜博物馆及榨菜文化广场，大力举办榨菜文化节、榨菜文艺创作与演出，等等，将涪陵榨菜的品牌打造得更加响亮。可通过积极举办"涪陵榨菜嘉年华"及"中国涪陵榨菜文化节"等文化活动，深度挖掘和展示涪陵榨菜文化的丰厚底蕴与崭新形象，尽可能地提高知名度，维护和巩固目前的地位，努力推动产业发展迈上更高的台阶，提升中国涪陵榨菜国际上的知名度与美誉度。

3. 依托旅游推广涪陵榨菜

涪陵因乌江古称涪水、巴国王陵。春秋战国时期曾为巴国国都。秦昭襄王三十年置枳县，为境内置县之始。涪陵历史悠久，历来为州、郡、专区、地区、地级市治所。同时旅游资源也十分丰富，有白鹤梁水下博物馆、周易园、乌江画廊、武陵山国家森林公园等名胜古迹。培育和发展涪陵榨菜旅游业，当属推动涪陵榨菜产业快速发展的重要途径之一。现阶段，涪陵旅游业的发展已经初显规模，不过未形成对游客有着持久吸引力且具有高知名度品牌的旅游产品。而涪陵榨菜已形成了一定的品牌效应，若借助涪陵榨菜品牌感召力来带动榨菜旅游品牌，不但有利于涪陵榨菜资源的重新整合、适当保护及深度开发，同时也是涪陵旅游业为了实现可持续发展目标的必然选择。

4. 加强涪陵榨菜国际宣传力度

目前涪陵榨菜的出口虽然遍及全球，销售范围比较广，但是出口量所占市场份额十分小，在海外营销方面涪陵榨菜产业可以通过细分市场，尽可能地兼顾到不同消费者的需求，即创造市场、创造价值及创造影响。例如，当市场已趋于"饱和"状态，可细分出传统佳节榨菜市场、旅游榨菜市场、高档酒店榨菜市场、高品质礼品榨菜市场及休闲榨菜市场等，还可细分出中国港澳台、东南亚、日本、中东、美国及欧洲等不同国家与地区风味的民族特色榨菜市场。为此，应积极探索连锁经营，科学调整和优化直销、专销、批发及代理等营销方式，这不仅有利于打假，也有助于涪陵榨菜营销网络遍布全国，并逐步延伸至世界各个角落。

5. 利用新型网络平台营销

以手机、平板为主体的移动网络的兴起,带动了以移动网络平台为载体的网络宣传方式,称为微营销。微营销是以移动互联网为主要沟通平台,配合传统网络媒体和大众媒体,通过有对策、可管理、持续性的线上线下沟通,建立和转化、强化顾客关系,实现客户价值的一系列过程。从操作理念上,微营销更强调"潜移默化""细致入微"和"精妙设计"。微营销的核心手段是客户关系管理,实现路人变客户、客户变伙伴的过程。微营销的基本模式是拉新(发展新客户)、顾旧(转化老客户)和结盟建立客户联盟。对于涪陵榨菜来说,微营销是很好的增强品牌影响力的方式。很多大品牌都利用微信等新兴营销渠道进行营销推广。涪陵榨菜企业也可利用微信等平台来开展品牌宣传活动,将其发展为品牌根据地,吸引更多的人关注涪陵榨菜,并成为粉丝,通过内容推送及交互沟通把普通粉丝逐渐转化成忠实粉丝,一旦粉丝认可了该品牌,并建立了信任,那么他自然就会发展为涪陵榨菜的忠实消费者,从而起到了很好的品牌宣传作用。

(四)长期可持续发展方面

涪陵榨菜产业发展战略应从传统农业化生产向生态化、绿色化、环保化方向发展,走可持续发展的道路。对于涪陵存在大量"小、多、散、弱"的半成品加工户,在榨菜腌制加工过程中产生的腌制废水在处理上难度特别大,政府职能部门要加强管理和指导,龙头企业也要加强带动作用,将整个涪陵榨菜产业更好地整合,按要求建设标准化腌制池,或者政府部门投资先修建好标准腌制池,然后以较低的租金出租给半成品加工户,通过这种方式,可以大大提高榨菜加工中排放废水的统一管理,减少腌制废水的无序无处理排放。另外,在环境保护要求越来越高的情况下,建设榨菜污水处理厂也是必然趋势。根据自身的财政实力情况,可以一个乡镇或多个乡镇为单位建立榨菜污水处理厂,通过乡镇污水管网建设,将就近的榨菜加工厂进行管网联通,接入乡镇污水处理厂。对于大型龙头企业一直都在加强污水处理方面的研发投入,政府应对相关研究加大资金扶持力度,要加强扶持副产物开发、环保技术的科技研发和科技推广。

(五)农村经济发展方面

加深与农户的合作既可以保障原材料的稳定供应,也能持续带动整个涪陵农村经济的发展。随着城镇化的推进,种菜农户越来越少,涪陵及周边的榨菜原料已不能满足产业发展的需要。涪陵榨菜企业的窖池量也严重不足,与鲜菜收购时菜农卖菜难，形成了矛盾。原有的龙头企业与农户的合作机制较为松散，既不能保证企业青菜头的稳定收购，也不能保证农户的收入。在2018年年底，涪陵榨菜集团在涪陵区委区政府支持下，在涪陵区内组建涪陵榨菜股份合作社200家，榨菜集团榨菜企业在原料收购中执行保护价并随行就市收购政策，合作社在规定时间执行保护价并随行就市收购政策收购种植户的青菜头，种植户保质保量将青菜头交给合作社。一份保证金是向榨菜企业缴付保证金，并签订半成品购销保护价和数量的协议，形成约束机制。另一份保证金是种植户向合作社缴纳保证金（建卡贫困户免交保证金，并应收尽收）。合作社保质保量完成协议规定的半成品交售数量，当合作社和种植户均履行协议后，即可退回对应保证金。另外，涪陵榨菜集团还鼓励有条件的加工大户和合作社进行现场看筋（以前都是在公司车间完成），在取得种植收益的同时获取加工增值收益，还可让当地贫困户在农闲时取得务工收入。双方加深合作将原料初加工前移，实现了龙头企业对涪陵农业经济的带动作用，也缓解了其榨菜基地建设与原材料供给不足的情况。以上深入合作模式以榨菜集团为主，促进贫困户脱贫增收，涪陵区要继续推广并加深该合作模式，有效激活更多农民的种植积极性，激活农村资源，带动整个农村经济的发展。

参考文献

[1] 王有明. 涪陵榨菜 [J]. 中国调味品，1982（1）：44-45.

[2] 何侍昌. 涪陵榨文化研究 [M]. 北京：新华出版社，2018.

[3] 卢萍. 涪陵统计年鉴2019 [Z]. 涪陵区统计局，2019.

[4] 鲁飞. 涪陵榨菜高速稳定增长的秘密 [J]. 农经，2019（3）：58-61.

[5] 罗小红，谢朝怀，刘正川，等. 涪陵榨菜种植与深加工技术探究 [J]. 南方农业（园林花卉版），2013，7（1）：55-57.

[6] 牛春燕，王碧瑶. 上市公司财务报表分析以重庆市涪陵榨菜集团股份有限公司为例 [J]. 农村经济与科技，2019，30（15）：183-184.

[7] 郭玲. 重庆市涪陵区"三品一标"农业品牌发展现状及建议 [J]. 现代农业科技，2017（13）：270-271，273.

[8] 国家统计局涪陵调查队. 现代农业发展中品牌搭载问题研究——以涪陵榨菜为例 [J]. 涪陵调查年鉴，2015：176-185.

[9] 黎单丹，李鑫，张鑫月. 涪陵区地理标志农产品的开发现状与利用 [J]. 农村经济与科技，2017（28）：177-180.

［10］何侍昌，李乾德.重庆榨菜产业发展问题与对策研究［J］.改革与战略，2014，30（2）：114-118.

［11］姜长云.农业产业化龙头企业在促进农村产业融合中的作用［J］.农业经济与管理，2017（2）：5-10.

［12］李伶俐.基于熵值法的四川省国家级农业龙头企业竞争力评价［J］.农村经济与科技，2018，29（23）：149-150，162.

第七章　成都市农产品批发市场转型升级研究

一、引言

农产品批发市场作为农产品流通的主要渠道，在农业产业化、引导生产、刺激消费等方面发挥了重要作用。特别是新冠肺炎疫情发生以来，农产品批发市场充分发挥了蓄水池和调节器的作用，成为农产品保供稳价、解决卖难问题的重要渠道。但目前，很多农产品批发市场仍然按照"谁投资，谁建设，谁管理，谁受益"的模式运营，在信息汇集、质量安全检测、产品溯源、废弃物无害化处理等方面的建设与投入严重不足，市场运作与管理模式比较粗放。武汉华南海鲜批发市场、北京新发地农产品批发市场疫情的暴发，也进一步暴露出农产品批发市场当前存在着一系列缺陷和问题。为顺应新形势的发展，农产品批发市场转型升级势在必行。

成都是中国西部的商贸、金融和交通枢纽，作为西南地区农产品的主要交易中心，对西部各省的农产品流通具有重要作用。虽然成都市农产品批发市场在各方面都取得了较快发展，但在市场建设中仍有许多突出的问题亟待解决。比如，服务功能单一，公益性作用发挥不足，冷链物流"断链"等问题，都与成都西部商贸中心的地位不符。

推动成都地区的农产品批发市场转型升级，有利于加快成都农产品批发市场现代化建设，搞活农产品流通。在西部大开发、乡村振兴战略、消费升级背景下，研究成都农产品批发市场存在的深层次问题，对统筹城乡发展、解决"三农"问题和建设社会主义新农村，具有十分重要的现实意义。

同时，本研究进一步丰富了农产品流通理论，具有一定的理论贡献。我国对农产品流通主体批发市场方面的研究仅处于初步阶段，通过实地调研研究成都农产品批发市场转型升级的文献就更是少见。又因为农产品流通问题一直有其独特性和复杂性，缺乏可以借鉴的国际经验。因此，本研究可为成都以及全国其他类似地区的市场转型升级提供经验参考。

本报告以成都市农产品批发市场为研究对象，针对成都市农产品批发市场发展环境、发展现状以及存在的问题，主要通过实地走访进行座谈和发放问卷的方式获得数据资料。并致力于探索成都市农产品批发市场转型升级的现实路径，进而提出推动成都农产品批发市场转型升级的政策建议。

二、发展环境

农产品批发市场承担着连接农副产品生产和城市消费的重任，对满足成都市乃至四川省市民日常需求、保持物价基本稳定起着关键作用。未来成都市农产品批发市场如何转型升级，在居民生活中继续发挥重要作用，是政府管理部门及企业管理者亟须思考的问题，为此有必要对目前成都市农批市场发展机遇以及面临的挑战进行深入分析，为转型发展、政策提出提供支撑。

（一）宏观政策推动了农批市场跨越式发展

近几年，从国家到四川省，再到成都市政府部门都高度重视农产品批发市场的发展建设问题，并出台了一系列关于支持农产品流通体系，加强对市场规划布局、管理和监督，打造农产品品牌等政策措施，但政策关注重点主要集中于市场配套设施升级改造、信息化建设，以及公益性作用发挥。

1. 推进农产品批发市场升级改造工程建设

从中央到地方连续出台了多项支持重点农产品批发市场建设和升级改造的政策，主要从交通基础设施、市场内部配套设施等方面进行规划发展。包括加强大宗农产品仓储物流设施建设、完善鲜活农产品冷链物流体系、重点支持交易场所、电子结算、信息处理、检验检测等设施建设。相关政策梳理如表7-1所示。

表7-1　农产品批发市场升级改造工程建设相关政策[①]

时间	发文机关	政策文件	相关内容
2013.4	商务部	《关于加强集散地农产品批发市场建设的通知》	要求力争经过3~5年的发展，培育一批市场规模大、辐射力强、具备区域性集散功能的农产品批发市场，并确定"首批全国大型农产品批发市场重点联系单位名单"32个，成都农产品中心批发市场有限责任公司进入首批农产品批发市场重点联系单位

---

① 由于篇幅限制，仅选取了部分政策内容加以列示，下表同。

续表

时间	发文机关	政策文件	相关内容
2014.11	国务院办公厅	《关于促进内贸流通健康发展的若干意见》	提出政府安排城区商品批发市场异地搬迁改造用地,加强市场周边道路、停车位、公交停靠站点等交通基础设施规划建设
2018.9	农业农村部	《关于支持长江经济带农业农村绿色发展的实施意见》	加强产地市场和仓储冷链物流体系建设,打造特色品牌
2019.1	财政部、国家税务总局	《关于继续实行农产品批发市场农贸市场房产税城镇土地使用税优惠政策的通知》	为支持农产品流通体系建设,减轻农产品批发市场、农贸市场经营负担,明确了农产品批发市场和农贸市场房产税、城镇土地使用税有关政策
2019.6	国务院	《国务院关于促进乡村产业振兴的指导意见》	统筹农产品产地、集散地、销地批发市场建设,加强农产品物流骨干网络和冷链物流体系建设

2. 促进农产品批发市场信息化水平提升

随着"互联网+流通"的发展,我国各级政府相继提出,通过电子结算、电子商务、智慧物流等方面的建设,对农产品流通全过程开展数字化转型,运用大数据、云计算、区块链等新一代信息技术实现产业升级。如表7-2所示,国务院办公厅、商务部等多部门均发布了农产品批发市场信息化水平提升相关政策。

表7-2　　　　农产品批发市场信息化水平提升相关政策

时间	发文机关	政策文件	相关内容
2017.4	商务部	《商务部 中国农业银行关于共同推进农产品和农村市场体系建设的通知》	支持重要农产品集散地、农产品批发市场、农产品在线交易商城等建设流通追溯体系,采用电子结算、在线交易等模式智能化采集追溯信息

续表

时间	发文机关	政策文件	相关内容
2018.5	财务部、商务部、国务院扶贫办综合司	《关于开展2018年电子商务进农村综合示范工作的通知》	深入建设和完善农村电子商务公共服务体系，培育农村电子商务供应链，促进产销对接，加强电商培训，带动贫困人口稳定脱贫，推动农村电子商务成为农业农村现代化的新动能、新引擎
2019.2	中共中央办公厅、国务院办公厅	《关于促进小农户和现代农业发展有机衔接的意见》	发展农村电子商务，鼓励小农户开展网络购销对接；深化电商扶贫频道建设，开展电商扶贫品牌推介活动，推动贫困地区农产品与知名电商企业对接
2020.1	农业农村部、中央网络安全和信息化委员会办公室	《数字农业农村发展规划（2019—2025年）》	深化电子商务进农村综合示范，实施"互联网+"农产品出村进城工程，推动人工智能、大数据赋能农村实体店，全面打通农产品线上线下营销通道

3. 支持公益性农产品批发市场建设和管理

农批市场的公益性功能与其以社会资本为主的营利性经营模式之间的冲突是导致批发市场功能缺失的根源所在。因此，政府通过出资建设公益性批发市场，有利于促进我国农产品批发市场进一步健康发展。具体相关政策如表7-3所示。

表7-3　　　　公益性农产品批发市场建设和管理相关政策

时间	发文机关	政策文件	相关内容
2011.12	国务院办公厅	《关于加强鲜活农产品流通体系建设的意见》	首次提出各级人民政府要增加财政收入，改造和新建一批公益性农产品批发市场
2013.11	商务部办公厅	《商务部办公厅关于2013年加强农产品流通和农村市场体系建设工作的通知》	提出要开展公益性农产品批发市场建设试点，制定全国公益性批发市场发展规划，培育一批全国和区域公益性农产品批发市场
2014.10	国务院办公厅	《国务院办公厅关于促进内贸流通健康发展的若干意见》	

续表

时间	发文机关	政策文件	相关内容
2017.2	中共中央、国务院	《关于深入推进农业供给侧结构性改革、加快培育农业农村发展新动能的若干意见》	提出加快构建公益性农产品市场体系
2017.11	商务部办公厅	《商务部办公厅关于做好全国公益性农产品示范市场总结、评估和推荐工作的通知》	确定28家农产品批发市场和21家零售企业为全国公益性农产品示范市场，成都农产品中心批发市场有限责任公司被列入全国公益性农产品示范市场（批发）名单

（二）数字经济引领农批市场创新升级

近年来，以人工智能、大数据、区块链等为代表的新一轮产业革命和技术革命催生了大量新产业、新业态和新模式，也极大地推动了农产品流通的创新发展。流通业与电子商务相互促进，传统农批市场经历了信息化、网络化之后，逐步进入智能化时代。一些大型农批市场正逐步采用商品品类管理、进价金额核算等形式，提高管理的信息化水平。另外，在与电子商务相结合方面也进行了一些积极探索和尝试。为了畅通农产品供求信息，加快提高流通保障能力，深入推进"互联网+农业"，加强农产品产销信息发布，进一步完善基于电子商务的农产品供销平台，助推农产品产销对接，截至2018年，在全市所有的12041家农业生产单位中，通过电子商务销售农产品的有759家，占农业生产单位总数的6.3%，全年通过电子商务销售农产品的金额总计5.99亿元，平均每家交易金额78.87万元。

（三）消费市场发生深刻变化促使企业转型升级面临新要求

成都作为西南地区GDP上万亿的中心城市，拥有丰富的慢消费①业态、商品，美食文化、休闲文化丰富，慢消费产业优势明显，购物、餐饮、休闲、娱乐、文旅融合等特点鲜明。2019年以商贸业为主导的第三产业占GDP的比重达65.6%，超过第一和第二产业之和。全年实现社会消费品零售总额7478.4亿元，同比增长9.9%。餐饮收入1123.9亿元，同比上升24.9%。全国闻名的川菜、火锅以及成都名小吃是餐饮业发展的金字招牌，而餐饮企业、

---

① "慢消费"是以消费者自我需要为中心的品味性消费、体验性消费、品质性消费。

超市等正是农批市场下游庞大的客户群体。成都市农产品批发市场近年来通过吸引国际国内知名的品牌经销商入驻，打破了传统行业的垄断效应，市场内经营品类的丰富度不断提升。同时，随着人民生活水平的不断提高，食品消费也由"吃得饱"阶段逐渐转变为"吃得安全、吃得健康、吃得营养、吃得满意、吃得幸福"的新阶段，消费升级趋势明显，更注重有品质、高档次的消费，逐渐形成嵌入具有浓厚本地特色、受地缘约束的成都农产品品牌，并推广绿色食品与绿色物流理念，提高农批市场产品附加值，形成以"品质+特色"为优势的农产品。此外，对于现在的年轻人来说，对农产品的消费理念逐渐由"生"转"熟"、由"冻"转"鲜"，更偏爱购买成品或半成品等方便、速成的食品。

（四）新冠肺炎疫情倒逼农批市场高质量发展

此次突如其来的疫情使我国农产品的流通和批发市场的运转都受到了不同程度的影响。具体表现在产地货源调货难度增加，农产品产区发货受阻，食堂、餐馆等公共场所的关闭导致市场需求量减少，销售渠道流转不畅。且由于大部分批发市场仍然采取传统的线下采买的交易方式，在疫情防控警报未完全解除的情况下，人们不宜前往和聚集，这些都给批发市场造成很大的冲击。国内农产品批发市场行业出现交易额下滑、利润下降等困境，迫切需要在基础设施、交易方式、市场管理制度、信息化平台、冷链物流等方面加强建设。疫情之下，农产品批发市场一方面要充分发挥蓄水池和调节器的作用，保障成都及其周边地区的农产品供应以及稳定农产品价格。在这方面，成都农产品中心批发市场作为公益性市场发挥了重要作用，疫情暴发后公司党支部既全力组织商家提前返工，快速恢复供应能力，还强化产地互动，积极与货源地、供货商联系沟通，建立联动机制，确保了疫情防控期间成都市民"菜篮子"充分有序供应。另一方面，通过线上无接触交易模式激发消费潜力，利用数字化服务推动传统农批市场转型，发展农产品追溯信息平台、电子商务、电子结算方式等。例如，成都农产品中心批发市场在较短的时间内推出强大的线上供应平台"惠民百家"APP。经过不断创新变革，使农产品批发市场朝着功能综合化、交易简便化、产品安全化、建设标准化的方向发展，推动农产品批发市场的高质量发展。

三、发展现状及存在问题

由于评价或衡量农产品批发市场整体发展质量的研究成果较贫瘠，缺乏可直接借鉴的理论框架，同时农产品批发市场的发展影响因素是零散化程度高、涉及领域广的非线性集合，难以采用量化方法精确测度与描述，因此自上而下的传统模式建构理论难以胜任。质性研究法是分析农产品批发市场的有效途径，扎根理论作为质性研究方法中的杰出代表可以发挥不可替代的作用。扎根理论注重探析现实资料而舍弃文献演绎模式，利用归纳法从当前现象中凝练基本理论，逐步构建和完善相应的理论体系。以原始经验资料为基础，采取自下而上建立理论的扎根理论法成为研究我国农产品批发市场高质量发展的合理选择。李燕萍和陈武（2017）总结其理论，认为扎根理论主要分为资料准备、资料抽取（编码）与理论生成三个阶段。本报告将按照这样的研究思路，通过整理成都农产品批发市场发展情况的实地调研资料，以及相关文献和政策资料，按照总结归纳成都农产品批发市场发展现状、问题及原因的思路。

  首先是资料的选取。扎根理论方法作为从现象中归纳理论的技术，其资料选取是一个不断比对、持续丰富的过程，资料集包括历史文献、政策资料、访谈记录和视频音频等多种形式。本研究在历史文献方面，主要通过中国知网上搜索与我国农产品批发市场发展情况相关的文献。在政策方面，主要选取发改委、商务部、农业农村部、中国城市农贸中心联合会、四川省政府和成都市政府等相关部门发布的一些指导性文件。在实地访谈方面，主要以成都农产品中心批发市场、四川国际农产品交易中心、成都银犁冷冻食品交易市场和海霸王西部食品物流园为代表采取深度访谈与问卷发放等方式获取基础资料，共计发放问卷160份，收回有效问卷103份。

  其次是实质性编码。资料的逐级编码过程主要分为开放式编码和主轴式编码，这两个阶段的编码相互联系和影响，需要不断地反复与调整。姚丽芳等（2019）指出开放式编码包括定义现象、发展概念、发掘范畴3个步骤。首先，对收集的历史文献、指导文件和访谈记录进行编号，即历史文献资料的编号格式为 W_n（$n=1, 2, 3, \cdots$）；指导文件资料的编号格式为 Z_n（$n=1, 2, 3, \cdots$）；实地调研资料的编号格式为 S_n（$n=1, 2, 3, \cdots$）①。对资料初步整理出的原始语句资料进行建构概念，即对资料进行概念化。考虑指标体系设计的简约性、可操作、整体性等原则，初步拟定选择出现3次以上的词频作为初始概念以便于进一步界定范畴，以防止主轴式编码中主要范畴数量过度蔓延。

---

① 对成都四家农产品批发市场的调研记录分别编号为S1、S2、S3、S4。

(一) 发展现状

通过实地调研了解到,成都市大型农产品批发市场主要有 4 个,各个市场独具特色优势,交易规模向大型批发市场集中。成都农产品中心批发市场是开业年限最久、经营种类最全的并带有公益性质的"一站式购物"综合批发市场。四川国际农产品交易中心是以果蔬交易为特色的、西部最大的"菜篮子工程"项目。由于受当地饮食文化的影响,餐饮业较为发达,全国闻名的川菜、成都名小吃,尤其是火锅成为当地餐饮业发展的金字招牌,并且形成了两家规模比较大型的冷冻食品批发市场:成都银犁冷冻食品交易市场是以冷冻肉为特色的一级销地批发市场;而海霸王西部食品物流园区依托以"海鲜料理专家"享誉数十年的中国台湾海霸王食品加工企业,成为中国西部最大的以冷冻品、食品储存、加工、交易、物流配送为一体的冷藏物流基地。

基于实地调研、政策指导文件、历史文献等资料,运用扎根理论法归纳分析了成都市农产品批发市场在规划布局、市场规模、辐射范围等方面的现状(表7-4)。

表7-4　　　　　　　　现状范畴的开放式编码表

原始资料	概念化	范畴化
Z1:逐步引导商品市场向绕城高速外的各组团和交通节点转移①	国家、所在省(市、自治区)发展规划	市场规划布局
S1:营业面积400多亩;S2:1800多亩;S3:600多亩;S4:900多亩	营业面积	市场规模
S1:摊位数量3000余家;S2:3000余家;S3:950余家;S4:2000余家	摊位数量	
S1:年成交额230亿元;S2:450亿元	年成交额	
S1:年成交量250万吨;S2:700万吨	年成交量	
S1:主要销往成都主城区,承担了成都主城区80%的生鲜农产品供应;S2:水果进货量的40%是销往成都,占成都居民水果消费量的30%;S3:冻品在四川市场占有率达50%	市场辐射范围	市场辐射范围
S1:蔬菜、肉类、水产等全品类覆盖;S2:水果、蔬菜为主;S3:冷冻肉类食品为主;S4:粮油、干杂、冻品为主	交易品种	经营品类

① 文件资料来自2006年《成都市商业网点发展规划》。

续表

原始资料	概念化	范畴化
S1：京东、淘宝、阿里巴巴1688、惠民白家平台（市场自建）；市场有专门的电商管理部门，但电子商务占比小、季节性强、销量不高；S2：商户自己在京东、淘宝平台上交易，用第三方物流配送。也包含微商、公众号等。电商采购占比在5%~10%，集中在水果	网络平台	销售渠道

注：由于篇幅所限，只显示部分资料内容。

1. 市场规划布局

随着城市化进程的加快和城市功能的扩张，在城市规划调整中，原有城区内大型的蔬菜、水果和其他食品批发市场都向外围进行了搬迁改造。2006年《成都市商业网点发展规划》要求成都市中心城区即绕城高速内只做城区菜市场规划，不再布局农产品批发市场，逐步引导商品市场向绕城高速外的各组团和交通节点转移。因此，成都市四个大型农产品批发市场均布局在三环外。如图7-1所示，四个市场的交易品种、市场定位各有特色，布局相对合理，避免了重复建设和恶性竞争，配套设施改扩建空间相对充足，市区环境及交通拥堵状况得以改善。

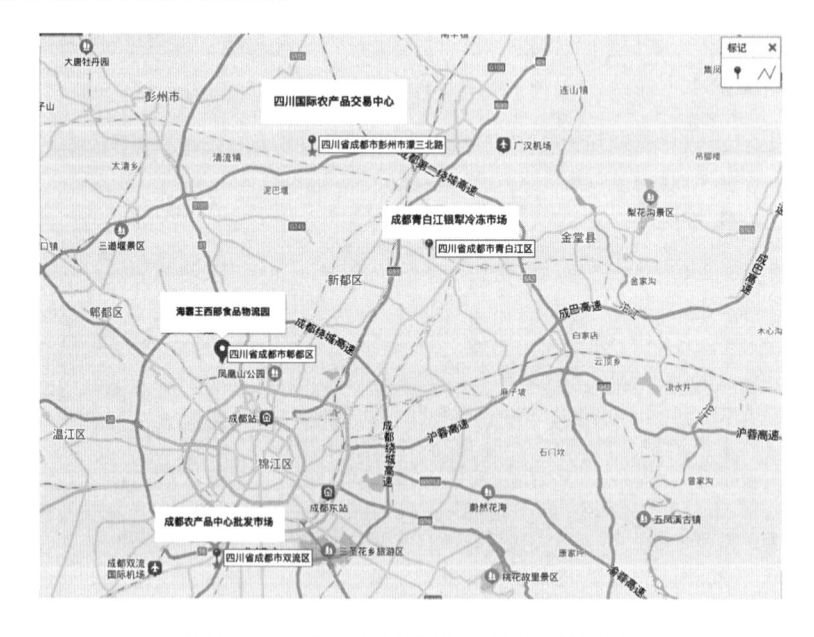

图7-1　成都市农产品批发市场相对位置图

2. 市场规模

成都四家大型农批市场交易额均在100亿元以上，并且整个四川省交易额在百亿以上的市场也都在成都市，市场内摊位数量都在千户以上，四川国际农产品交易中心营业面积达到1800亩，年纯利润可达2亿元。农产品中心批发市场资产达到2亿元，资产负债率在10%以下，年收入在亿元以上。总体而言，成都农产品批发市场正朝着大型化、规模化、现代化的方向前进。

3. 市场辐射范围

成都四家大型农批市场辐射范围比较广，在西部各省的农产品流通中具有重要作用。成都市农产品中心批发市场承担了成都主城区80%的生鲜农产品供应。四川国际农产品交易中心作为大型集散市场，货源来自四川省内、华南、西南、西北等地区以及老挝、越南、缅甸等地，销售半径覆盖500千米的川渝及西部地区，其中，进场量的40%销往成都，30%销往省外地区。银犁冷冻食品交易市场的冻品在四川市场占有率达50%。海霸王西部食品物流园在干杂类产品中属于一级批发市场，冻品在成都的市场占有率达到50%以上。

4. 经营品类

随着人们需求的日益多元化，作为供给端的农产品批发市场也在根据人们消费需求的变化进行调整，众多农批市场在保持自身经营特色的基础上，不断打造"一站式购物"体验。例如，海霸王西部食品物流园区，最初以冷冻食品交易为主，逐渐引入干杂、粮油、食品等交易品类。根据调研数据显示，成都市主要农产品批发市场经营品类多样化，但主要以肉禽、冻品为主，如图7-2所示。

5. 销售渠道

在电子商务冲击和新冠肺炎疫情影响之下，成都农产品中心批发市场通过高薪挖掘信息技术和电子商务人才，自己组建电子商务团队，开拓自己的网络市场，试图基于已有的实体市场优势，打造一个全新的网上市场，并通过将二者紧密结合起来带动本市场的全新蜕变。还有一些小型经销商，采取了与传统市场或电商大佬结盟的融合模式或采用了加入第三方搭建的网络平台的融合模式。目前，受物流成本规模不经济、退换货损耗大、批发业务传统谈判方式等交易习惯的影响，一级批发商对电子商务接受程度不高，为了拓展销售渠道而采取线上交易模式的往往是一些二级批发商。总体来看，整个成都地区农批市场电商销售占比较小，农产品电商发展相对滞后。调研数据显示，采用线上销售渠道的商家不到15%（图7-3）。

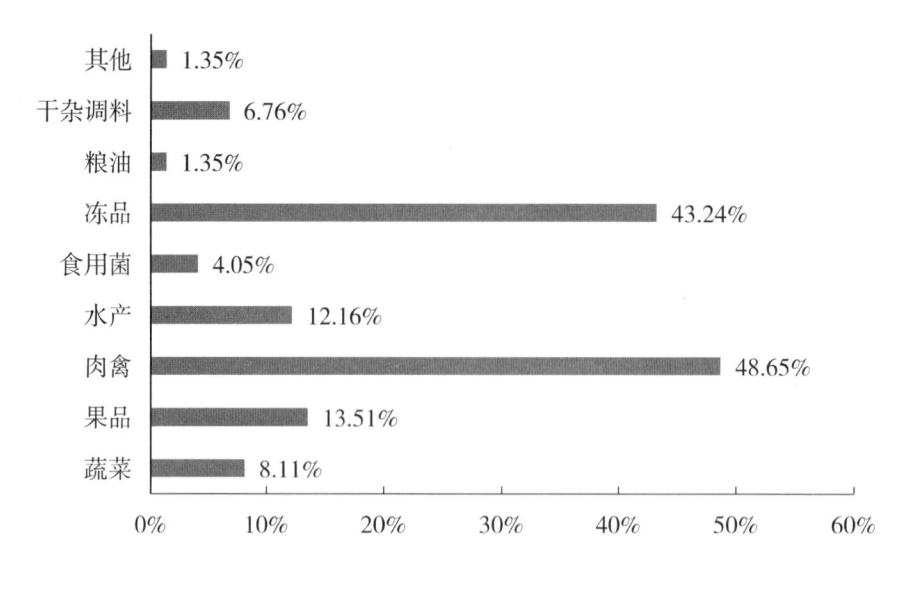

图 7-2　市场经营品类

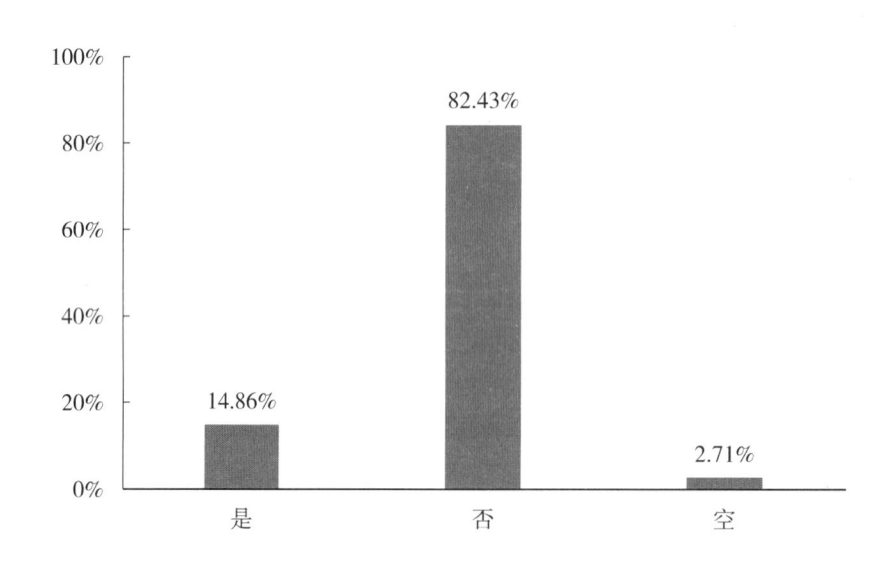

- 其他　1.35%
- 干杂调料　6.76%
- 粮油　1.35%
- 冻品　43.24%
- 食用菌　4.05%
- 水产　12.16%
- 肉禽　48.65%
- 果品　13.51%
- 蔬菜　8.11%

图 7-3　线上销售渠道占比情况

- 是　14.86%
- 否　82.43%
- 空　2.71%

（二）存在问题及原因分析

近年来，各方面对农产品批发市场功能的要求越来越高，成都市农产品批发市场仍存在许多突出的问题亟待解决。下文使用扎根理论法通过对成都市具有代表性的农产品批发市场进行调研获取数据，分析总结成都市农产批发市场在转型升级中存在的问题。

表 7-5　　　　　　　　问题范畴的开放式编码表

原始资料	概念化	范畴化
S1：有消防安全设施、废弃物处理设施；市场停车位不够；冷库规模不大，4000 多㎡，受场地限制，计划纵向立体延伸扩建。S3：两期冷库，容量约 4 万吨；有垃圾厂、污水处理厂；有叉车、电动托盘车，电动成本高，主要用人工托盘	配套设施	配套设施
S1：抽检、快筛，引入第三方专业检测机构"一个中心、两个快检室"，以及移动食品安全监测车。S2：市场入口定性速检抽检，分别对蔬菜、水果、食品有 3 个快检实验室。S3：快检检测农残。S4：快检中心	检验监测	
S2：现金或银行转账，电子结算接受度不高，占比低。S4：现金、微信、支付宝为主	电子结算	数字化
S2：由集团研发团队负责。供应链系统只是试运行，还没有完全推广。有停车管理系统、仓储管理系统、ERP 系统等。S4：有货品信息、买家信息、车辆信息登记系统；市场方经常组织商户培训；从中国台湾高薪聘请专业信息化研发团队	智慧农批技术手段使用	
S1：冷链运输主要是用第三方物流公司。此外，电商平台上销售的生鲜肉运到外省，用的京东和顺丰，保证时效；到成都周边用市场自建的物流叫"新配送"。S3：以第三方物流为主，冷链运输成本高，有"断链"现象	冷链运输	物流配送
S1、S2：有，S3、S4：否	保障市场供应	公益性
S1：是，S2、S3、S4：否，随行就市定价	稳定农产品价格	
S1：二维码溯源系统，与市政府连接，但追溯链条不完整。S2：无；S3：无；S4：正在研发	食品安全追溯	
S3：索证索票；S4：查看检验报告、海关进关单、核酸检测报告	农产品检疫制度	农产品质量安全

续表

原始资料	概念化	范畴化
S2：特色农产品都有，但现在很难形成品牌，这种品牌只是区域性品牌，比如四川的红心猕猴桃、丑橘，企业认证的很少。S4：大多是上游厂家的品牌	农副产品品牌	品牌
S1：商铺租金+佣金；S2：进场费+摊位费；S3：物管费；S4：商铺租金	市场收费方式	盈利模式

注：由于篇幅所限，只显示部分资料内容。

1. 配套设施不完善，服务功能比较单一

批发市场作为一种组织形态的市场，市场的提供方应该在组织商品流通方面提供较好的服务，不但要为买卖双方提供好的交易场所，而且还应该为买卖双方提供相关的服务设施和服务项目。在发达国家，农产品批发市场通常提供停车、储存、包装加工场地等服务设施和具有商品分级整理、加工包装、质量验证、结算、委托购销、代理储运、信息提供、代办保险、生活服务等配套功能。但是，目前成都市很多农产品批发市场服务设施普遍不足，服务功能比较单一，拥有电子结算中心的占比不足一半，辅助交易的信息化手段应用水平不足，市场现代化程度发展较低，大多市场仅仅发挥的是提供集中交易的场所和仓储设施的功能，无法提供全面周到的服务，因此商流、物流、信息流、人流汇聚于农产品批发市场无法实现，在一定程度上制约了农产品批发市场更好地发挥市场物资集散、价格形成、供需调节、信息发布、综合服务和品质效益提升等功能。

2. 信息基础薄弱，数字化程度低

调研数据显示，成都市农产品批发市场信息化建设主要还是在于网络、视频监控和门禁，即停车管理系统、仓储管理系统与广播系统，辅助交易的信息化手段应用水平不足，对农产品产地信息、检验检测信息、交易信息、采购商信息等没有实现真正的信息化管理。总体来看，市场信息化程度较低，难以实现政府、企业间数据信息高效互通。这主要由于从业人员的学历水平整体偏低，经营者对网络时代的电子化应用不理解、不配合，导致当前一些信息系统的推广难度大、应用普及率极低；其次，市场资金有限，加之管理层观念滞后，缺乏增加投入、改造提升市场的意愿，市场之间信息化发展水平参差不齐；再次，即使一些资金比较有实力的大型市场开始研发或运用智慧农批技术，比如海霸王西部食品物流园区从中国台湾高薪聘请专业信息化研发团队，成都农产品中心批发市场应用了一体综合结算系统，但由于缺乏系统化的农业信息收集、整理、发布体系，生产与消费之间、区域之间的信息衔接主要由市场来完成，而市场自身的松散性决定了信息的收集加工能力低下，无法形成统一的信息化平台，生产、流通存在很大的信息局限性和盲目性，导致产销对接效率偏低，食品安全追溯困难以及品牌营销渠道受阻，更不利于加强政府对市场的监督管理。特别是在新冠肺炎疫情影响之下，消费者更加关注农产品安全质量，当前，成都尚未建立进口冷链农产品追溯管理系统，成都农产品中心批发市场的二维码追溯也仅限于了解上游产品提供者的信息及入关许可证明，没有形成全链条信息覆盖。

3. 冷链物流不完备，配送成本较高

冷链物流不应只在"冷"，"链"更需完全打通。目前来看，成都大多数批发市场还比较传统，冷链物流在规模化、系统化、标准化等方面与全国平均水平还有距离。在运输、销售环节还存在"断链"现象，第三方冷链物流企业发展也明显滞后。做好全程不"断链"相关的各项成本都颇高，而信息闭塞、不透明是冷链物流成本过高的内因，一个资源共享平台，可解决资源分配问题，提高冷藏车使用率，降本增效，通过信息整合，降低冷藏车空驶率，提高效能。同时，由于标准化及监督体系不完善，导致冷链物流体系内有许多乱象，向冷链物流行业涉及的各个产业技术组织、科研机构，则分散在各个政府部门、各个行业中，除了政府统一的标准管理机构，还要有交通、铁路、民航、卫生、信息等代表政府的行业部门共同参与。这样就造成相互之间难以交流和配合，不能形成统一的规划。这些也在无形之中阻碍了冷链物流的健康发展。

4. 政府投资占比低，公益功能无法有效发挥

我国农产品流通从 20 世纪 80 年代全面放开，不管是批发市场还是商户都是充分的市场竞争，大部分由民营投资或村集体所有，有追求利润的内在动力。而成都市由政府投资控股的大型公益性批发市场仅有一家，除了成都农产品中心批发市场，成都其他批发市场大都是民营独资或控股，使其在保障市场供应、稳定农产品价格、引导农产品生产、解决农产品销售难等方面的功能无法有效发挥。虽然这些市场也在履行一些社会职能，但是在食品安全监管方面，由于检测费用昂贵，往往只能抽小部分去检测，覆盖面小。即便是由国资控股的批发市场也都将盈利利润指标作为考核标准，因此，如何保证农产品批发市场公益职能的发挥与其"利润最大化"目标的相互平衡，需要政府切实承担起对公益性职能的支持责任。虽然近几年国家和一些地方

政府出台了相关政策，加大了扶持力度，积极投入支持资金推动农产品批发市场升级改造，但是仍未能在法律层面和政府考核国有企业的制度层面进行完善和调整。因此，依然无法有效发挥农产品批发市场的公益职能，也使其在保障食品质量安全、改善经营环境等方面缺乏动力。

5. 品牌优势未发挥，产品附加值低

随着人们生活水平的提高，居民消费需求日益多样并呈差异化特点，消费升级趋势明显，更注重有品质、高档次的消费。当前成都城市形象攀升、农业地位突出，但却没有打响成都当地农产品品牌，在农产品发展上存在重产地、重产品，轻物流、轻品牌的现象。首先，在调研中发现成都特色农产品不少，但自有品牌、绿色无公害食品占比较低。例如，银犁冷冻食品交易市场品牌非常多，但缺乏当地自有品牌，仍处于产业链的较低层次。其次，受政府对地方产业扶持政策的影响，产品认证往往形成区域性品牌，比如四川的红心猕猴桃等，而企业品牌较难建立。再次，由于消费者对有机绿色食品的信任度不高，导致销量较低。最后，市场内没有农产品粗加工机械设备，也没有包装加工场地，导致包装较为简陋，产品附加值过低。

6. 盈利模式单一，经营业态混杂

调研数据显示，在市场收费方式上，超过一半的经营者是通过缴纳商铺租金的方式进入市场的，还有大部分是通过缴纳进场费和物管费进入市场的，而通过交易佣金的方式进入市场的占比较小（图 7-4）。并且，如图 7-5 所示，在农产品批发市场内，超过 77.03% 的商家都是批零兼营的，仅有 22.97% 的经营者从事产品批发，纯粹意义上的批发商较少。

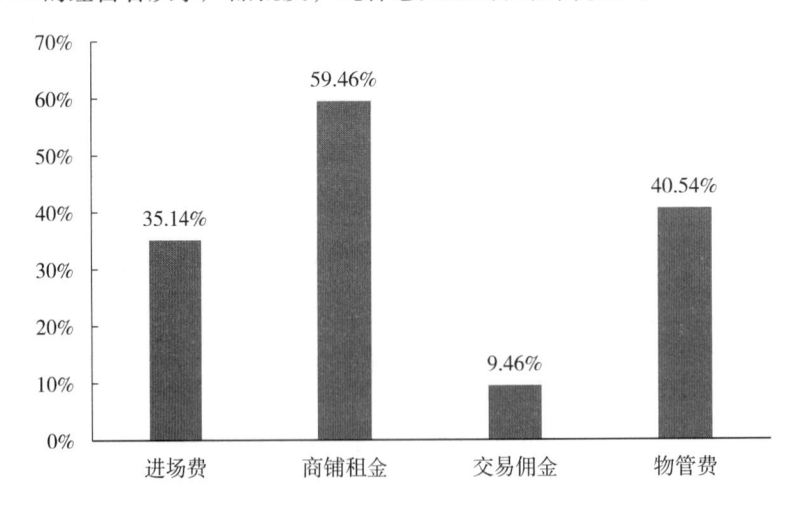

图 7-4 市场收费方式

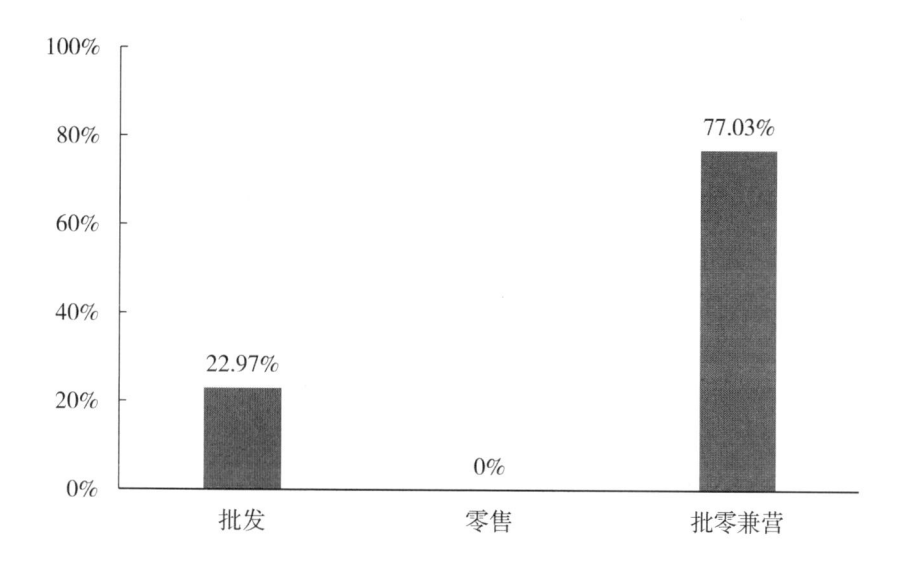

图 7-5 经销商经营业态状况

四、发展路径

基于对成都市农产品批发市场的发展环境、现状以及存在问题所进行的调查研究，同时借鉴国内外典型农产品批发市场的建设、运营方式，由此提出未来成都市农产品批发市场转型升级的路径，并进一步分析制约农产品批发市场转型升级的影响因素，从而可以更好地对症下药，顺利实现转型升级。

(一) 转型升级路径

传统的转型升级模式一直是商品交易市场软硬件升级的过程，但其本质是处在市场升级的量变阶段。当前，我们面临的市场转型升级是质变跃升，会引致市场定位和功能的分裂或分化。伴随着经济发展水平的提升，逐渐形成了品牌化、数字化、融合化、体验化、国际化的消费发展趋势。同时，农产品批发市场还在保障城市食品供应和质量安全方面发挥着重要的公益性职能。然而，当前成都农产品批发市场的结构难以支撑多样的流通需要，其基本功能也难以满足丰富的消费需求，只有在市场定位、企业功能等方面实施转型升级，才能保障供给的质量与效益，实现市场各参与方协同发展、互利共赢，最终实现成都农产品批发市场与城市、居民的有机融合。

1. 实体空间主题化升级，向体验化转型

我国经济已由高速增长阶段转向高质量发展阶段，进入"供给既大于需求又小于需求"的新时期。大多数商品，特别是实物商品供给大于需求，而服务商品、体验商品相对供不应求。2020年成都市GDP约1.78万亿元，具有典型的"慢消费"特征。

成都农产品批发市场经过多年的发展，传统的规模扩张和硬件环境改善已经没有多大空间。传统实体商品交易市场的主要功能是商品及信息的集散、展示和交易，但随着网络市场的快速发展，实体市场的商品及信息集散和交易功能向网络市场分化转移。鉴于实体市场与网络市场各自满足采购和消费需求的优势，二者分工合作的局面正在成为未来市场的发展趋势。实体市场正在积极寻求与阿里巴巴、京东等电商平台巨头合作，整合各自优势；与此同时，实体市场发展外延基地、农产品冷链、美食体验等创新业务，积极为市场商户提供物流配送、冷藏保鲜、餐饮体验等增值服务项目。另外，实体市场也在利用贴近终端消费者、体验性强的优势，通过信息化为智能服务赋能，提供展示新体验。加大新技术的应用和先进设备的投入，例如，市场智能导航、精准定位、采购需求推荐、消费需求分析等，为市场采购和消费者提供更便捷到位、优质精确的服务，提升了采购交易效率，增强了市场消费愉悦体验。

对于一些资源厚实、发展基础好的农批市场可以采用此转型升级方案，通过软硬件设施升级，打造优质的一站式购物体验。例如，成都中心农产品批发市场未来围绕产城融合、服务城市高质量发展，加快推动市场向城市中高端全品类农副产品采配体验中心、国际农产品展示展销中心及全球美食文旅体验中心转型，打造复合型城市食材新地标，在实现城市"菜篮子"所需的基础上，满足人民高品质生活需求，成为"批发+体验式消费""批发+产业生态链""品质+场景服务"的综合性地标商业体。

2. 科技赋能企业升级，向数字化转型

信息科技革命推动了居民消费方式、企业经营方式发生了翻天覆地的变化。随着电子商务、人工智能、物联网、大数据与云计算等技术的发展，零售业不断向全渠道方向发展，并且传统零售业应用信息技术实现商品服务丰富化，消费主权个性化、供需匹配运营智能化、供应链管理共创化。但与之相比，多数农产品批发市场缺少完善的现代化信息系统，条码技术及后台数据分析系统均不完善，难以利用大数据技术红利有效控制商品库存和营运成本、提升销售额。同时，网络化运营还有很大提升空间，在线上线下深度融合、建构"实体+线上+移动端"全渠道数字化模式等方面缺少人才和资金投入，可借鉴的农产品批发市场数字化转型经验较少。

未来，传统的农产品批发市场必须不断向数字化方向转型升级。一方面，要加强平台建设，实现线上线下融合发展。农产品市场体系建设要和电商平台建设统筹谋划、互相依存，将来要线上线下融合发展。例如，农产品批发市场与供销 e 家全国电商平台相结合，线上线下相互融合，实现了高质量发展，成为响当当的为农服务国家队。具体而言，一是完善农产品网上交易平台。进一步挖掘中国农业信息网等主要农业网站的网上撮合交易功能，打造统一、权威、开放、共享的网络交易平台品牌。二是完善农产品价格监测平台。成立全国农产品批发市场价格调度中心，与重点大型农产品批发市场联网，实时监控各地市场动态。武汉白沙洲农副产品批发市场与古登电子商务共同搭建综合信息管理平台，对果蔬、粮油、生鲜等各类农产品相关信息进行公开，解决当地农产品批发商坐地起价的问题（姚涛，2019）。三是继续加大对传统对手交易的促销力度，支持开展各种展会和产销对接活动，组织参加海外展会，拓展国际市场。

另一方面，要采用新技术，推动农产品批发市场数字化改造。依托大数据、物联网、云计算、电子结算和人工智能等新技术，来建设和管理农产品批发市场，完善信息化管理系统。推广电子结算，实现索证索票和购销台账电子化。实现市场人、财、物等各类信息集成化管理，从过去的管理摊位、出租房间，到直接管理商品流、信息流、资金流、数据流，实现对农产品流通的主导和把控；完善农产品市场信用认证和信用信息查询服务，促进农产品批发市场信用信息共享；建立农产品质量安全溯源体系，实现从田间到餐桌的农产品全链条信息覆盖，建设智慧农批、网上农批，并利用大数据为政府决策和安全监管提供数据支撑；整合各类涉农信息，实现农产品流通节点信息共享，对进场数据和市场需求进行精准分析，将消费需求反馈到生产、零售环节，指导农民生产更适合市场需求的农产品，根据消费需求调整供应，从而推动供给侧结构性的有效改革。

3. 配送模式升级，向物流园转型

在传统规模扩张遇到瓶颈的同时，业内实体市场近十年与电商融合的教训也很多。在现实中，一部分市场已经摆脱了已有综合体的传统升级路径和发展模式，开始向物流园区方向转型，如河南万邦农产品综合物流园区。传统实体市场是商流、物流、资金流和信息流的集散地，具有实现商品交易的完整功能。未来，电子商务或网络市场已经能够实现商流、资金流和信息流的集散，但对物流集散无能为力，这称为"虚拟市场"或"不完全市场"，因为物流必须在线下才能实现。信息技术和电子商务对传统商业或批发市场的改变必然在资金流和信息流领域，物流也会在信息技术的推进下进行相应的变革，但电子商务无法推进物流的商业根本性的改变。因此，商品交易市场的功能正在分化，交易过程中的信息收集、检索、交易条件谈判、交易达成及资金支付将会逐步向网络市场转移，物流将从商业交易功能中分化出来。可见，未来实体市场要么转型为网络市场，要么转型为物流园区，最成功的就是网络市场与物流园区的融合模式。

因此，要不断创新"互联网+"农产品配送模式，提升成都市农产品批发市场的运营效益，提高物流配送效率、打造集成式共享物流配送体系。未来，可通过运用物联网、云计算等数字技术精准捕捉、实时分析农产品批发市场中买卖双方的物流配送需求，从空间区域进行配送路线设计，减少流通环节和流通成本。例如，广州江南批发市场配送中心采用GPS系统进行车辆管理，实现半路调节产品，在不影响现有经营的前提下提升整个配送体系；继续推进农产品冷链物流发展试点建设，发展普及冷链技术，完善农产品批发市场的仓储物流基础设施建设，如建设冷库、购买更新冷柜和冷藏运输车，加强农产品产地预冷等。对农产品进行细分冷藏，以延长农产品保鲜时间，降低农产品损耗，扩大销售范围，提升成都农产品批发市场的区域竞争力和国际影响力。

4. 社会服务功能升级，向公益性转型

随着居民消费水平的不断提升，特别是新冠肺炎疫情的影响之下，消费者食品安全防控意识日益增强，更加关注农产品及其包装的安全检测问题，此外，新冠肺炎疫情防控常态化对农产品批发市场在保供、稳价，以及农产品质量安全等公益性方面的功能提出了更高要求。南京众彩集团始终坚持因公益而生、为公益而立，全面实施了在库保供、在田保供、委托应急调运"三位一体"的常态化保供机制。未来，一方面，要不断完善公益性农产品批发市场的建设与管理。通过提升现有市场国有资本出资比例，实现国有控股，完成国有公益性市场布局。积极宣传和推广成都农产品中心批发市场作为全国公益性农产品示范市场的典型经验，推动其他市场开展公益性农产品市场建设。另一方面，切实以扩规模、传信息、降收费等方式稳定价格，扩大交易量。交易量的不断扩大，使得农产品批发市场的公益性与供应商的逐利性得到有机统一。例如，北京新发地市场采取低额度市场交易费，收取比例约为1%的成交额，较低的交易费和低交易风险扩大了市场交易量（张闯等，2015）。

5. 企业经营模式升级，向品牌化转型

随着人们消费观念的转变，对方便、绿色、安全有品牌保障的农产品的需求与日俱增。通过调研了解到，在现有的农产品中，传统产品占比较大，而自有品牌少之又少，品牌创建意识也十分薄弱。同时，绿色有机食品销量不畅主要原因在于没有建立品牌溢价，导致需求价格弹性较大。此外，目前成都的批发经销商由于缺乏自有品牌，导致在上下游产业链中，与上游生产企业的议价能力较弱，以及所创造的产品附加值低，仅靠赚取销售差价的盈利模式过于单一。

为此，批发商未来要不断向品牌化转型。首先，商品的品质要具有核心竞争力和生命力，对接城市发展需求，嵌入具有浓厚本地特色、受地缘约束的成都农产品品牌，将诚信的产品渠道建立起来，形成成都专属品牌的市场网络体系，推广绿色食品与绿色物流理念，提高农批市场产品附加值，开拓成都市"品质+特色"为优势的农产品。具体而言，对于规模相对较小的经销商可以整合农产品资源，打造农产品品牌航空母舰。采取与市场方、农业合作社和种养大户合作的方式，带动上、中、下游的供应商、生产商、销售商形成产供销一体化的产业集群发展；而对于一些规模比较大的经销商可以通过在市场内自建蔬菜、肉类产品初加工或深加工的车间，将蔬菜、肉类等产品加工成（半）成品，实现产品的标准化分装。例如，海霸王自建 40 万 m^2 的大型食品加工厂，主营速冻食品生产，生产海霸王、甲天下系列品牌速冻食品，日产量 500 吨，年产值 5 亿元，在全国成立了 13 个配售中心及 39 个代理处，销售网遍布全国。

其次，加强品牌宣传力度，除了参加政府组织的各类会展、贸易洽谈和招商活动等，也可以通过电商直播带货、新媒体广告等方式提高品牌知名度。此外，还要加快构建农产品品牌支撑保障体系。构建以投入品监管、标准化生产管理、质量安全监控和产品质量追溯为重点的农产品质量安全控制体系，树立企业良好的品牌信誉和口碑。

6. 经营业态专业化升级，向社区化转型

通过调研了解到，成都市农产品批发市场经营业态多是批零混业经营。马克思认为商品流通的高级化发展只会使批发和零售之间的分工变得愈发清晰，从而批发商品流通不仅不会被取代，而且发展空间将愈加得到扩展（马龙龙，2005）。对于批发市场来说，批发与零售的混业，将会导致市场营收减少，但会极大地提高市场管理方对市场的管控能力，提高市场的物流标准化运作水平，提高食品追溯能力，迅速改善周围交通拥堵、环境卫生脏乱差等

状况。因此未来批零分离也将成为农批市场功能划分的一个重要方向。此外，结合《成都市商业网点发展规划》要求，成都市中心城区即绕城高速内只做城区菜市场规划，不再布局农产品批发市场，对于一些城区内市场规模相对不大的农产品批发市场可以通过批零分离实现经营业态专业化升级，通过主打"服务+生活"向社区农贸市场转型，利用靠近消费者的优势，深耕社区居民需求，与城市周边大型农产品批发市场形成联动。

（二）制约转型升级的影响因素

对于绝大多数农批市场来说，都面临着"理想很丰满，现实很骨感"的发展难题，要保证农批市场转型升级成功，必须对企业现有的人、财、物等资源进行深入梳理，推动市场、政府、行业组织多方协同建设，才能保障转型任务的顺利实施。

1. 资金实力

兵马未动粮草先行，企业资本资源是农产品批发企业转型升级的基础，多渠道的融资以及多元化的盈利模式则是转型升级的助推剂。但本课题组研究发现，成都市现有传统农产品批发市场盈利模式较为单一，商铺租金仍是主要收入。并且市场内经销商小而散，经营规模参差不齐，有些人在做跨国生意，有些人还在做夫妻档、菜贩子，从业者的贷款抵押物不足，贷款资金获取也比较困难，这就难以保证升级改造过程中的资本投入。例如，四川国际农产品交易中心在进行基础设施升级的过程中，难以承担公共网络覆盖、无线布点的高昂成本，这些资金上的短缺都阻碍了成都农批市场的转型升级，仅依靠政府投资难以使市场长期可持续发展。

为此，一方面，企业应积极尝试多元化的融资方式，比如引入战略资本公司，运用合伙基金模式，获取长期、低成本的资金；大数据技术的发展使得金融机构可高效捕捉农产品供应节点中企业的运营数据，据此为企业的投融资、设备租赁等金融需求提供服务，形成以"大数据"为支撑的农产品供应链金融服务模式（资武成和刘超智，2015）。另一方面，成都农产品批发市场通过创新经营模式，多渠道拓宽营收来源。比如，开展电子商务、发展农产品期货，丰富交易种类、改进交易模式、改善交易设施，进行交易机制改革；创新展贸功能，通过举办具有国际影响力的农产品贸易展会等方式开拓新市场，不断提高采销贸易量。

2. 人力资本

伴随着以信息技术革命为特征的新经济时代的到来，新技术的应用以及企业的创新经营能力离不开专业的技术人才和企业家的创新变革精神。然而，成都市农产品批发市场内从业人员众多，可达10万人口，并且流动性强，市场内经销商来自全国五湖四海，以四川省内人员尤其是成都周边的农村人口居多，文化程度整体偏低，90%以上从业人员为本科以下学历（图7-6）。

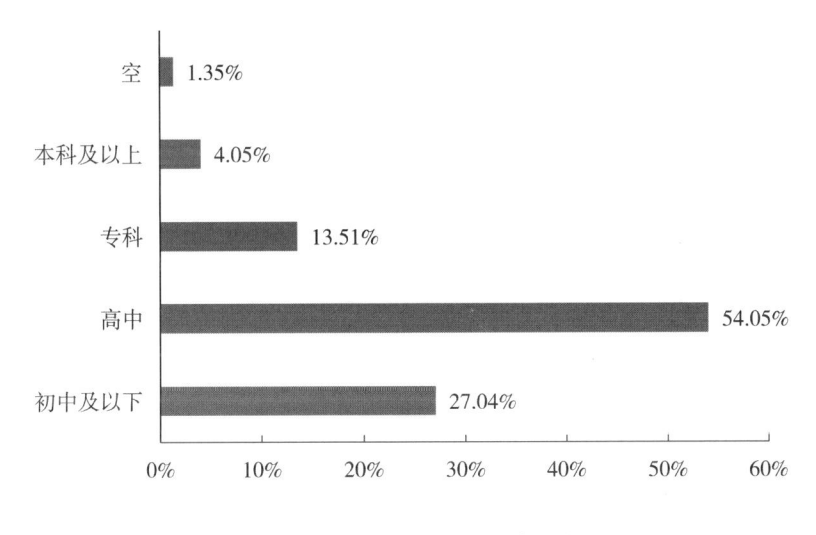

类别	比例
空	1.35%
本科及以上	4.05%
专科	13.51%
高中	54.05%
初中及以下	27.04%

图7-6　市场从业人员教育程度

虽然众多经销商普遍有不断开拓进取的革新精神，但经常是"有心无力"，经营战略无法及时对接市场变化。为此，亟须引入新兴专业经营人才，政府、行业协会或市场方也要多为市场商户组织专业经营管理知识和技能培训，并通过与高校、科研院所、咨询公司、高新技术企业搭建产学研合作平台，帮助企业以现代化的经营理念武装管理，提高管理层综合运用各种战略工具、转型思维的能力，培养企业全方位的应变动力。

3. 政府政策

成都农产品批发市场大都是民营独资或控股，虽然转型升级的责任主体在市场，但是政府或者是行业协会应该发挥主导作用。然而，通过调研了解到，市场方对政府出台的关于转型升级方面的扶持政策知之甚少，并且除了房产税、土地税减免之外，一些财政资金类的支持几乎没有。而商务部出台的一些政策支持大多是根据建设项目去申报，在建设期间的支持相对来说会多一些，但当进入运营期之后，政策支持几乎没有。

其次，政府政策不够落地。政策落地必须由政府有关部门具体推动落实，农产品批发市场才能迈出第一步，更好地实现转型升级。比如，在食品溯源系统建设方面，政府应该统一建设标准或给予一个可落地的建设方案供市场方参考，这样可以避免各个企业重复研发产生高昂费用支出，特别是对于一些规模较小、资金实力相对不足的批发市场来说，无论是从成本还是技术上，都是无法承担的。而且，即使各个企业都开发出了自己的信息系统，由于存在大大小小的差异，在对接的过程中也会出现各种各样的问题，无法实现信息上的互通。此外，与海关、市场监管局或者商务局也没有联网，难以为政府监管提供数据支撑。

最后，信息化与税收政策存在一定矛盾。推行信息化（智慧农批/数字农批）面临一大难题：商户抵制，因为涉及税收和利润问题。由于当前信息不透明，大部分商户税费较低。如果实行信息化，推行电子结算，交易透明化，商户担心增加纳税负担，因而抵触心理强烈，导致大量信息化设备处于闲置状态（郭智勇，张彬，2020）。

4. 企业所有制结构

从转型升级的目标来看，食品安全、价格稳定、信息透明、产销平衡等公益性诉求，并不会增加商户和农批市场的经营收入，反而会增加投入与成本。但是，由于现阶段农产品批发市场的建设和管理主要停留在"谁投资、谁管理、谁受益"的阶段，农批市场是完全放开、允分竞争的行业，有时甚至竞争惨烈，市场主体的"经济人"身份，决定以"利润最大化"为经营目标，如果要求农批市场主体承担社会责任，增加投入，构建良好的流通环境，从道义上讲无可厚非，但从经济行为逻辑来看则是缘木求鱼。因为公益性功能本身具有"公共物品"的性质，应该由政府来提供，因此，要保障农产品批发市场在市场供应、稳定农产品市场价格等公益性功能的发挥，政府需要加大投资力度，推进国企入股建设和运营公益性农产品批发市场。

五、政策建议

成都农产品批发市场转型升级离不开政府的大力支持。需要国家相关部门、四川省、成都市政府进一步加大支持力度，创造好的制度环境和政策环境，引领和促进市场科学健康良性发展。

（一）强化组织领导，推动落实相关政策法规

为确保成都市农产品批发市场规范有序、持续和谐健康发展，建议有关部门制定出台农产品批发市场相关条例，将明确农产品批发市场行业的公益属性、农产品批发市场建设和管理包括规划布局、政府管理、市场运行、市场准入、交易行为、规范标准等纳入法治轨道，引导市场公平合理竞争，使

农产品批发市场相关建设和运营制度在法制的保障下运行。尤其要加快推进农产品批发与零售分业的立法,尽快配套相应的管理条例,落实到地,分流批发与零售的人流、物流,为城乡居民创造更优更好的营商环境和消费环境。

(二)加强政策保障,扩大财政扶持

一是推进减税降费。引导批发企业充分享受国家增值税税率调整、统一增值税小规模纳税人税收减免、工商用电同价等政策,对受疫情影响遭受重大损失的企业,经税务机关核准,酌情减征或免征城镇土地使用税、房产税,切实减轻企业负担。

二是加大对农产品批发业的金融支持。支持符合条件的企业发行各类债务融资工具,拓展市场化主动融资渠道,稳定企业融资链条。后疫情期间鼓励金融机构适当下调贷款利率,增加信用贷款和中长期贷款额度,对符合转型发展方向的批发企业予以新增贷款或对到期的贷款予以续贷或展期,帮助企业实现平稳发展。

三是加快建立农产品品牌激励机制。设立农产品品牌建设奖励专项资金,用于对获得国家级、省级品牌的经营主体的奖励以及培育、推广工作的补贴。同时,适当补贴企业主体参与国内外产品展示展销、媒体宣传等市场拓展活动,并对建设基地、技术创新、扩大生产规模等生产建设活动予以适当贷款贴息。同时切实加强农产品品牌保护工作。加快健全质监、知识产权工商等部门与行业协会、企业等组成执法联动机制和维权网络,为农产品品牌经济发展创造良好的市场环境。

四是强化对涉企减税降费、财政补贴等政策的宣传,推动有关部门送政策上门。设立传统批发市场转型升级扶持资金,帮助企业及时、全面、准确掌握各类政策信息。

(三)加大人才引进力度,增强市场人员专业素质

首先,充分利用地方政府出台的各项人才引进计划提供的优惠条件,要将批发市场所急需的现代市场管理人才和智慧化专业技术人才纳入各种人才引进计划,积极招募和引进所需的人才,设置专门的冷链部门,增加冷库管理人员,降低农产品的损耗率,提高管理效率。其次,依托科研院校、咨询机构、高新技术企业在技术、人才等方面的优势,搭建产学研合作平台,开展智慧农业技术研究,并强化科技成果转化应用。最后,鼓励有关高校、职业院校(含技工学校)开设智慧农批课程,培养专业型、复合型智慧农批人才,为成都市农批人才梯队建设奠定坚实基础。

(四) 坚持政府主导，完善农产品批发市场的公益功能

鉴于农产品批发市场是一项准公益性事业，担负着保供稳价、稳农增收的社会责任，特别是在抗击疫情等大型公共事件中发挥着保民生、保供应、保稳定、稳物价等重要公益性作用。因此，应加大政府投资力度，通过政府控股的方式，加强政府、国企在民生领域保障引导，整合大型、优势市场资源，强化关系民生的农产品市场非营利性、公益性建设，促进成都农产品市场的稳定。积极宣传和推广成都农产品中心批发市场作为全国公益性农产品示范市场的典型经验，推动其他市场开展公益性农产品市场建设。坚持政府主导，贯彻落实"菜篮子"市场负责制，健全完善应急物资保障体系。将"菜篮子"等重要食品类民生产品纳入应急物资战略储备，在发生疫情等非常时期，保障交通物流运输畅通。

(五) 提高信息化水平，积极推进智慧市场建设

成都市政府要承担起公共管理责任，加强政府的监督和管理，在推进农批市场的电子交易、智慧化体系、数字化创新等信息化平台建设方面进一步加大支持力度，增加财政预算投入，推动与高校、科研院所、咨询公司、高新技术企业搭建产学研合作平台。

并且，为鼓励农产品批发市场的管理企业积极采用电子统一结算，政府各相关部门除了拿出部分资金支持农产品批发市场信息化改造以外，还应该从税收政策入手，降低实行电子统一结算的批发市场税收成本，提供农产品增值税收购发票，制定符合我国农产品流通实情的税率。

此外，要以新冠肺炎疫情常态化防控形势下的农批市场改造升级为重要契机，采取"先行先试、重点推进"等方式，引导辖区内交易量较大和辐射范围较广的农批市场率先实施食品安全信息化追溯管理。鼓励和引导有条件的农批市场充分借助物联网、云计算、区块链等现代化技术建设食品安全信息化追溯管理系统，对入场销售者主体信息、食用农产品进货信息、交易信息等实施电子信息归集管理，实现场内销售的食用农产品来源可查、去向可追、信息真实、查询便捷。如果农产品出现安全问题，可以及时采取措施。创新监管机制和手段，加快形成适应"互联网+"等新模式、新业态的包容审慎监管方式。

参考文献

[1] 毕美家. 中国农产品批发市场的建设与发展方向 [J]. 中国农村经

济，2001（12）：37-41.

［2］陈炳辉，安玉发，刘玉国. 我国农产品批发市场升级改造的目标模式与重点选择［J］. 农村经济，2006（5）：107-110.

［3］陈建青，任国良. 农产品批发市场的发展演进：集聚、扩散与瓦解——兼论中国农产品批发贸易发展阶段［J］. 经济学家，2012（12）：74-84.

［4］郭智勇，张彬. 我国农产品批发市场转型升级何去何从［J］. 中国农民合作社，2020（11）：69-70.

［5］李方圆，毛婷. 大型食用农产品批发市场质量安全管理研究及提升建议［J］. 食品与机械，2018，34（11）：212-216.

［6］李燕萍，陈武. 基于扎根理论的众创空间发展质量评价结构维度与指标体系开发研究［J］. 科技进步与对策，2017，34（24）：137-145.

［7］黎元生. 我国农产品批发市场组织机制：缺陷与创新［J］. 青海社会科学，2006（1）：28-31.

［8］马克思. 马克思恩格斯全集［M］. 北京：人民出版社，1972，25：329-330.

［9］马龙龙. 马克思论批发商品流通［J］. 财贸经济，2005（1）：42-47.

［10］马增俊，徐振宇，纳绍平. 中国农产品批发市场交易技术的演化：基于激励相容视阈的研究［J］. 北京工商大学学报（社会科学版），2011，26（6）：1-8.

［11］米新丽，李志博. 我国农产品批发市场公益性建设思路及实现途径［J］. 物流技术，2013，32（9）：23-24，38.

［12］任燕，安玉发. 农产品批发市场食品质量安全监管分析——基于北京市场的问卷调查和深度访谈资料［J］. 中国农村观察，2010（3）：37 46.

［13］闫浩楠，叶欠，丁宁. 疫情对鲜活农产品流通的启示［J］. 宏观经济管理，2020（9）：34-35.

［14］谭长路. 重庆市农产品批发市场发展现状、问题及对策研究［J］. 西南农业大学学报（社会科学版），2010，8（3）：82-85.

［15］谢珍君. 成都市农产品批发市场微观模式研究［J］. 内江师范学院学报，2014，29（6）：84-88.

［16］姚丽芳，赵彦云，乌日力嘎. 基于民生满意度调查的北京市民生发展指数编制［J］. 统计与信息论坛，2019，34（8）：97-104.

[17] 依绍华. 关于我国物流业发展若干问题的思考——对当前降低物流成本减轻企业负担的几点建议 [J]. 价格理论与实践, 2016 (9): 29-31.

[18] 张闯, 夏春玉, 刘凤芹. 农产品批发市场公益性实现方式研究——以北京新发地市场为案例 [J]. 农业经济问题, 2015, 36 (1): 93-100.

[19] 资武成, 刘超智. 大数据背景下农产品供应链的组织服务创新研究 [J]. 农村经济与科技, 2015, 26 (11): 85-86.

[20] 踪锋. 电子商务环境下农产品批发市场升级研究 [J]. 商业经济研究, 2018 (4): 128-130.

第八章 物流园视角下贵阳市"农批对接"现状研究

一、问题提出

(一)"产销衔接"问题提出

农产品产销对接畅通、供需长期稳定是稳农增收、保障民生的着力点。据统计,2005—2017年共发生农产品滞销事件2615件,涉及16个自治州在内的300个地级市、32个农产品大类。成千上万吨的农产品滞销,农产品价格下跌,生产者"卖难"、消费者"买贵"事件频发,根源依然是生产者和消费者分散、农产品流通信息不对称等原因。2019年暴发的新型冠状病毒肺炎(简称"新冠肺炎")对农产品流通形成阻碍,大量劳动力滞留,生产服务和物流运输中断,市场需求量与供给量大幅减少,导致一些贫困地区的农产品滞销。这为我国农产品市场的建设和发展敲响了警钟,同时也为农产品的产销对接提出了改善和升级的新要求。

根据对接主体与流通过程的不同,产销对接可分为农批对接、农超对接、农社对接等方式。当前,由于我国"大国小农"的农业生产特征,约七成以上的农产品需经由农产品批发市场进行分销[①],同时形成了"农批市场+批发经销商+农户"的产销合作关系。因此,无论是基于农批市场经由量还是其核心地位上来看,农批市场仍然是农产品流通的主渠道,农批对接在未来相当长的一段时间内仍是加强产销衔接的关键所在。

(二)政策综述

1. 国家产销对接政策

(1)加大贫困地区产销对接力度

近年来,党中央的1号文件多次强调推进农产品产销对接。农业农村部

[①] 此数据来源于2020年7月3日商务部市场建设司相关负责人,在国务院联防联控机制新闻发布会介绍农产品市场建设和运营相关问题时提及。

在此基础上进一步提出解决贫困地区产销脱节的措施。通过举办贫困地区农产品展销活动、减免费用、设置扶贫专区等措施加强贫困地区农产品产销对接；农产品一级批发市场作为省内农产品流通的枢纽，易于利用现有场地为贫困地区设置扶贫专区，开展大型展销活动，推动产区和销区构建"点对点"的对接关系，如表8-1所示。

表8-1　　　　　　　关于加大贫困地区产销对接力度政策梳理

部门	政策文件	时间	政策要点
农业农村部	关于印发《2020年乡村产业工作要点》的通知	2020.2	举办重点贫困县和深度贫困区农产品展示展销活动，免费提供摊位
农业农村部	《关于落实党中央、国务院2020年农业农村重点工作部署的实施意见》	2020.2	推动龙头企业、批发市场和电商平台与贫困地区形成稳定产销关系，举办丰收节产业扶贫产销对接专场
国务院扶贫办综合司	《关于做好2020年产业扶贫工作的意见》		开展贫困地区农产品产销对接活动，鼓励在全国性和省级组织的各类大型展销洽谈会设立扶贫专区，减免相关费用

（2）完善农产品流通基础设施建设

完善农产品流通基础设施建设是农产品产销衔接的必要条件。近年来，国务院及农业农村部从建设销地批发市场及冷链物流体系方面做出指示，并提出品牌化与信息化发展，为农批市场的规划与发展指明方向，如表8-2所示。

表8-2　　　　　　　关于完善农产品流通基础设施建设政策梳理

部门	政策文件	时间	政策要点
国务院	《国务院关于促进乡村产业振兴的指导意见》	2019.6	提升农产品加工流通业，统筹农产品产地、集散地、销地批发市场建设，加强农产品物流骨干网络和冷链物流体系建设
农业农村部	《关于支持长江经济带农业农村绿色发展的实施意见》	2018.9	扶持贫困地区农产品产销对接，加强产地市场和仓储冷链物流体系建设，打造特色品牌，提升产销信息服务水平
农业农村部	《关于加快农产品仓储保鲜冷链设施建设的实施意见》	2020.4	提升仓储保鲜冷链信息化与品牌化水平，促使产销对接更加顺畅

(3) 推动农产品信息服务体系建设

农产品批发市场作为农业流通领域的主要环节,其规模和效率不断提升,功能业态不断丰富,其中农批市场信息化是批发市场转型升级的核心因素。我国各级政府部门在政策文件中提出,通过运用新一代信息技术,对农产品生产、流通、加工等全过程开展数字化转型,以大数据推动产业升级。对于流通领域,要求农批市场推进电子结算、智能物流、电子商务等方面的建设,强化农产品产销衔接,如表8-3所示。

表8-3　　　　关于推动农产品信息服务体系建设政策梳理

部门	政策文件	时间	政策要点
国务院	《关于加快推进重要产品追溯体系建设的意见》	2016.1	推动农产品批发市场、集贸市场、菜市场等集中交易场所结合追溯体系建设,发展电子结算、智慧物流和电子商务,实现创新发展
国务院	《关于印发"十三五"国家信息化规划的通知》	2016.12	推动信息技术与农业生产管理、经营管理、市场流通、资源环境融合;推进互联网技术在农业生产、加工、流通等各环节的应用与推广,促进农村和农产品现代市场体系建设
商务部	《关于共同推进农产品和农村市场体系建设的通知》	2017.4	支持重要农产品集散地、农产品批发市场、农产品在线交易商城等建设流通追溯体系,采用电子结算、在线交易等模式智能化采集追溯信息
商务部等12部门	《关于推进商品交易市场发展平台经济的指导意见》	2019.2	支持农产品市场加强现代信息技术在农产品生产、流通和消费全过程应用,搭建线上线下融合的产销对接平台

2. 贵州省产业扶贫政策

(1) 优化农批市场建设发展

提升农批市场的农产品产销衔接功能,带动农产品销售为贫困地区产业造血,如表8-4所示。

表 8-4 贵州省人民政府关于强化农批市场建设发展政策梳理

部门	政策文件	时间	政策要点
贵州省人民政府办公厅	《关于积极推进供应链创新与应用的实施意见》	2018.4	在重要产区、交通枢纽建设一批区域性农产品综合交易市场,支持发展直销、配送、电子商务等农产品流通形式,扩大订单生产规模
贵州省农业农村厅	《真抓实干埋头苦干扛起产业扶贫重任》	2018.7	加大农产品批发市场"产业扶贫蔬菜销售专区"建设,确保相关优惠政策落地

(2) 创新农产品产销对接机制

通过开展农批对接、电商扶贫等多种方式创新产销衔接机制,破除传统农产品生产、流通到消费端的障碍,畅通农产品销售渠道,如表 8-5 所示。

表 8-5 贵州省人民政府关于创新农产品产销对接机制政策梳理

部门	政策文件	时间	政策要点
贵州省人民政府办公厅	关于印发《贵州省发展蔬菜产业助推脱贫攻坚三年行动方案(2017—2019年)》的通知	2017.9	推进"农校""农超""农批"等对接,建立长期稳定的产品供需关系
	《关于进一步做好贵州绿色农产品销售工作的通知》	2019.3	推动电商扶贫与产销对接深度融合,持续推动贵州农产品上行

(3) 布局智慧化产销对接平台

从农业方面要求构建全产业链的数据库,同时推进农批市场信息化改造,如表 8-6 所示。

表 8-6 贵州省人民政府关于布局智慧化产销对接平台政策梳理

部门	政策文件	时间	政策要点
贵州省人民政府办公厅	关于印发《贵州省发展农业大数据助推脱贫攻坚三年行动方案(2017—2019年)》的通知	2017.9	构建农业产业脱贫攻坚大数据平台和APP应用。构建农业产业生产、加工、物流、市场、销售全产业链的农业产业脱贫攻坚大数据库

续表

部门	政策文件	时间	政策要点
贵州省人民政府	《贵州省批发零售业上规提质三年行动计划（2019—2021年）》	2019.4	推进传统农批（贸）市场信息化改造和转型升级，推广智能（溯源）电子秤和移动聚合支付。支持贵阳农产品物流园、遵义黔北物流新城信息化改造
	《贵州省服务业创新发展十大工程行动方案》解读	2020.6	加快推进农产品生产数字化、销售终端智能化、产销对接智慧化。推动批发市场、农贸市场等各类终端信息化改造，建成全省农产品产销智慧对接平台

（三）文献综述：产销衔接的影响因素分析

我国农业"人多地少"，农产品市场"小生产、大市场"的特点，使农产品长期供需稳定成为难题，而产销对接顺利是解决问题的关键。本研究以产销对接为基础，从农业信息化程度、品牌效应、政策支持、物流园物流体系建设几方面对农产品流通过程中制约产销对接的相关因素进行综述，为后文影响因素的选择及数量关系的归纳分析奠定理论基础。

1. 农业信息缺失是农产品销售不畅的根源

我国农产品流通形式呈现多样发展的趋势，但信息不对称、不通畅仍是当前农产品陷入供不应求和销售不畅的根源。一方面，我国农产品生产数据主要由国家统计局、农业部和国家粮食局监测，农业数据开放程度不足，信息孤岛、数据壁垒、数据碎片化问题在农户与市场间尤为明显。另一方面，农户在销售农产品时过度依赖收购商或代理商，导致需求信息和物流信息来源单一，加之农户的文化水平不高，对互联网的应用能力有限，对现有信息的综合处理分析和利用能力也有所欠缺，从而削弱了信息流动性。

2. 农产品品牌成为农产品销售的重要影响因素

农产品品牌效应不强、市场认知度低下，使得优质农产品不能获得更高的市场价值。同时受地域性和培育技术的影响，农产品产量和品质也表现出明显的差异性。伴随我国农业发展的提档升级，消费者的消费观念也发生了极大的转变，从"消费产品"转为"消费品牌"。这一观念的转变也间接说明提升农产品的品牌竞争力是时代发展的需要，也是国内消费者的诉求。

3. 惠农政策的长效机制有助于农产品销售

随着精准扶贫和乡村振兴工作的逐步推进,针对农产品产销对接问题,政府部门出台了一系列相关政策,但新冠肺炎疫情期间,农产品大量滞销事件频繁发生,在一定程度上反映了惠民政策的"落地难"问题。可见各地政府在建立对接机制时未做到对接的可持续性,只是在农产品滞销后帮助农民寻找销售渠道,这种短暂的救助手段虽然能够解决当前的难题,但未能解决农产品滞销的根本问题。部分学者认为加大包括生产、流通、技术在内的农产品市场体系建设是保障农产品产销对接的首要任务,在此基础上应给予对接主体税收、融资、审批等方面的优惠政策,激发参与主体加快产销对接的积极性;最后,政府应为产销对接提供一定的外部保障,既要在种植前提供预警与指导服务,又要在种植后提供积极宣传和推介服务,促进产销对接的顺利进行。

4. 冷链体系不完善是农产品产销对接的主要障碍

我国农产品的巨大物流量在一定程度上印证了我国是农业大国的事实,其中未经深加工的鲜活农产品流通量占整个商品流通市场的80%。但农产品的运输与配送却是长期以来困扰农产品产销对接的首要问题。冷链物流建设薄弱,冷藏、冷鲜库建设不到位导致新鲜农产品在物流环节损失较大,从而导致物流成本过高。生鲜农产品在到达消费者手中之前通常要经过采摘、加工、运输、存储、配送等多个环节,冷链物流系统的不完善在很大程度上延长了物流链的长度,不仅导致农产品腐败变质的可能性增加,还直接影响下一轮产销对接。

综上所述,国内外学者对农产品产销对接的研究涵盖了对接主体品牌意识、中间环节信息流通、政策外部保障及物流园经营环境等方面,从不同的角度对产销对接进行了深入分析,并针对不同的成因,为加快农产品对接提供相应的对策和建议。本研究将在已有理论的基础上进一步探究物流园视角下"农批对接"的发展瓶颈,深度挖掘制约农产品产销对接的影响因素,为提高产销对接效率提供参考意见。

二、基于物流园的农产品供需情况分析

本部分以贵阳市农批市场及其经销户为主要研究对象,探讨农批对接影响因素。依据贵阳农产品批发市场交易状况,货源广泛,本省占比最高,蔬菜、水果等生鲜方面销售基本覆盖本市居民的生鲜消费需求,因此将主要概述贵州省农业生产与贵阳市生鲜消费需求。

(一) 贵州省农产品生产销售情况

1. 种植环境[①]

(1) 碎片化种植

贵州省位于云贵高原东部地区，地势西高东低，属于典型的喀斯特地形地貌。其境内高原山地分布广泛，地貌包含了高原山地、丘陵和盆地三种基本类型。其中全省92.5%的面积为山地和丘陵，利于现代农业发展的平坝区较少，500亩以上坝区仅有1641个，仅占全省耕地面积的7.2%，地块分散使得农产品碎片化种植问题突出。

(2) 季节性种植

贵州属于高原季风湿润气候区，对于农产品种植而言，受季节因素影响明显。从物流园视角来看，在夏秋季节物流园区内80%的蔬菜由本省供应，其余20%的蔬菜由省外调运，大多为品种调剂。而冬春季节85%的蔬菜主要来自其他省份，如云南、广西、四川、海南、山东等地。综合全年情况看，产自本省的蔬果占交易总量的30%左右，主要来自惠水、罗甸、开阳、纳雍、平坝、普定、威宁、关岭、长顺、镇宁等地区[②]。(表8-7)

表8-7　　　　　　　　贵州省全年蔬菜主要供应来源

月份	供应来源	主要区域
5—10月	本省供应	惠水、罗甸、开阳、纳雍、平坝、普定、威宁、关岭、长顺、镇宁等地区
1—4月 11—12月	省外供应	云南、广西、四川、海南、山东等地

2. 生产主体

中国是以小农户为主要农业生产经营主体的国家，生产组织形式上具有明显的"大国小农"特征。据统计，农村人口农民合作社达到6.81万户，能够正常运转经营的仅有20%左右，种养合作社覆盖约305.33万人，仅占乡村人口数的15.8%。同时，我国农户受教育水平普遍偏低使得本省农业种植专业化程度较低，科学管理水平不高。

[①] 种植环境资料由贵州省农业农村厅资料整理所得。
[②] 本部分数据由贵阳农产品物流园提供。

3. 生产情况

(1) 单位产出效益提高

"十三五"期间，贵州省农业增加值增长近5.7%，"黔货出山"共计销售农产品320亿元；传统玉米等粮食种植面积不断减少，高附加值的经济作物种植面积显著增加。2018年，贵州省坝区亩均产值增长30%以上，种植业增加值1438.46亿元，比上年增长8.3%。全省粮食总产量达到1060万吨，单位面积产量达到3867千克/公顷；蔬菜及食用菌产量共2610.59万吨；园林水果305.32万吨；中药材57.67万吨。

(2) 主要农产品产量

2019年粮食作物总产量达到1051.24万吨，呈现出明显的下降趋势。其主要原因在于玉米等作物播种面积的减少及其他经济作物播种面积的不断增加。2017年玉米种植面积下降了3.4%，2018年全年调减了785万亩玉米，替代的高效经济作物达到667万亩。2019年，蔬菜及食用菌年产量共计2735.44万吨，较上年增长近4.7%；水果总产量达到441.98万吨，比上年增长19.8%。（表8-8）

表8-8　　　　　　　　贵州省主要农作物年产量（单位：万吨）

总产量	年份				
	2015	2016	2017	2018	2019
粮食作物	1214.57	1264.26	1242.45	1059.70	1051.24
蔬菜及食用菌	1731.88	2033.56	2272.16	2613.4	2735.44
水果	216.89	235.84	280.14	369.01	441.98

(3) 重点产业产量增加

2019年，贵州省食用菌产业、特色水果产业、蔬菜产业、辣椒产业等农村产业革命12项重点产业[①]都取得了明显进展，特色优势产业规模进一步扩大。一是果园面积达1029.94万亩，比上年末增长18.5%；林果产量370.85万吨，比上年增长26.5%，蓝莓、李子种植面积全国第一，猕猴桃、火龙果、刺梨、百香果等产业在全国范围名列前茅；二是蔬菜及食用菌种植面积共计2153.40万亩，增长2.5%，产品产量达到2735.44万吨，增长4.7%，本省辣

---

① 贵州省12个农业特色优势产业：茶叶、食用菌、蔬菜、生态畜牧业、石斛、水果、竹、中药材、刺梨、生态渔业、油茶、辣椒。

椒产量及销量均位居全国第一。

4. 销售情况

尽管贵州省农产品产量实现稳定增长，但近几年农产品滞销问题仍然严重，农民增产不增收的问题依然存在，严重伤害农民种植的积极性并损害经济利益。以下是根据政府官网与媒体新闻收集的滞销情况（表8-9），并且未经媒体公开的农产品滞销情况客观上依然大量存在。

表8-9　　　　　　　　贵州省农产品部分滞销情况梳理

年份	地区	滞销品类
2017	黔西南州义龙新区万屯镇	杨梅（75000万斤）
	黔东南苗族侗族自治州镇远县	红桃（90万斤）
	遵义市红花岗区金鼎山镇	葡萄（10万斤以上）
	六盘水市六枝特区新窑镇	生姜（20万斤）
	贵安新区高峰镇	莲藕（120万斤）
	贵州兴义万峰湖	鱼（3000余万斤）
2018	贵阳清镇市	小黄姜（330万斤）
	铜仁印江土家族苗族自治县	高原香菇（1.8万斤）
	黔西南贞丰县	李子（150000万斤）
	安顺市关岭布依族苗族自治县	土豆（500万斤）
	黔东南苗族侗族自治州	脆红李（4万斤）
2019	黔东南州榕江县忠诚镇	甘蔗（5000万斤）
	黔西南贞丰县	四月李（数千万斤）
	毕节市威宁县	白萝卜、白菜、莲花白（数千万斤）
	修文县洒坪镇	猕猴桃（15万斤以上）
	毕节市纳雍县	白萝卜（3500万斤以上）
	黔西南州兴义市顶效镇	红薯（200万斤）
	遵义市绥阳县	蜜本南瓜（20万斤以上）
2020	黔南州惠水县好花红镇	土鸡（200万只）
	贞丰市白层镇	甘蔗（8000万斤）
	贵阳市开阳县	生态富硒鸡蛋（38万枚）
	六盘水市保华镇	香葱（2万斤）
	六盘水市	冰菜（20万斤）

续表

时间	地区	滞销品类
2020	黔南州瓮安县银盏镇	蒜苗（6万斤）
	遵义市余庆县白泥镇	莴笋（10万斤以上）
	黔东南苗族侗族自治州黄平县	稻米（4万斤）
	黔西南州兴仁市	西瓜（5000万斤）
	黔南布依族苗族自治州长顺县	小瓜（110万斤）
	铜仁市沿河土家族自治县夹石镇	辣椒
	贵阳市修文县	猕猴桃（2万余斤）

注：根据政府网站与媒体报道整理。

（二）贵阳市农产品消费情况

1. 农产品需求情况

贵阳市作为贵州省的省会，下辖六区三县以及清镇市一个代管县级市，总面积8034平方千米，人口量超过全省人口的1/14，是贵州省经济最发达的城市，也是贵州省生鲜农产品消费的主要市场之一。2019年全市生产总值4039.60亿元，人均生产总值81995元。其中，城镇居民人均可支配收入为38240元，比上年实际增长率多6.0%；农村居民人均可支配收入17275元，比上年实际增长率多7.6%。

根据《贵州省统计年鉴》公布的贵州省主要消费品全年人均消费量，以贵阳市2019年平均常住人口为492.67万人规模计算，估计贵阳市全年粮食消费量58.47万吨，蔬菜消费量35.17万吨，水果消费量13.30万吨。蔬菜水果均较前年有所增加，其中水果增长幅度比较明显，如表8-10所示。

表8-10　　　　　　　　　贵阳市近五年主要农产品消费需求

指标	2015	2016	2017	2018	2019
人口总数（万人）	458.89	465.93	474.94	484.2	492.67
粮食全年总消费量（万吨）	70.05	67.16	63.64	57.19	58.47
蔬菜全年总消费量（万吨）	42.35	40.12	38.61	35.04	35.17
水果全年总消费量（万吨）	9.39	10.67	11.04	11.69	13.30

2. 农产品消费渠道

（1）农批市场及零售网点

目前，贵阳市形成两个一级农产品批发市场，同时有百余家农贸市场、生鲜超市、社区菜店等零售网点，基本满足城乡居民的消费需求。

（2）连锁商超

贵阳市目前有合力超市、沃尔玛、北京华联、星力百货、宾隆购物等连锁商超。连锁零售商超通过在农产品批发市场设置加工物流中心，充分利用农产品批发市场丰富的商品资源和交易平台，实现快速集货。

（3）餐饮企业及机关单位食堂

餐饮企业及机关单位食堂的原材料采购主要是通过果蔬配送企业来完成。果蔬配送企业以订单为依据，在批发市场为餐饮企业及机关单位食堂代采购、代加工，通过物流配送到指定地点。而本地蔬菜直供给机关、学校、医院等单位食堂的比例约占6%。

（4）电商平台

生鲜电商的发展拓宽了农产品销售渠道，助力本土农产品"出村进城"。根据中国信息通信研究院发布的《中国数字经济发展白皮书（2020年）》显示，2019年贵州数字经济增速为22.1%，连续5年排名全国第一。盒马鲜生、京东7FRESH、苏宁小店等生鲜电商均在贵阳布局开店。

（三）小结

农产品生产与销售方面。从种植环境上来看，省内利于种植的耕地面积较小，且500亩以上的坝区数量不多，呈现出碎片化种植的特点。由于自然气候的影响，贵州省整体蔬菜供应呈现出"二八交替结构"，即季节性明显。产量上表现出"两增一减"的特征，即蔬果年产量增加，粮食产量减少。在农业生产经营主体方面，"大国小农"、流通主体分散化、生产经销户受教育程度不高，以及我国农业生产规模化、专业化程度较低的生产流通特征，最终表现为小农户与大市场对接不畅。

农产品消费方面。贵阳市居民对粮食与蔬菜的年消费量总体逐渐趋于稳定，水果全年消费量有上升趋势。另外从骨干农产品交易市场到农贸市场、生鲜电商等零售网点布局已成型。但近些年本省水果、蔬菜等农产品生产有大量滞销情况发生。

三、贵阳市物流园"农批对接"现状分析

基于省、市联动的"菜篮子"工程，农产品物流园成为"黔货出山"的

桥头堡。贵阳农产品物流园、贵阳地利农产品物流园及贵州双龙农副产品交易中心①成为促进农批对接的主力军。

图 8-1　贵阳市物流园相对位置图

(一) 园区发展现状

1. 贵阳农产品物流园

(1) 基本情况

贵阳农产品物流发展有限公司是由贵阳农投集团②等国有企业共同出资、注册成立的国有企业控股企业。贵阳农产品物流园（简称"贵农物流园"）位于贵阳市修文县扎佐镇，园区内有蔬菜、水果、肉类、干货粮油、食用菌、冻品等农副产品交易区及冷链仓储区、加工配送区、综合交易楼、电商孵化博览中心、农旅商结合示范区六大功能板块。据市场管理方介绍，从2019年3月至2020年10月底，贵农物流园累计交易农副产品178.8万吨，交易额达110亿元。其中，蔬菜交易量为126万吨，交易额达50亿元；水果交易量为

---

① 贵州双龙农副产品交易中心位于贵州省黔南布依族苗族自治州龙里县，距离贵阳市中心仅15千米。在贵阳市农产品交易的区际贸易中发挥了重要作用。因此，按照经济区域为划分标准，将双龙交易中心视为贵阳市重要的农批市场（相对位置如图8-1所示）。

② 贵阳农投集团是贵阳农产品物流园的主要投资企业。现有贵阳三联乳业有限公司、贵阳市奶品供应站、贵州省红枫湖畜禽水产公司、贵阳市农业机械公司、贵阳市蔬菜有限责任公司5家企业。

42万吨，交易额为45亿元。日均农副产品交易量约为3347吨，日均交易额达到2059万元。该物流园已经逐步发展成为贵阳市，乃至贵州省的农副产品集散中心。

目前贵农物流园的母公司，贵阳农投集团已经步入全产业链发展轨道。从零售端来看，贵阳农投集团旗下154家门店的贵阳惠民生鲜连锁超市已实现在物流园区驻点采购。在生产端，贵阳农投集团在本省建设50万亩的蔬菜生产基地，其中20万亩为自建生产基地，另有30万亩蔬菜基地以订单农业的形式运作，蔬菜年产量共计250万吨。此外，贵阳农投集团还有日产量达4万余吨的淡水鱼养殖基地及年销售额达12亿元的乳制品加工企业，初步形成集生产、批发和零售于一体的农产品全产业链。

（2）农批对接措施[①]

①组建产业扶贫工作专班。为实现精准对接、精准帮扶企业组建了扶贫工作小组，分派到"9+3"县区开展基地对接工作并长期驻扎，深入了解基地情况，及时反馈基地信息，引导农户转变市场观念，有效地推进产销对接工作。

②设置农产品扶贫专区。贵阳农产品物流园设立2.2万平方米的"贵州农产品销售扶贫专区"，为全省扶贫基地农产品销售提供免铺位租金、免进场费、免铺位使用履约保证金的专用档口。共有威宁、长顺、惠水、望谟、榕江、从江、修文等88个区（市、县）的100余家扶贫基地、合作社签约入驻园区，涉及种植面积约20万余亩，带动贫困人口10000余人。

③开展农产品销售活动。园区每年举办上百场农产品销售公益活动。2020年先后举办国际年会节活动、贵州扶贫农产品产销对接活动，向重庆、上海等地推广本省农特产品促销等公益活动。截至2020年10月，已完成17.23万吨本省农产品销售量，大力推动全省农产品，尤其是扶贫地区的农产品出村进城。

④组织农民参加技能培训。2020年8月和9月先后协助惠水县、安顺市组织开展关于农产品销售、产品认证等方面的培训，培训人员达300多人。此外，扶贫专班人员、园区农产品经纪人深入农产品基地、分拣中心等环节就产品采摘、分选、包装等技能进行现场指导，培训人次突破2000人。

⑤建立长期稳定的产销衔接关系。贵农物流园与贵阳市惠民超市、合力超市等大型商超，拼多多、京东等电商平台及部队军营、首钢贵阳特殊钢有

---

① 以下数据由贵阳农产品物流园管理方提供。

限责任公司、贵州财经大学等企事业单位的机关食堂构建稳定、长期的产销衔接关系，约定优先采购贫困专区的农产品。

2. 贵阳地利农产品物流园

（1）基本情况

贵阳地利农产品物流园（简称"地利物流园"）位于贵阳市花溪区，是由市人民政府招商引资建设的一级农产品批发市场。该物流园于2011年10月开业，总规划用地面积900亩，一期占地面积约481亩。当前设有蔬菜、果品、地产菜和干货等交易区。园区内有3000余个签订长期合同的固定经营商户，同时有未签订合同的2000余个季节性经营户。2019年，地利物流园各品类农产品交易量共计185万吨，全年交易额约为100亿元，承担着稳定市场价格、保障本市及本省蔬菜与水果供应的基本职能。

（2）农批对接措施

据地利物流园介绍，该公司利用自身从生产到销售的全产业链服务，实现精准扶贫。在生产环节，大方的地利种植育苗基地为当地贫困户提供了超过1300万株的优质蔬菜种苗。在批发环节，贵阳地利物流园特设"扶贫蔬菜销售专区"，为贫困地区的农户提供租金减半或全免、进场费减半的优惠政策。例如，2017年园区内提供364个车位场地供地产菜销售，并提供进场费全免、租金减半的优惠；2019年，园区提供40个车位场地供地产菜销售，并承诺租金全免，进场费降低10%的优惠。在零售环节，曾开展平价蔬菜进社区等活动。

3. 贵州双龙农副产品交易中心

（1）基本情况

贵州双龙农副产品交易中心（简称"双龙交易中心"）占地面积约1000亩，主要经营进口水果、蔬菜和省内农副产品。2019年，果蔬经营户有800余户，日均进场水果和蔬菜达4800余吨。此外，该交易中心具有明显的交通和区位优势。双龙交易中心距离贵阳市中心仅15千米，离龙洞堡国际机场仅8千米，毗邻兰海高速龙里西站，远低于同类农批市场距市中心的平均距离。

（2）农批对接措施

据市场方介绍，贵州双龙农副产品交易中心从2015年3月开业至2019年末，在交易中心内为贵州省内20个极贫乡镇设立了扶贫蔬菜销售专区，共有9个市（州）的179家蔬菜生产企业和合作社签约入驻专区。2020年该交易中心在严峻的批发市场竞争中，由于缺乏核心竞争力及周边相关业态发展不充分使得自身处于不利地位，加之疫情的影响，2020年上半年经营惨淡。

4. 经营情况分析

(1) 竞争格局

贵阳地利农产品物流园、贵州双龙农副产品交易中心分别于2011年、2015年开业。2015年起，地利物流园与双龙交易中心均在减免车位费、车辆入场费方面给予优惠和现金补贴，以期获得经销商和采购商的青睐。双龙交易中心提出：第一年场地费全免，免半年进场费；优惠期过后，场地费、进场费等定价将与商户代表协议且六年不涨价；依照车型大小，给采购商发放100~2000元不等的现金补贴。地利方面跟随提出减免进场费、车位费，发放补贴等优惠，在取得明显的竞争优势时，地利物流园将收费标准恢复至正常水平。

2019年3月贵阳农产品物流园开业，给予园区经销商和采购商大量优惠政策。开业期间，在贵农物流园交易的批发商、采购商均将获得大额奖励补贴，如每吨蔬菜补贴200~500元现金，补贴达11个月；每吨水果补贴最高达到1000元，补贴时间持续5个月。对于搬迁入驻园区的商户给予装修、搬迁等补贴，补贴金额达到80%。约定入驻之日起，首年内免收租金及佣金；优惠期满后园区的各项经营管理收费将长期低于贵阳及周边非公益性市场。第二年收取的租金及佣金收入的50%返还商户，第三年返还收入30%，第四年返还收入30%，第五年返还收入20%，第六年返还收入10%。

经座谈了解到，非正常的价格补贴行为使得部分经销商迁移至高补贴的园区中，部分园区发生"有场无市"，恶性市场竞争引起社会资源浪费。同时一些经销商用不同的车辆将同一批果蔬拉入、拉出市场以赚取补贴。这种非正当的获益行为已经严重影响了农产品市场价格体系与市场秩序。

(2) 物流标准化运作

在冷库建设方面，贵阳农产品物流园建设标准化冷藏库、冷冻库各一栋，每栋容量达10万吨，利用率已达到60%以上。地利物流园为经销商提供库容为3.5万吨的可租用周转冷库。此外，在共用周转筐、标准托盘等物流标准化设施使用上，贵农物流园、地利物流园与双龙交易中心均缺席，仅在附加值高的进口水果经商户中能看到零星设施。

(3) 金融服务

贵农物流园与贵州工商银行、贵州农业银行、贵州农发行等多家金融机构展开合作，通过第三方金融机构为园区内经销商提供"菜篮子助农贷""菜篮e贷"等信用贷款服务。地利物流园作为中介，能够为经销商出具以往运营与交易材料，支持经销商向贵阳农商银行、邮政银行等金融机构提出贷款申请。在实地访谈中了解到,由于双龙交易中心份额不断缩小,未对经销商提供涉及金融贷款的相关服务。

(4) 信息化建设

贵农物流园正在建设信息化系统,但在实施过程中受到阻碍。电子结算系统尚未实施。主要原因在于园区内部分商户受教育程度不高,对电子化设备接受度较低。此外,因缺乏电子交易系统,食品安全追溯系统目前只能收集分析产品来源、检测情况,无法实现末端销售行为追踪。在数据分析方面,贵农物流园当前可收集产品进出园区数据及价格数据采集。而地利物流园与双龙交易中心尚未进行园区的相关信息平台建设。

5. 小结

从物流园视角来看,在保障城市农副产品供应方面,贵阳市三个农产品物流园均发挥了主体作用,基本满足贵阳市居民每日生活所需。在促进产销对接过程中,贵阳农产品物流园从深入基地、组织培训、搭建扶贫专区、给予进场优惠、组织销售公益活动和建立供销关系等方面进行帮扶。在本省、市政府的引领下,地利物流园与双龙交易中心通过开设扶贫专区、给予场地费用优惠等措施,支持贫困地区的农产品销售。

从综合经营状况发现,各物流园在开办之初,通过场地费优惠及进场交易现金补贴等方式争夺经销商入驻园区交易,引发了经销商投机行为、园区间不当竞争问题,导致市场紊乱。此外,除部分进口水果经营外,园区内的物流运作基本以人工为主,很少采用机械化的标准托盘、叉车运营。在金融支持方面,贵农物流园与地利物流园分别与第三方金融机构达成合作,为经销商提供信用贷款。

(二) 园区经销商销售情况分析

对贵阳市三大农产品交易园区的经销商进行问卷调查,收集其农产品收购与销售相关情况,利用计量模型进行分析,探究物流园经销商在农产品销售过程中遇到的困难及成因,分析农产品流经物流园对产销对接过程的影响因素。

物流园在贵阳市农产品流通中占据核心地位,是改善产销对接现状的重要一环,本研究将以物流园为视角,重点讨论以下五方面的内容。

问题一:销售本地农产品是否会影响物流园经销商农产品销售?

问题二:物流园经销商农产品收购过程中影响农产品销售的主要因素是什么?

问题三：物流园经销商农产品销售过程中影响农产品销售的主要因素是什么？

问题四：政策支持是否有助于物流园经销商农产品销售？

问题五：物流园环境满意度是否提升农产品销售？

1. 变量设定及研究假说

本研究重点研究物流园视角下贵阳市"农批对接"的影响因素，为了反映农产品销售情况，设定"农产品是否滞销"为被解释变量 Y，具体赋值见表 8-12。根据实地调研，贵阳市三大农产品交易园区均设有"扶贫专区"用以促进本地农产品的销售，因此将物流园经销商"是否销售本地农产品"设置为核心解释变量 X。

为了保证研究的科学性和严谨性，设置部分控制变量。首先，物流园作为整个农产品流通过程中的中间一环，同时涉及农产品的"流入"和"流出"，因此本研究加入与经销商的"收购因素（X_{1ij}）"和"销售因素（X_{2ij}）"作为控制变量①；其次，贵州省是重点扶贫大省，国家和地方提出的政策、方针也会对农产品的产销对接产生影响，因此将"政策因素"设置控制变量 X_3；最后，由于物流园的存在不仅为经销商提供了销售摊位，还提供了一定的服务、设备和人流量，在一定程度上反映了经销商日常销售的销售环境，因此本研究加入"物流园总体评价因素"作为控制变量 X_4，用以反映物流园区对经销商农产品滞销情况的影响。

本研究所设置变量之间的函数关系如（8-1）式：

$$Y = f(X, X_{1ij}, X_{2ij}, X_3, X_4) \tag{8-1}$$

（1）核心解释变量（X）

核心解释变量为"是否销售本地农产品"，用以分析对本地农产品的销售是否会影响物流园经销商的农产品销售。本研究提出以下假设：

H0：X 对 Y 具有正向影响。

（2）收购因素（X_{1ij}）

X_{1ij} 具体包括的因素有：①收购时优先考虑因素 X_{11j}，包含 $X_{111} \sim X_{115}$，共 5 个变量；②农产品收购方式 X_{12j}，包含 $X_{121} \sim X_{124}$，共 4 个变量；③收购信息来源 X_{13j}，包含 $X_{131} \sim X_{134}$，共 4 个变量。本研究提出以下假设：

H1：$X_{111} \sim X_{115}$、X_{122}、X_{123} 及 $X_{132} \sim X_{134}$ 对 Y 具有反向影响；X_{121}、X_{124}、X_{131} 对 Y 具有正向影响。

---

① 注：i 表示二级指标编码（i=1，2，3）；j 代表三级指标编码（j=1，2，3，4，5）。

(3) 销售因素（X_{2ij}）

X_{2ij}具体包括的因素有：①产品销售渠道X_{21j}，包含X_{211}~X_{214}，共4个变量；②互联网销售X_{22}；③农产品定价方式X_{23j}，包含X_{231}~X_{233}共3个变量。提出以下假设：

H2：X_{211}~X_{214}、X_{22}、X_{231}及X_{233}对Y具有反向影响；X_{232}对Y具有正向影响。

(4) 政策因素（X_3）

政策因素包括的变量为"是否享受政府政策支持"，即X_3，用以衡量有关经销商惠农政策的落地情况，进而探究政策支持对农产品产销对接的影响。由此，提出以下假设：

H3：X_3对Y具有反向影响。

(5) 物流园评价因素（X_4）

物流园评价因素包括的变量为"物流园贵州省本地农产品销售现状评价"，即X_4，具体赋值见表8-12，用以描述经销商对物流园农产品销售情况的满意度。提出以下假设：

H4：X_4对Y具有反向影响。

2. 样本来源及变量赋值与特征

本研究通过对贵阳市农产品物流园、贵阳地利农产品物流园以及贵州双龙农副产品交易中心三大农产品交易场所实地调查，向物流园区经销商发放问卷，共收集到问卷296份，其中有效问卷287份。样本具体统计数据如表8-11所示。

表8-11　　　　　　　　　　样本数据分布

物流园名称	样本数	所占比例（％）
贵阳市农产品物流园	126	43.90
贵阳地利农产品物流园	148	51.57
贵州双龙农副产品交易中心	13	4.53
合计	287	100

具体变量赋值及变量特征如表8-12所示。

3. 样本数据统计分析

(1) 核心解释变量统计性描述

在287份有效问卷中，销售本地农产品的经销商问卷共有82份，其中出现滞销现象的样本有47份，占比57.32%；而未销售本地农产品的经销商问卷

表 8-12　变量赋值及特征

变量			变量赋值	观测值	均值	标准差
因变量	农产品是否滞销（Y）		1=是；0=否	287	0.383	0.487
核心变量（X_{1ij}）		是否销售本地农产品（X）	1=是；0=否	287	0.286	0.453
收购因素（X_{1ij}）	收购时优先考虑因素（X_{11j}）	收购时是否考虑农产品特色（X_{111}）	1=是；0=否	287	0.627	0.484
		收购时是否考虑农产品采购价格（X_{112}）	1=是；0=否	287	0.794	0.405
		收购时是否考虑农产品质量标准（X_{113}）	1=是；0=否	287	0.847	0.361
		收购时是否考虑农产品牌效应（X_{114}）	1=是；0=否	287	0.328	0.470
		收购时是否考虑仓储运输方式（X_{15}）	1=是；0=否	287	0.261	0.440
	收购方式（X_{12j}）	是否自己收购（X_{121}）	1=是；0=否	287	0.801	0.400
		是否他人代理收购（X_{122}）	1=是；0=否	287	0.638	0.482
		是否与生产基地合作（X_{123}）	1=是；0=否	287	0.620	0.486
		是否自种自收（X_{124}）	1=是；0=否	287	0.111	0.315
	收购信息来源（X_{13j}）	是否有自己的交易信息来源（X_{131}）	1=是；0=否	287	0.965	0.184
		收购信息是否来源于园区发布信息（X_{132}）	1=是；0=否	287	0.484	0.501
		收购信息是否来源于政府信息（X_{133}）	1=是；0=否	287	0.233	0.424
		收购信息是否来源于媒体信息（X_{134}）	1=是；0=否	287	0.213	0.410

续表

变量		变量赋值	观测值	均值	标准差
销售因素 (X_{2j})	产品销售渠道 (X_{21j})	是否销售给菜贩子 (X_{211})	1=是;0=否	287	0.774	0.419
		是否销售给超市 (X_{212})	1=是;0=否	287	0.864	0.343
		是否销售给电商 (X_{213})	1=是;0=否	287	0.495	0.501
		是否销售给餐饮企业或机关团体 (X_{214})	1=是;0=否	287	0.624	0.485
	是否有互联网销售 (X_{22})		1=是;0=否	287	0.202	0.402
	农产品定价方 (X_{23j})	是否随行就市 (X_{231})	1=是;0=否	287	0.801	0.400
		是否预先协定价格 (X_{232})	1=是;0=否	287	0.153	0.361
		是否根据产品品相、新鲜程度、品种品质等指标定价 (X_{233})	1=是;0=否	287	0.387	0.488
政策因素 (X_3)	是否享受政府政策支持 (X_3)		1=是;0=否	287	0.390	0.489
物流园评价因素 (X_4)	物流园贵州省本地农产品销售现状评价 (X_4)		1=非常差; 2=比较差; 3=一般; 4=比较好; 5=非常好	287	4.098	0.864

有 205 份，出现滞销的问卷有 63 份，占比仅 30.53%。

（2）控制变量统计性描述

①农产品收购情况。本研究重点对经销商在收购农产品时优先考虑的因素、农产品的收购方式以及收购信息来源进行了重点调查。具体统计结果如下：·优先考虑的收购因素。有 84.67% 的经销商会优先考虑农产品质量标准，有 79.44% 的经销商会优先考虑采购价格，有 62.72% 的经销商会优先考虑农产品特色，有 32.75% 的经销商会优先考虑农产品的品牌效应，有 26.13% 的经销商会优先考虑仓储运输方式。

·收购方式。有 80.14% 的经销商会采取自己收购的方式，有 63.76% 的经销商会采取他人代理收购的方式，有 62.02% 的经销商会采取与生产基地合作的方式，有 11.15% 的经销商会采取自种自收的方式。

·收购信息来源。287 名被调查者中 96.52% 的经销商根据自己的信息进行收购，48.43% 的经销商信息来源于园区发布，有 23.34% 的经销商根据政府信息进行收购，21.25% 的经销商根据媒体信息进行收购。

②农产品销售情况。本研究重点对农产品的销售渠道、互联网上销售情况以及农产品定价方式进行调查。具体统计结果如下：

·销售渠道。将农产品销售给超市的经销商占比 86.41%，将农产品销售给菜贩子的经销商占比 77.35%，将农产品销售给餐饮企业或机关团体的经销商占比 62.37%，将农产品销售给电商的经销商占比 49.48%。

·互联网销售。有 20.21% 的商户在互联网上进行农产品销售。

·农产品定价。有 80.14% 的经销商采取随行就市的定价方式，有 38.68% 的经销商根据产品品相、新鲜程度、品种品质等质量指标进行定价，有 15.33% 的经销商采取预先协定价格的定价方式。

③政策支持情况。在滞销的 110 份样本问卷中，仅有 28 位被调查者曾收到过政策支持，占比 25.45%，在不存在滞销的 177 份问卷中有 84 位被调查者曾收到过政策支持，占比 47.46%。

④物流园总体评价情况。在滞销的 110 份样本问卷中，有 69 位被调查者给予物流园比较好或非常好的评价，占比 62.73%，在不存在滞销的 177 份问卷中有 134 位被调查者给予物流园比较好或非常好的评价，占比 75.71%。

4. 模型设定

由于本文研究的因变量，"农产品是否滞销"属于二元离散选择变量，因此选用二元 logit 模型，通过逐步回归，来探究变量之间的关系。模型（1）加入收购因素（X_{1ij}），模型（2）加入销售因素（X_{2ij}），模型（3）加入政策因素（X_3），模型（4）加入物流园评价因素（X_4），核心解释变量 X 参与所有模型的回归。具体模型如（8-2）式：

$$LogitP = ln\frac{P}{1-P} = \beta_0 + \sum_{i=1}^{k}\beta_i X_i \qquad (8-2)$$

公式（8-2）中 P 表示当经销商出现滞销情况，即因变量 Y＝1 时的概率，记为 P＝（Y＝1｜X），取值范围为 0~1，则 1－P 表示当经销商未出现滞销情况，即因变量 Y＝0 时的概率，记为 P＝（Y＝0｜X）；β_0 表示常数项；β_i 表示待估参数，X_i 表示解释变量。

5. 经销商销售影响因素分析

本文借助 STATAMP-64 对调查数据进行处理。从整体上看，三个模型的总体显著性检验（Prob > chi2 值）表明整个方程所有系数（除常数项）的联合显著性很高，表示三个模型都具有良好的显著性；从模型（1）到模型（4）的拟合度水平（Pseudo R^2 值）呈现不断增长的趋势，表明三个模型的拟合度逐步增加，即逐步引入的变量对模型整体解释力的贡献逐步加大。同时引入控制量之后，大多数影响因素变量的显著性和作用方向未发生改变，即模型体系具有较好的稳健性。

结果如表 8-13 所示。

（1）核心变量对农产品滞销影响分析

数据结果显示，在模型（1）～（4）中"是否销售本地农产品"因素的系数均为正，并在 1% 的水平上显著，说明销售贵州省本地农产品导致经销商大概率出现滞销情况，H0 得到验证。在"大城市、大农村，欠开发、欠发达"的贵州拥有丰富而独特的农产品资源，但仍存在专业化程度低、技术设备落后、运销成本高、产销信息不对称等问题。同时，由于贵州省土地资源环境分布不均，该地主要农产品的经营方式是以坝子经济为主的分散经营模式，具有明显的地域特征，难以形成大规模的产业带，品牌影响力弱，市场竞争力差；最终导致市场推广困难，消费者认可度较低，农产品大概率滞销。回归结果也进一步印证了学者们的研究。

（2）收购因素对农产品滞销影响分析

模型（1）回归结果显示，"是否自己收购"的回归结果在 1% 的水平上显著，且回归系数（β＝1.152）为正，表明在众多经销商中，采取"自己收购"方式采购农产品的经销商滞销的可能性更大，H1 部分得到验证。本研究通过实地访谈了解到，园区内大部分经销商拥有 10～20 年的从业经验，但如果采取"自己收购"的方式采购农产品，仍然会出现大概率滞销的情况，这说

表8-13 模型结果

变量名称	模型(1) 回归系数	模型(2) 回归系数	模型(3) 回归系数	模型(4) 回归系数
是否销售本地农产品(X_{11})	1.295*** (4.29)	1.140*** (3.42)	1.289*** (3.72)	1.424*** (4)
收购时是否考虑农产品特色(X_{111})	-0.041 (0.13)	-0.237 (0.7)	-0.137 (0.39)	-0.115 (0.32)
收购时是否考虑采购价格(X_{112})	-0.457 (1.23)	-0.453 (1.14)	-0.322 (0.79)	0.013 (0.03)
收购时是否考虑农产品质量标准(X_{113})	0.655 (1.53)	0.686 (1.51)	0.443 (0.93)	0.507 (1.02)
收购时是否考虑品牌效应(X_{114})	-0.166 (0.43)	0.039 (0.1)	-0.137 (0.33)	-0.362 (0.83)
收购时是否考虑仓储运输方式(X_{115})	0.496 (1.41)	0.298 (0.79)	0.337 (0.89)	0.24 (0.62)
是否自己收购(X_{121})	1.152*** (2.88)	1.230*** (2.39)	1.153*** (2.65)	1.047** (2.35)
是否他人代理收购(X_{122})	-0.051 (0.17)	-0.292 (0.89)	-0.252 (0.75)	-0.283 (0.82)

续表

变量名称	模型(1) 回归系数	模型(2) 回归系数	模型(3) 回归系数	模型(4) 回归系数
是否与生产基地合作(X_{123})	0.036 (0.11)	-0.19 (0.52)	-0.134 (0.36)	-0.194 (0.5)
是否自种自收(X_{124})	-0.268 (0.58)	-0.456 (0.96)	-0.297 (0.62)	-0.157 (0.32)
是否有自己的交易信息来源(X_{123})	0.451 (0.62)	0.553 (0.73)	0.695 (0.91)	0.871 (1.05)
收购信息是否来源于园区发布(X_{132})	-0.412 (1.25)	-0.39 (1.08)	-0.354 (0.95)	-0.104 (0.27)
收购信息是否来源于政府信息(X_{133})	-1.245*** (2.64)	-1.414*** (2.71)	-0.975* (1.75)	-0.952* (1.71)
收购信息是否来源于媒体信息(X_{134})	0.283 (0.56)	0.355 (0.64)	0.071 (0.12)	-0.054 (0.09)
是否销售给菜贩子(X_{211})		0.402 (1.1)	0.37 (0.98)	0.427 (1.11)
是否销售给超市(X_{212})		-0.611 (1.48)	-0.684 (1.63)	-0.563 (1.29)

续表

变量名称	模型(1) 回归系数	模型(2) 回归系数	模型(3) 回归系数	模型(4) 回归系数
是否销售给电商(X_{213})		-0.151 (0.48)	-0.165 (0.51)	-0.22 (0.66)
是否销售给餐饮企业或机关团体(X_{214})		0.307 (0.96)	0.337 (1.03)	0.285 (0.85)
是否有互联网销售(X_{22})		0.512 (1.39)	0.473 (1.26)	0.412 (1.07)
是否随行就市定价(X_{231})		-1.003*** (2.68)	-0.954** (2.57)	-0.914** (2.41)
是否预先协定价格(X_{232})		1.185*** (2.59)	1.038** (2.25)	0.639 (1.31)
是否根据产品品相、新鲜程度、品种品质指标定价(X_{233})		0.014 (0.04)	-0.184 (0.53)	-0.117 (0.33)
是否享受政府政策支持(X_3)			-1.016*** (2.99)	-0.758** (2.13)
物流园总体现状评价(X_4)				-0.634*** (3.24)

续表

变量名称	模型(1) 回归系数	模型(2) 回归系数	模型(3) 回归系数	模型(4) 回归系数
Cons	-2.062** (2.41)	-1.184 (1.2)	-0.833 (-0.84)	1.151 (0.95)
N	287	287	287	287
Prob>chi2	0.0001	0	0	0
Pseudo R^2	0.1156	0.1702	0.1947	0.2234

注：* $p<0.1$；** $p<0.05$；*** $p<0.01$。

明经销商对农产品产销信息和市场信息把握不够，一方面缺少有效的信息供给，另一方面经销商所处的经营环境信息化、数字化程度不够，难以将不断变化的市场信息实时传递。

模型（1）结果还显示，"收购信息是否来源于政府信息"的回归结果在1%的水平上显著，但回归系数（β=-1.245）为负，说明依据政府信息进行收购的经销商在销售产品的过程中滞销的可能性小，H1部分得到验证。政府部门对产销信息的把握程度较经销商自身更高，政府在产销信息收集与发布方面起到了正面作用。但由于政府本身并不是经营主体，仅作为管理部门的政府应进一步引导和支持相关主体进行信息化平台建设，减少信息不对称所带来的损失。

（3）销售因素对农产品滞销影响分析

如模型（2）结果所示，"是否随行就市定价"的结果在1%水平上呈现显著，其系数（β=-1.003）为负，且"是否预先商定价格"的结果虽然也在1%水平上呈现显著，但系数（β=1.185）为正。表明根据市场波动情况进行定价的经销商滞销的可能性更小，而预先商定销售价格的经销商更容易滞销，符合经济学规律，H2部分得到验证。

市场机制会根据市场需求与供给的变动引起价格变动从而实现对资源进行分配，应该在资源配置中起决定性作用，经销商在进行农产品销售时也应该时刻遵守市场规律，按市场行情波动制定产品价格，避免滞销。

（4）政策因素对农产品滞销影响分析

模型（3）结果显示，"是否享受政策支持"因素在1%的水平上显著，系数（β=-1.016）为负，表明享受过政策支持的经销商在销售农产品过程中滞销的可能性更小，H3得到验证。

进一步解释是，贵阳市对不同的农产品经销商采取了不同的政策支持，政策的倾斜往往与经销商的实际收益直接挂钩，能够有效提高经销商的积极性。经描述性统计可知，销售补贴（占比26.13%），如贵阳农产品物流园针对"9+3"贫困地区在园区批发的樱桃出台专项扶贫促销政策，凡是到园区采购上述地区樱桃的采购商，均可享受每筐20元的补贴促销政策，为疫情期间"保供稳价"起到了正面作用；税收减免（占比15.33%）以及物流园区内为贫困地区农产品销售提供免铺位租金、免农产品进场费、免铺位使用履约保证金等优惠扶持，降低了经销商经营成本；贷款贴息等优惠贷款政策（占比15.33%）提高了经销商销售本地农产品的信心；而电商开通补贴、电商经营补贴（占比4.18%）等支持在一定程度上为经销商拓宽了农产品销售渠道。

(5) 物流园评价因素对农产品滞销影响分析

模型 (4) 加入物流园评价因素后,"物流园总体评价"因素在1%的水平上显著,系数 ($β=-0.634$) 为负,说明对物流园总体评价越好的经销商,滞销的可能性就越小,H4 得到验证。

近年物流园在建设过程中提供了场地租赁、冷库、第三方冷链、第三方物流、食品安全检测以及信用贷款金融服务①,经销商对园区所提供的服务满意度如图8-2所示。其中在287位经销商中,对物流园总体表示满意或非常满意的占比70.73%,进一步说明物流园的设施服务对改善经销商的销售环境起到了正面的作用,而销售环境越好,农产品销售情况也越好。

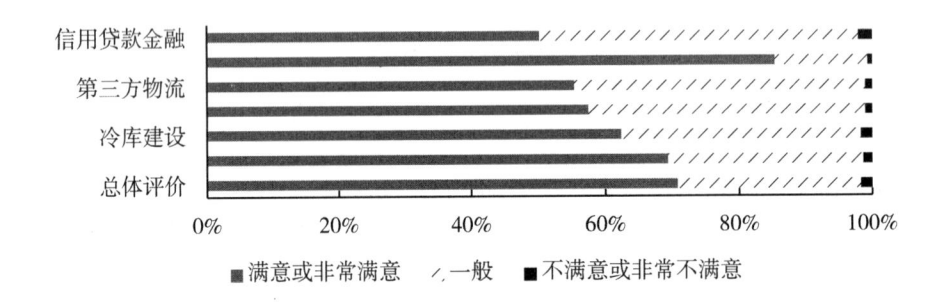

图8-2 经销商对物流园的服务评价

6. 研究结论

本研究通过二元 Logit 模型对园区经销商销售情况进行分析,发现经销商的收购方式、信息来源、政策支持等都会在不同程度上影响农产品的销售,进而降低农产品产销对接的效率。具体而言,采取"自己收购"的方式采购农产品的经销商滞销的可能性更大,而依据政府信息进行收购的经销商在销售产品的过程中滞销的可能性小;预先商定销售价格的经销商滞销的可能性大,而根据市场波动情况进行定价的经销商滞销的可能性更小。由此可得,信息不对称始终是制约农产品滞销的根本原因之一,在很大程度上限制了产销对接的顺利进行。因此要加快物流园信息化、数字化建设,为产销双方提

---

① 2019年5月贵州都市报:贵阳农产品物流园与中国工商银行贵阳市分行、贵阳市农业信贷担保有限公司共同发布"菜篮子助农贷"产品,由贵阳市农业信贷担保有限公司为商户向工商银行提供担保,为已入驻园区一期的近千家经营户、扶贫基地、农村合作社提供信用贷款金融服务。

供更加精准的产销对接机制，而物流园总体评价对农产品销售具有正向影响再次说明了物流园区内部升级改造的必要性。此外按市场规律进行农产品销售也是减少滞销的重要方式，要逐步加强市场导向，充分发挥市场价格机制的调节作用，减少人为干预。

（三）园区购买客户分析

1. 购买客户介绍

2020年8月对贵阳农产品物流园、贵阳地利农产品物流园以及双龙农副产品交易中心三个农批市场的经销商进行座谈与问卷调查。进场购买者为次级批发商与农贸市场零售摊贩各级分销企业、连锁商超、餐饮企业及机关团体单位食堂和电商平台。

其中，连锁商超是28.57%的经销商的主要交易渠道。贵农物流园正强化与商超的衔接，分别与永辉、华联、合力、星力、宾隆等13家连锁商超的300余家终端门店达成定量定期的供给与采购协议，形成智慧型供配集采共享平台，实现"以商促农"；次级批发商与农贸市场零售摊贩是67.6%的经销商的主要交易渠道；此外，餐饮企业及机关团体单位食堂是1.05%的经销商的主要交易渠道；电商平台是2.09%的经销商的主要交易渠道。

2. 采购交易情况

贵阳农产品物流园、贵阳地利农产品物流园及贵州双龙交易中心基本满足了贵阳市近500万居民的生鲜所需，并辐射省内的部分州市，其中部分特色产品销往华南、西南等周边省份城市。

2019年，双龙交易中心经营国内外水果蔬菜种类达150余种，水果销售量占全省50%以上，极大丰富贵阳及周边市民的"果盘子"。2020年2月，地利物流园承担了本市80%、本省近50%的蔬菜供应量，正逐渐成为贵阳市居民的"菜篮子"之一。贵农物流园开办一年多来，果蔬年交易额达到93亿元，果蔬、食用菌、肉禽蛋及干货粮油等农副产品40%以上销往贵阳市，其余60%销往全省其他市（州）及湖南、四川、广西、广东、上海、湖北等地。尤其园区内的本省特色产业食用菌交易，成为省内最大的食用菌交易中心，除了能够满足本省居民的需求外，还填补周边省份以及广州、武汉、上海等地的供给缺口。

3. 小结

基于物流园视角对购买客户进行分析，连锁商超与次级批发商、农贸市场零售摊贩仍然是园区经销户的主要销售对象。餐饮企业、机关团体单位食堂及电商平台也是园区农产品销售渠道。

(四) 园区龙头企业分析

物流园区通过与相关的批发、零售龙头企业相连接，将农产品生产主体与销售流通主体进行有机结合，有助于双方拓展市场，并提高农产品产销对接模式的运作效率。以贵阳农产品物流园为例，当前已形成"物流园+批零企业""物流园+商超"的间接对接模式。

1. 首杨水果

贵州首杨企业管理有限公司（简称"首杨水果"）于2013年正式成立。企业以水果的批发零售为主体业务，兼有果品种植、加工与进口。目前，已完成销售端的信息化建设，实现企业经营的智慧化管理。

(1) 产品来源分析

首杨水果产品来源分为三种渠道，一是以直采方式在国内外进行采购，经由该渠道进行分销的产品占整体的49%。其中，国内市场有广东、新疆、湖南、四川等22个直采基地，国外市场直采基地覆盖泰国、越南、智利等11个国家。二是农产品物流园采购，29%的产品经由该渠道进行分销。入驻贵阳农产品物流园后，首杨水果每日在该园区内日采购量达到200吨以上，进一步拓宽农户销售量。三是国内外自建基地种植，22%的果品经由该渠道进行分销。

(2) 销售情况分析

首杨水果目前实现了线上线下同步发展。其中，线上销售额占销售总额的69.8%，线下销售额占销售总额的近30.2%。

从线下渠道来看，首杨水果作为果品供应商与大型商超形成了长期的供销关系，该渠道销售总量占全渠道销售量的25.37%，年交易额达到6.8亿元。一是首杨水果与北京华联、大润发、星力、合力等20余家商超形成合作伙伴关系，强化产销衔接过程。二是批发业务稳定产销关系。首杨水果批发业务占全渠道销售量的22.39%，该模式年交易额达6亿元。三是连锁门店的零售业务销售量占全渠道销量的22.01%，各门店年销售额达到5.9亿元。目前，首杨水果在贵阳市已开设78家，截至2020年5月，旗下连锁门店单日销售额已达到300余万元。

从线上销售进行分析，通过自有平台，利用粉丝经济，不断推出节日营销、节气营销等营销方式，并入驻京东到家、美团外卖等平台，线上渠道年交易额达8.2亿元，如图8-3所示。

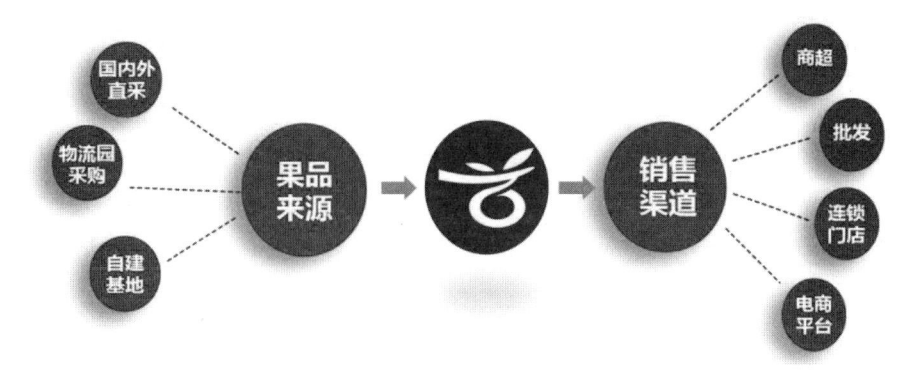

图 8-3　首杨水果业务流程图

（3）产销衔接举措

省政府有关部门与首杨水果达成合作，新建或改造 30 个贵州精品水果消费点，形成贵州精品水果产销共同体。自 2018 年起，首杨水果每年在玉屏侗族自治县采购 100 万斤以上的黄桃，涉及 2.06 万亩的种植区域，带动 1713 名建档立卡贫困户增收致富。首杨水果走进纳雍县玛瑙红樱桃产地进行线上直播，线下门店进行同步销售。同时与 6 家规模化、标准化程度较高的望谟县百香果基地签订了合作协议，助力本省水果产销衔接。

2. 合力超市

（1）企业经营现状

贵州合力购物有限责任公司（简称"合力超市"）创始于 2000 年 8 月。目前合力超市已成为贵州省内规模化、标准化最高的连锁零售企业。2020 年底，合力超市在贵州省开设门店近百家，其中在贵阳市已有 36 家，4 家门店正在建设筹备中。

（2）利益联盟机制

合力超市入驻贵阳农产品物流园后，实现了双方利益共享。一方面，合力超市租赁物流园内的大型变温冷库，建设超市生鲜采配中心，实现集中采购、集中存储、集中分拣、共同配送。常温类、冷藏及冷冻类商品存储、物流配送、货物批销将在贵阳农产品物流园内完成。

（3）产销对接举措

合力超市与贵阳农产品物流园签订生鲜采配体系、商超供配中心的合作协议，约定贵农物流园长期供应旗下的 100 余家超市门店的生鲜采购任务，预计至 2020 年底，合力超市生鲜采购金额将达到 50 亿元。合力超市进驻物流园后，优先采购贵州本省优质农产品，推进本省优质农产品产销走进千家万户的厨房。

2020年初，合力超市累计销售贵州本地蔬菜约335吨，销售金额约220万元。涉及本省32个县市，主要包括威宁的白菜、白萝卜、莲花白，桐梓和织金的蒜苗，江口的香菇，从江和丹寨的西兰花、纳雍的麻叶白菜等。对于贫困地区农产品而言，合力超市免收进场费及通道费，在实体店内开设"贵州特产专区"和"绿色农产品专区"，打通本省优质绿色农产品进店销售渠道，稳定产销关系。

3. 小结

首杨水果作为物流园内龙头企业，业务覆盖果品批发、零售与种植。利用其多年积累的资源优势与信息化系统建设将产地生产与末端销售紧密联结。在产销衔接方面发挥了主体作用，引导合作基地规模化种植。入驻贵农物流园后，深化果品供应方面的能力，推动资源共享，促进国有平台和龙头企业服务共同发挥服务社会功能。其发展模式值得其他有影响力的经销商学习和借鉴。

合力超市作为省内规模最大的连锁超市入驻物流园，加快形成供销一体化局面。通过"农批零"模式直接或间接地带动上万人脱贫。在园区建设合力超市专属的生鲜采配中心与供配中心，减少农产品流通环节，极大地带动贵阳农产品物流园区交易量。超市内部特设贵州农土特产专区，"以销带产、以销带种"使生产源头和消费终端有机融合，助推更多贵州优质农产品走向市场。

四、政策与建议

（一）加强物流园规划与建设水平，强调差异化发展

农产品物流园的恶性竞争问题反映出地方政府农批市场规划的科学性不高，错位竞争设计尤为不足。未来地方政府应在土地利用总体规划、城乡规划中统筹安排农批市场用地规模及布局，提高土地利用强度，有计划有目的地开展差异化发展。

（二）推进农批数字化发展，搭建信息共享平台

从文献梳理到实地调研均发现信息不对称是产生农产品滞销的重要原因。因此，搭建区域信息共享平台对本地农产品的经销具有推动作用。信息共享平台应以解决农产品供求信息分散、准确性不高的问题为中心，覆盖生产、批发、零售、仓储环节，通过推广智能（溯源）电子秤和移动聚合支付的广

泛应用，实现销售信息采集、省内市场调控、价格发现、食品追溯、应急保供等服务功能。

（三）强化市场导向，发挥价格机制

理论与实证检验均表明，根据市场供求关系定价是发挥价格机制的最佳途径。经销商应在分析市场信息基础上，充分考虑到价格的弹性，遵循客观规律制定收购价格。建立以市场价格信息为导向的科学定价机制，在公平有序的交易范围减少政府过度干预规范约束机制。

（四）加大政府对农批衔接的扶持力度

政府在政策支持上，一是应支持农产品批发市场的信息化升级。二是为欠发达地区的农户搭建批发市场的销售平台。要求农批市场利用广泛的客户资源，将其农产品按质量标准进行等级划分，根据品质要求进行市场标准化交易，通过品质农业生产，建立农户与龙头企业的长效对接机制。

参考文献

[1] 李亚娟，马骥. 中国农产品滞销情况分析——基于2005—2017年的新闻数据统计 [J]. 农业展望，2019，15（11）：129-134，140.

[2] 王其和. "农超对接"的理论误读与替代模式 [J]. 商业时代，2014（6）：16-17.

[3] MINGZHE P, YU Z. Rising concerns over agricultural production as COVID-19 spreads: Lessons from China [J]. Glob Food Sec, 2020（26）.

[4] 李国祥. 从新冠肺炎疫情看我国农产品批发市场发展走向 [J]. 农经，2020（7）：16-20.

[5] 赵琛. "农超对接"模式发展情况和困境及其替代策略——"农批对接"模式探析 [J]. 商业文化（上半月），2011（10）：146-147.

[6] FANTAO K, HAIPENG Y, JING Z, et al., Thoughts on Promoting Effective Docking and Maintaining Reasonable Price Fluctuation in Agricultural Products Production and Marketing [J]. IOP Conference Series: Earth and Environmental Science, 2019（267）.

[7] 伍山林. 大数据能否破解农产品滞销难题 [J]. 人民论坛，2017（21）：63-65.

[8] 翁文娟. "互联网+"背景下农产品产销对接模式和机制创新研究 [J]. 农业经济问题，2016（12）：89-90.

[9] 李建平,王吉鹏,周振亚,等.农产品产销对接模式和机制创新研究[J].农业经济问题,2013,34(11):31-35.

[10] 王家显.破解优质农副土特产品产销对接难题——以河南省为例[J].广东农业科学,2012,39(3):222-225.

[11] 胡胜德,王伟森.韩国农特产品共同品牌建设对我国的启示[J].农业经济与管理,2019(3):89-96.

[12] 王文龙.中国地理标志农产品品牌竞争力提升研究[J].财经问题研究,2016(8):80-86.

[13] 江安平.农产品产销对接实务中的难点与对策研究[J].农业农村部管理干部学院学报,2019(2):37-40.

[14] 张西华.农产品产销对接的实现途径研究[J].甘肃农业,2010(12):28-29.

[15] 李玉清.实现产销零距离对接模式的农产品物流发展策略研究[J].农业网络信息,2015(8):34-38.

[16] 黄祖辉,刘东英.我国农产品物流体系建设与制度分析[J].农业经济问题,2005(4):49-53.

[17] 任青青,生鲜农产品物流供应链发展及其模式设计.商业经济研究,2018(15):103-106.

[18] 李孔俊,凌光永,王怡璇.贵阳城市经济圈内农产品物流的规划与发展[J].中国市场,2009(6):76-78.

[19] 袁航.发掘需求侧:开拓市场的"经验之谈"——贵阳农产品物流园瞄准消费需求变化推动"黔货出山"[J].当代贵州,2020(20):10-11.

[20] 江洁,曾莹,褚玉婷.贵阳国际特色农产品交易会发展研究[J].合作经济与科技,2020(16):60-62.

[21] 李孔俊.贵阳城市经济圈内农产品物流的现状分析及探讨[J].乡镇经济,2009,25(4):46-49.

[22] 胡瑜杰.新零售背景下农产品流通现代化升级路径探析[J].商业经济研究,2018(11):131-133.

第九章 昆明市花卉交易市场发展研究

一、研究背景与意义

(一) 研究背景

20世纪90年代以来，花卉产业在世界各国迅速发展，全球花卉产品消费市场年均以10%~20%的速度增长，特别是欧盟、美国、日本三大消费中心，年消费占世界花卉消费总额的95%以上，年均消费增长11.8%。目前，欧洲是世界上最大的花卉市场，占世界花卉市场份额的45%左右，但近年来西欧、美国和日本的花卉消费市场面临着生产萎缩和经济衰退带来的销售压力，全球花卉生产逐步向发展中国家转移，中国、印度、泰国、越南等一些新兴花卉市场表现出蓬勃发展的态势。

在我国，花卉产业属于新兴产业，也是世界各国农业中唯一不受农产品配额限制的产业。2011年以来，我国花卉种植规模逐渐增大，现已成为世界花卉种植规模最大的产区，其中鲜切花种植面积、销售量、销售额和出口额在2008—2017年的十年间分别增长了0.6倍、1.2倍、1.7倍和0.5倍（表9-1）。我国鲜切花品类丰富，玫瑰、百合、康乃馨等主要鲜切花产销量大幅提升（表9-2），洋桔梗、绣球切花等产品如今成为我国鲜切花的主流产品。

表9-1　　　　　　　　　　我国鲜切花产销情况对比

指标	2008年	2017年
种植面积（公顷）	34667.7	54966.3
销售量（万枝）	1017048.6	2205868.6
销售额（万元）	649468.1	1770313.5
出口额（万美元）	15830.2	23805.8

资料来源：《中国农业统计资料》。

表 9-2　　　　　　　　　　　主要鲜切花产销情况

品种	种植面积（公顷） 2008 年	种植面积（公顷） 2017 年	销售量（万枝） 2008 年	销售量（万枝） 2017 年	销售额（万元） 2008 年	销售额（万元） 2017 年
现代月季	7387.6	17790.4	341429.8	898022.1	128401.8	621008.8
香石竹	2657.6	3788.0	180061.9	333056.4	37533.2	182806.6
百合	5372.6	7321.8	97456.2	122240.0	200996.6	385147.2
唐菖蒲	2386.4	2958.5	48420.2	28700.1	25661.2	25870.6
菊花	4499.6	7213.2	122139.5	290426.2	59122.2	164527.2
非洲菊	2764.3	4756.7	180825.9	288427.4	44741.5	110223.7

资料来源：《中国农业统计资料》。

从进出口贸易看，2019 年，我国花卉行业进口额为 2.62 亿美元，同比下降 8.4%。进口额占比最高的产品是种球，占比 42.49%，主要以百合、郁金香种球为主，其中 84% 来自荷兰，之后依次为智利、新西兰和法国；其次是鲜切花，进口额占比 23%，主要进口国家为泰国和厄瓜多尔；盆栽植物进口额占比 22.27%，种苗、鲜切枝叶、苔藓地衣、干切花进口额占比分别为 8.86%、2.21%、0.26% 与 0.9%。2017 年，我国鲜切花出口总额 2.4 亿美元，出口国家和地区有 40 个，其中日本是我国鲜切花最大出口国，占总出口额的 36%，其次是缅甸和韩国，出口增幅较大的有斯里兰卡、老挝，缅甸、越南、泰国和新加坡等东南亚国家也具有较大出口市场潜力。

伴随着消费升级和绿色经济发展，我国花卉行业逐渐从高端消费转变为大众消费，花卉市场成交额增长迅速。据统计，2013—2019 年，我国花卉市场规模稳中有升，市场需求量年均约 200 万枝（图 9-1）。随着国内花卉产业集约化、标准化、规范化发展，花卉市场需求持续提高，未来花卉行业市场规模将保持较高增长速率。

从区域布局来看，根据我国各地区特有的资源分布及地理环境位置，形成了以云南、广东、四川、上海为主的鲜切花基地，以广东、广西、福建为主的观叶植物基地，以江苏、浙江为主的盆景生产基地。其中，云南省花卉产业发展一直领先于全国，鲜切花种植面积全国第一，鲜切花产量占全国市场份额 70%，以玫瑰、康乃馨、百合为主。截至 2019 年，云南全省花卉种植面积 175 万亩，遍及全省 38 个县，总产值超过 750 亿元，种植农户 30 万户，花卉经济带动全省从业人员 100 余万人，其中鲜切花种植面积 25 万亩，产量

139亿枝。近年来，日本、韩国、荷兰、美国、法国等国家到昆明市投资花卉产业的企业不断增多，昆明鲜切花流向全球消费市场的份额也逐年增长，出口东南亚、南亚国家的花卉占总出口额的90%以上，亚洲花卉消费呈快速增长趋势，市场潜力十分巨大。

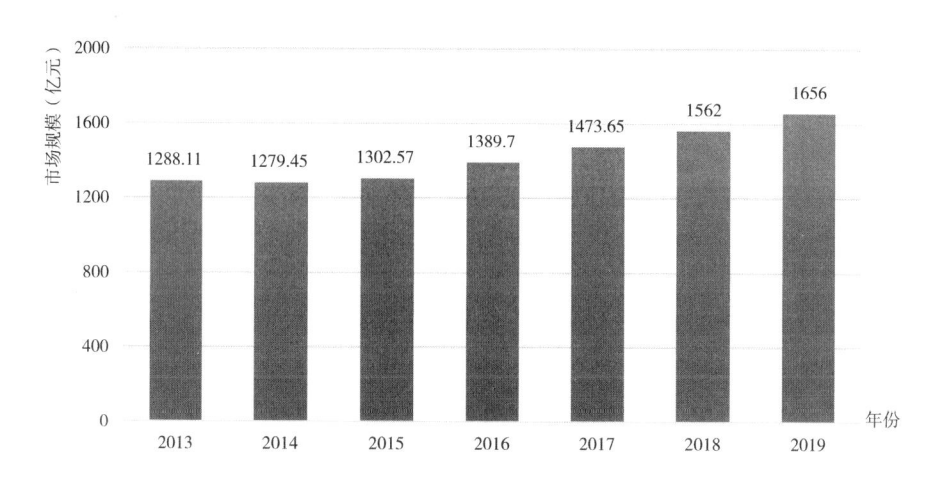

图 9-1 中国鲜花市场规模（2013—2019 年）

资料来源：《中国鲜花市场节日需求、鲜花电商发展现状及趋势分析》https：//www.chyxx.com/industry/202005/864463.html。

花卉交易市场是花卉流通的重要途径，也是花卉产业链的核心环节。2017年，我国共有2980个花卉市场，种植面积在3公顷以上或年营业额在500万元以上的大中型花卉企业80868个，花卉经营实体从业人员485.5万人，花卉市场的年均销售额逐年增长。其中，云南省共有花卉市场154个，最具代表性的是以对手交易为主的昆明斗南花卉交易市场和以拍卖为主的昆明国际花卉拍卖交易中心。这两个交易市场均已建立起一整套产品质量控制体系，规范化、标准化的市场交易规则，以花农经济合作组织为基本单元的产品供应链、"云花"品牌推广体系以及交易服务体系，有力带动了交通运输、冷链、包装等多个产业的发展，大力促进了昆明乃至云南全省农村经济发展和农民增收。"中国花卉看云南，云南花卉看斗南"已成为业界共识。在此背景下，研究昆明市花卉市场发展具有典型的现实意义和应用价值，通过本课题研究以期对其他地区花卉市场的发展提供一定参考。

（二）研究意义

花卉市场是花卉生产和消费的连接点，在花卉产业较为发达的国家，花卉市场同时具备批发、零售和拍卖的功能，在国际花卉交易中发挥枢纽作用，带动了相关的育苗、育种及花卉深加工、仓储物流、终端销售等产业的同步发展。与花卉市场发达国家相比，目前我国花卉交易市场普遍存在重生产轻营销，流通成本过高、市场机制不完善、利润分配不均衡、治理主体缺位等问题，其背后的原因主要是花卉市场管理观念滞后、产销未充分分流等，这是制约我国花卉市场高质量发展的一个突出桎梏。昆明市地理条件优越，环境优势突出，拥有亚洲地区最大的花卉交易市场，并率先启动了与国际市场接轨的拍卖交易模式。研究昆明花卉交易市场的发展现状与问题，以转型升级、提质增效为主线，对加快调整农业结构、科学谋划花卉产业高质量发展、构建美丽中国、推进生态文明建设具有重要意义。

一是有利于带动昆明花卉市场周边行业发展。"建一方市场，富一方人民"，昆明花卉市场高质量发展，不仅能够促进云南省花卉产业的发展，而且能够带动市场周边相关行业快速兴起，为万余人口提供直接就业的机会。同时，也有利于改变花卉种植结构，激发周边地区农户种植花卉的积极性，有力带动地区经济快速发展。

二是有利于提高昆明花卉市场的国际竞争力。我国花卉消费水平的增长体现了人民对美好生活的向往，但是，我国总体花卉消费水平与国外花卉市场发达国家相比仍然薄弱。据统计，我国每年人均鲜切花消费不足 7 元人民币，不及美国人均年消费量的1/28。在世界范围内，昆明市花卉产业规模、市场份额和品牌效益均不占优势。因此，研究昆明花卉市场未来发展方向，有利于提高"云花"的国际知名度及市场竞争力，打造中国花卉市场特色品牌。

三是有利于昆明花卉市场的可持续发展。首先，昆明花卉市场依托特色花卉与体验式服务吸引了大批消费者，通过情境化、娱乐化、学习化的销售方式提高花卉消费黏性，从而进一步拓宽销售渠道，为花卉市场发展提供动力；其次，花卉产业是污染和能耗都较低的绿色环保产业，大力发展花卉产业也是我国农业发展的重要选择之一，立足现有科学技术促进昆明花卉市场发展，有利于实现绿色发展，促进昆明花卉市场的可持续发展。

总之，研究昆明市花卉市场的发展具有典型的现实意义和应用价值。

二、昆明市花卉交易市场发展现状

(一) 基本情况

昆明具有典型的温带气候特点，日照长，霜期短，年温差为中国最小，这样的气候特征使鲜花常年开放，草木四季常青，故昆明谓有"春城""花城"之称。花卉产业是昆明市最重要的支柱产业，经过十多年的探索与发展，昆明已成为我国规模最大的鲜切花生产基地、最具影响力的鲜切花集散中心和价格指导中心。2019年上半年，全国鲜切花交易规模约为253亿元，其中云南占比超过20%。昆明市的鲜切花产量亦呈逐年增长趋势，2019年昆明市鲜切花产量达66.95亿枝，较上年增产9.4亿枝，占云南省鲜切花产量比重49.8%。

目前，昆明市超九成的花卉交易发生在斗南花卉交易市场和昆明国际花卉拍卖中心。

1. 昆明斗南花卉交易市场

昆明斗南花卉交易市场坐落于昆明滇池东岸，1998年成立至今，员工团队扩张至500余人，公司资产规模2019年达20亿元，市场经营面积从3万平方米扩大到28万平方米，交易规模从3亿元增加到100多亿元，连续22年交易量、交易额、现金量、出口额、人流量位居全国第一。市场上游连接全省花卉种植区和生产加工区，下游延展到全国销地市场和终端花店，形成以斗南为核心的完整的花卉产业链。公司系农业农村部等八部委认定的农业产业化国家重点龙头企业，连续多年被评为云南省非公经济100强企业，获得国家、省、市多项荣誉。2012年，斗南花卉市场被农业农村部认定为国内唯一的国家级花卉市场，2017年被评为国家AAA级旅游景区，2018年正式入列创建国家级花卉特色小镇后，花卉文化旅游也得到迅猛发展，仅2019年，到斗南花卉市场观花、购买、休闲和旅游的国内外游客达282万人次。市场现有各类企业、经营户2200多家，花卉经纪人上万名，1000余户发货商，46家物流企业，带动就业人口4万人，市场服务涵盖鲜切花、籽种、大棚设施、农资化肥、绿植苗木、婚庆、花艺培训和包装、物流等多个领域，连通了种植和交易，服务于全国二、三级销地市场和25万家花店，花卉关联和衍生产品丰富多样，年交易规模约40亿元。与斗南花卉市场交易关联的花卉种植户达8万户，供货品牌（合作社）近12000家，覆盖昆明、玉溪、楚雄、红河、曲靖等鲜切花主要产区。目前，斗南花卉市场已成为亚洲第一、世界第二大鲜花交易市场，也是全球唯一一个集电子拍卖交易、对手交易、电子统一结算、电子商务4种交易模式并存的鲜切花交易市场。

2. 昆明国际花卉拍卖中心

昆明国际花卉拍卖交易中心有限公司（简称：昆明花拍中心，KIFA）创建于2001年，是一个以花卉拍卖为主，集花卉标准制定、新品种研发推广、市场信息服务、技术服务、金融服务、物流服务为一体的综合性产业服务提供商，是国家发展改革委、云南省政府唯一批准设立的花卉拍卖交易中心。经过20年的发展，昆明花拍中心已成为亚洲交易规模最大的花卉拍卖市场，在全球位列第二。中心现有16万平方米的交易场馆和两个拍卖大厅、12口交易大钟、900个交易席位，有2.5万个花卉生产者（供货商）会员和3100多个产地批发商（购买商）会员，来自全国各地的购买商5000多户，经昆明花拍中心拍卖的鲜切花已进入以北京、上海、杭州、深圳、沈阳为中心的国内高端市场，以福建、武汉、乌鲁木齐、济南、郑州为主的更多、更广泛的中低端市场，以泰国、日本、新加坡、俄罗斯、澳大利亚、中国香港等40多个国家和地区为主的出口市场。2013年12月，由昆明花拍中心主持起草的商务部行业标准《鲜切花拍卖产品质量等级通用要求》列为商务部流通行业标准，这是云南省首个国家级花卉行业标准。2014年，全国首个鲜切花交易价格指数——昆明花拍中心鲜切花交易指数正式发布，成为全国各地鲜切花交易市场价格走势的风向标，直接影响着全国花卉市场价格的走势。同年，公司开通了"花拍在线"网络交易平台，实现了线上、线下双轨交易模式，越来越多的消费者正在和即将加入这个平台参与交易。之后，公司先后被认定为中国拍卖行业"AAA"级企业、商务部重点创新市场、国家高新技术企业、中国花卉十强批发市场、中国农产品批发行业成功模式典型市场、云南省农业产业化重点龙头企业、云南省花卉行业重点企业、云南省中小企业公共服务平台。2018年，被国家商务部列为"全国供应链创新与应用试点企业"，承担着推动云南"云花"产业链的创新升级，实现花卉交易国际化、标准化、信息化和数字化的重任。

（二）经营品种

昆明地区花卉品种繁多，形成以鲜切花为主体，热带兰花、盆花和观赏园艺植物皆有的产品结构，其中鲜切花是最大特色，昆明的鲜切花栽培达40余大类近300个品种，年产量排在前四位的分别为玫瑰、百合、康乃馨、非洲菊，此外山茶、杜鹃、蝴蝶兰等品种的种植量也在逐年增多。园林花卉植物主要有三大类，一是宿根、球根花卉（如仙客来、唐菖蒲等）；二是木本花卉，包括乔木（如香荽、桂花、海棠、梅花、紫薇等）、常绿灌木（如杜鹃、含笑、山茶、栀子花等）以及落叶灌木（如月季、牡丹、连翘等）；三是野生花卉（如报春、龙胆等）。近年来，除了扩大本土花卉品种外，昆明地区还从其他省市和国外引进新的花卉品种进行栽培。

（三）种植面积

截止2019年，云南全省花卉种植面积175万亩，遍及全省38个县，总产值超过750亿元，种植农户30万户，花卉经济带动全省从业人员100余万人，其中鲜切花种植面积25万亩，产量139亿枝。全省花卉种植以农户小规模种植为主，七成农户种植规模在10亩以下，户均种植面积3-5亩。2018年，昆明的花卉种植面积22.5万亩，其中鲜切花生产面积12万亩，切花、切叶、切枝产量55.5亿枝。

（四）交易情况

2019年，斗南花卉市场年交易额突破100亿元，其中鲜切花交易量72.4亿枝，交易额61亿元。云南省60%的鲜切花和周边国家、省份的花卉在这里入场交易，每天上市117类、1600多个品种的各类花卉，出口50多个国家和地区，在全国鲜切花的相对市场份额大于70%（图9-2）。

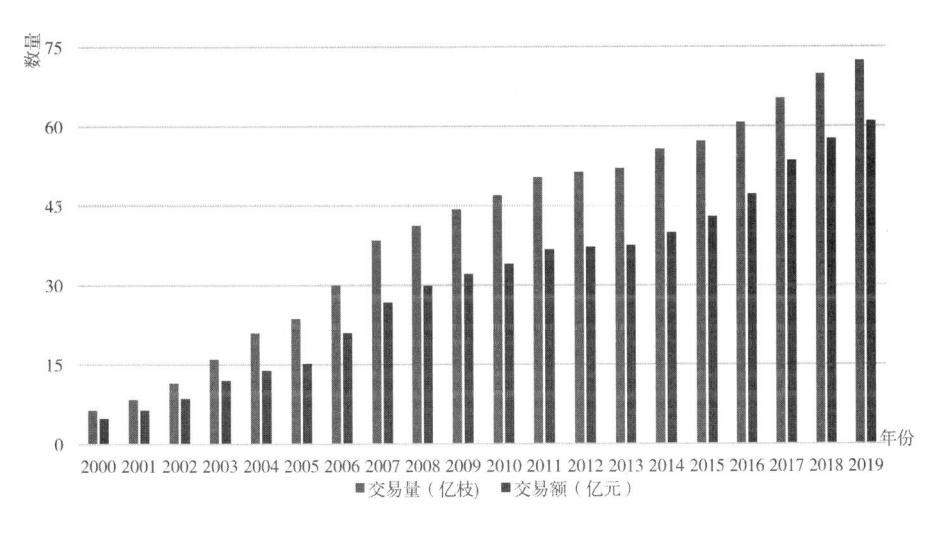

图9-2 昆明斗南花卉交易量和交易额（2000—2019年）

资料来源：云南斗南花卉产业集团内部资料。

昆明国际花卉拍卖中心鲜花交易规模为300~350万枝/日，最高峰时可突破800万枝/日，其中，玫瑰交易量占70%以上、满天星占90%、非洲菊占50%以上。2019年（截至11月底），共有40多个品类1000多个品种的鲜切花通过拍卖交易进入全国各大、中城市和泰国、日本、新加坡、俄罗斯、澳大利亚、中国香港等40多个国家和地区。总交易量近15亿枝，交易额约13亿元（图9-3）。

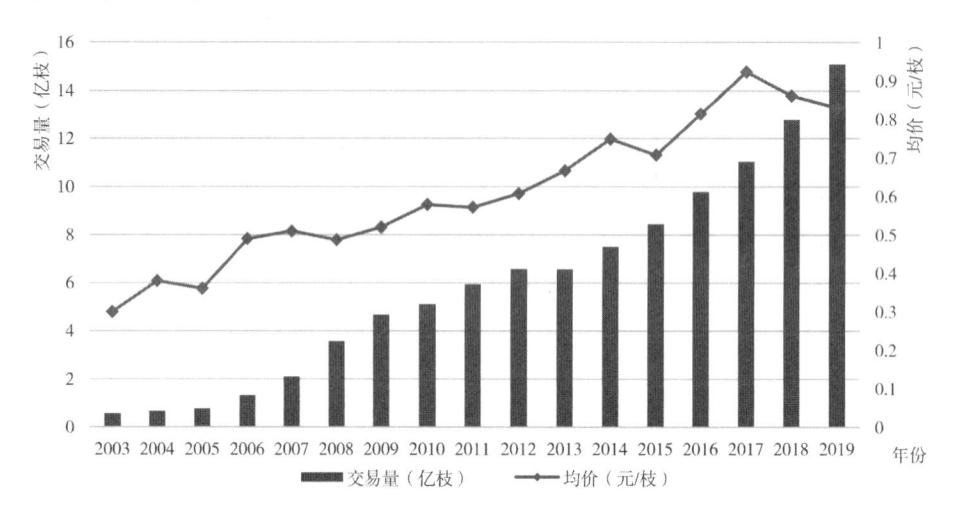

图9-3 昆明花拍中心交易量和均价（2003—2019年）

资料来源：昆明花拍中心内部资料。

如今，云南已形成以昆明斗南、KIFA为核心，辐射晋宁、石林、宜良、嵩明、富明等周边区县，以及玉溪、楚雄、红河等州市的花卉产业集群，通过花卉市场的上下游会员带动了近30万花农脱贫致富，昆明花卉产业也成功由"种植生产型"向"产销两旺型"转变升级。

（五）交易模式

经过多年的发展，昆明花卉市场的交易模式逐渐完善，交易方式多元发展，已形成对手交易（批发、零售）、现场拍卖、电商交易、直播带货等多种交易模式，满足了不同交易群体的差异化需求，如图9-4所示。

1. 对手交易

对手交易是一种交易规则简单的面对面交易方式，主要形式为批发和零售，交易双方可现场看货、议价、交割，是适应多种生产组织形式且具有一定观赏性和体验性的交易模式。对于一些有季节性需求、交易量波动幅度较大的鲜花品种，对手交易的模式也更具优势。对手交易一直是昆明斗南花卉

□ 对手交易 ■ 电商交易 ■ 拍卖交易 ■ 其他

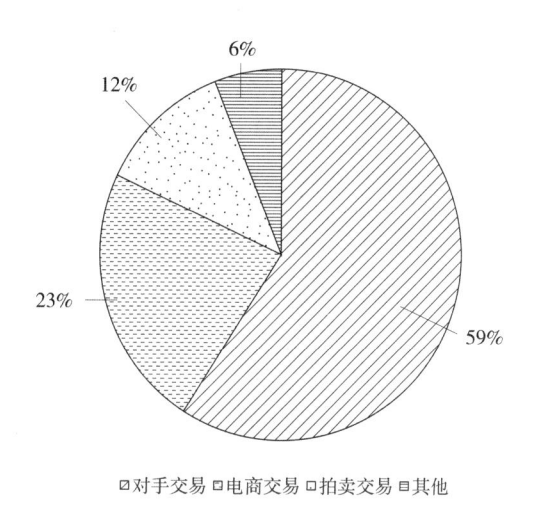

图 9-4　云南鲜切花交易模式构成（2017 年）

市场的主要交易模式，包含了全部 100 多个大类，1600 多个鲜切花品种。20 多年来，斗南花卉交易市场的对手交易规模不断扩大，从 1998 年的 4.1 亿枝交易量、3.1 亿元交易额发展到 2018 年的 69.87 亿枝交易量、57.68 亿元交易额。

对手交易规则简单、门槛低、效率高、关联群体大，与云南多品种、小规模种植的生产方式相匹配。市场中花卉生产者多为当地的花农，花卉主要由花农自行运输至市场，也有少部分花卉产品经当地花卉企业统一集货，进行分级、包装和保鲜，再运往市场进行交易，与分散花农的处理方式相比，这种方式更有利于花卉产品的品质保障。花农可第一时间了解市场需求的变化，及时、快速地调整生产经营决策，采用对手交易的形式极大程度地集中了交易信息、价格信息和市场需求信息，加之斗南花卉市场处于滇中鲜切花主产区中心位置，属于产地型市场，在斗南花卉市场形成了全国花卉市场的"风向标"和"价格晴雨表"。

为适应交易和消费需求，斗南花卉市场的对手交易有两种形式：日间进行零售交易，夜间进行大宗鲜切花批发交易。夜间交易在晚上 8 点开市，满足了批发商、供货商和经纪人快速成交、快速发货的需求，保证全国三级、四级花卉市场和花店的流通和采购，白天零售交易则满足了市民和游客对于购花、赏花的体验需求。

2. 拍卖交易

花卉拍卖的方式主要有两种：电子拍卖和落槌拍卖，目前国际上最为先进的拍卖方式是电子拍卖。花卉拍卖方式改变了传统的交易习惯，使得自由松散的市场交易更加规范化、专业化。与传统的对手交易方式不同，拍卖交易是所有购买者对同一产品进行出价，从而获得最合理的成交价，同时，花卉拍卖减少了中间环节，降低了流通成本，因此入市的价格也会相应下降。花卉拍卖对花卉质量、采摘的标准化要求较高，且具备一定的准入门槛，要求达到日均提供鲜切花100枝以上的稳定供应量，这让很多小而散的个体花农望而却步。

昆明花拍中心（以下简称KIFA）是率先将国际拍卖模式应用于花卉交易的企业，先后制定并推行了《鲜切花拍卖产品质量等级通用要求》《单头月季鲜切花拍卖产品质量等级要求》《单头香石竹鲜切花拍卖产品质量等级要求》《非洲菊鲜切花拍卖产品质量等级要求》等一系列花卉标准，为分级包装、质量判定、采后处理、冷链运输等提供了科学依据。KIFA的拍卖模式分为以下六步。

（1）供应商供货

供货流程包括：供货商运送花卉、花卉到货通知、检查确认花卉总体信息、接收花卉产品（图9-5）。供货商或花农从种植地采摘花卉产品后，按照KIFA包装要求将花卉经过简单加工和包装，以无水或带水的方式将花卉产品运输到拍卖市场接货区，由KIFA现场接货人员接货。之后，供货商进行供货

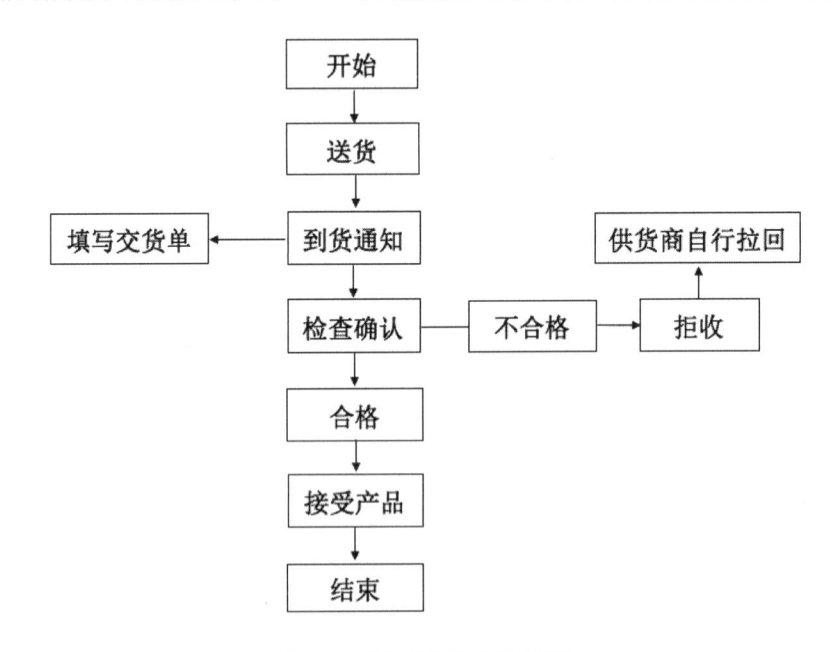

图9-5 拍卖市场供货流程图

登记，工作人员进行检查确认，如符合要求，由工作人员确认收货；若不符合要求，则拒收货品，并由供货商自行拉回。在此过程中，运输方式将对花卉质量产生重要影响。

（2）质检

由于花卉种类较多、质量不同，需要对花卉进行编号、分类、质检管理。KIFA 质检部门按其质量分级标准进行严格检验。质检流程包括：按规范标准核查花卉产品各项指标、花卉信息编码、填写质检信息、等待组列（图9-6）。质检人员按交货单填写信息进行检查，核实花卉产品的名称、品种、颜色、长度、重量、规格、花卉产品等级、花卉产品缺陷信息等。检查完毕后，将产品送入理货区等待组列。在这一过程，质检业务是否简化、编码速度是否迅速将影响该流程时间。

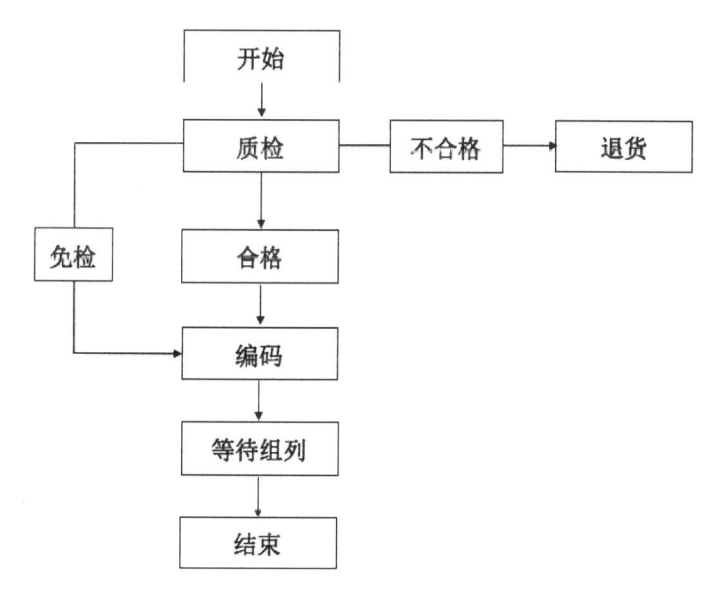

图9-6 拍卖市场质检流程图

（3）组列

组列流程包括：理货、分批次、上台车、标明批次、现场组织台车顺序、供货单信息录入系统、打印供货单、台车组成列、复检、扫描列序形成拍卖顺序、打印拍卖顺序清单（图9-7）。在拍卖过程中，花卉产品以批次为单位，一个批次的货品是同一个产品编码和等级编码的货物总称，每个批次拥有一张或多张供货单，而一张供货单只能对应一个批次。组列人员核对花卉的种类和等级并将花卉集中整理之后，确认拍卖出场数量和顺序，一般以十二台车的标准组成一列，按照排序结果将台车送入待拍区。拍卖时，按组好的车列顺序依次送入拍卖大厅。在台车组成列后，相关人员依次对列中的批次进行复检，再次核查花卉的实际质量与相关信息是否与供货单一致，产品中是否存在已损坏或枯萎情况严重的花卉。随后，组列人员扫描列中的台车号码，记录同车列内的台车顺序，再将组列后的供货信息送到大钟系统中，同时将拍卖顺序表格交由拍卖师。这一过程中，组列的效率、复检的处理速度将影响整个过程的长短。

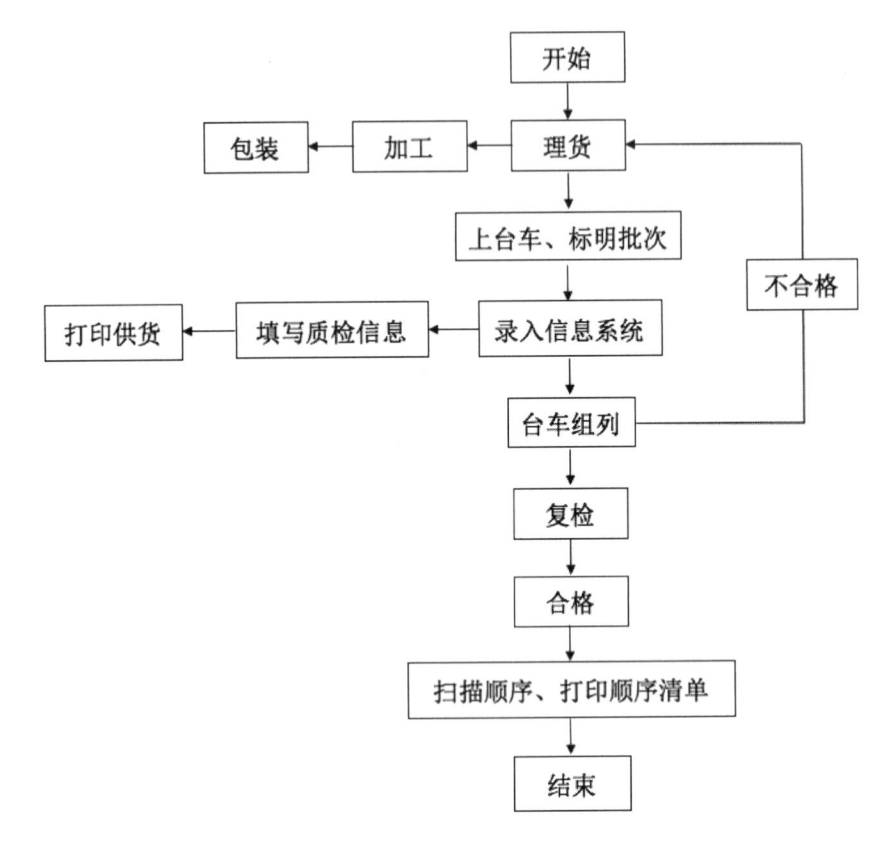

图 9-7　拍卖市场组列流程图

（4）电子拍卖

根据扫描结果及台车的排序结果，工作人员打印所有台车及其批次的顺序及产品说明，并将当天的供货信息输入大钟系统，准备进行拍卖。拍卖流程包括：购销双方信息注册及确认、拍卖、交易确认、系统信息生成（图9-8）。KIFA采用降价拍卖模式。拍卖开始，工作人员把组好的台车列队按顺序牵入拍卖大厅，并进行简短展示，之后由拍卖师出示最高价格，若无人接受，花卉价格则由高至低匀速下降，购货商通过操作系统按键竞标，最快表示购买意向的购货商才有望取得拍卖标的,系统自动记录相关信息,并将交易结果以分货单的形式发送至分货区后台系统,拍卖完的花卉送至缓冲区等待。

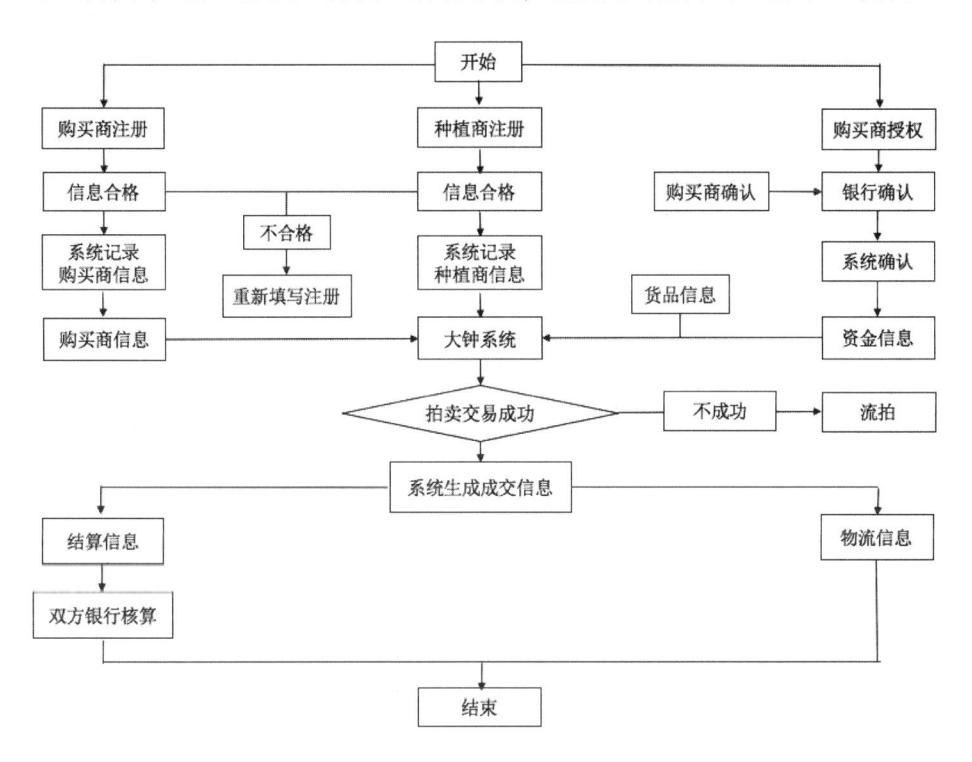

图 9-8　拍卖市场拍卖流程图

（5）分货—提货

分货、提货流程包括：拍卖完成后,系统自动生成该笔交易的单据,由工作人员将分货单分别粘贴在各台车上,台车从缓冲区移动至分货区,分拣人员接到分货单后将拍好的花卉产品按客户的不同要求重新打包分装并送入提货区,分货完成后,由购买商持提货单至提货区提货,可根据自己的需求选择运输方式（图9-9）。

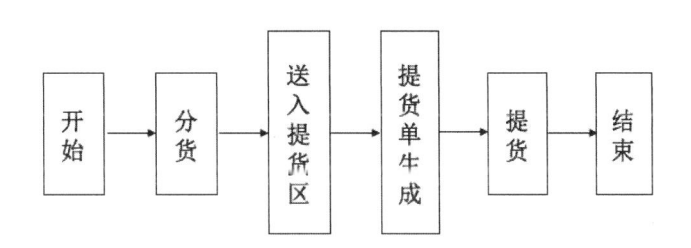

图 9-9　拍卖市场分货、提货流程图

(6) 流拍处理

拍卖过程中，如果购买商竞价低于底价，拍卖师将安排该批货品立即重拍，如果二次应价仍低于底价，拍卖师将此笔交易确定为不成交，未能拍卖出的货品也等同于流拍货品。流拍流程：流拍后的产品由供货方决定是否销毁、退回或重组重拍（图9-10）。若选择销毁，则由市场直接处理；若选择重组重拍，则将产品重新运回质检区，由工作人员二次质检、重新包装（剔除因前次拍卖过程中受损的部分）后通过系统加入当天的拍卖中继续拍卖。

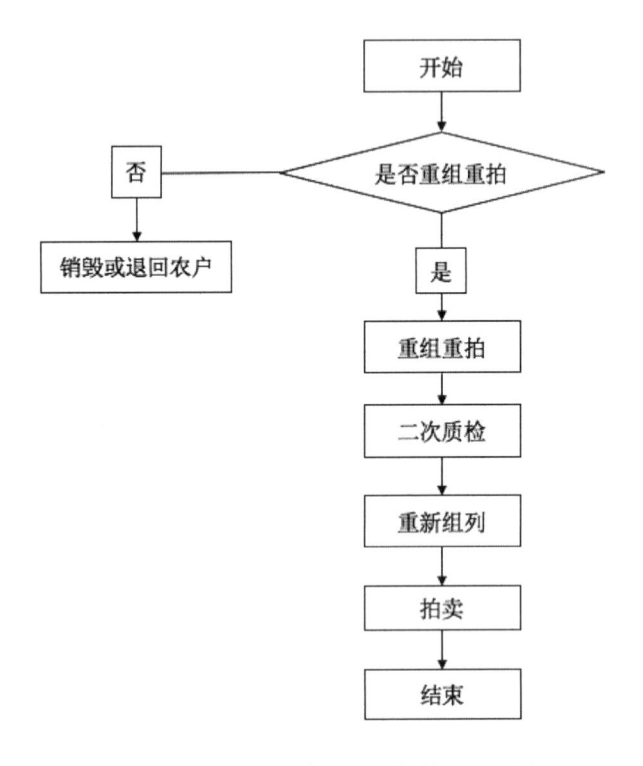

图 9-10 拍卖市场流拍处理流程图

3. 电商交易

在新形势、新业态下，电商交易肩负着传统花卉市场数字化转型的重任。电商交易模式具有操作便捷、成本低、信息透明等优势，也降低了鲜花这种即时产品运输仓储的困难，有利于促进数字经济与实体经济深度融合发展，促进传统产业升级，提升企业盈利能力和可持续发展能力。根据《中国鲜花电商市场研究报告》，自2016年以来我国鲜花电商的市场规模保持稳定增长，2017年全国鲜花电商行业市场规模达235.5亿元，2018年为371.6亿元，其中淘宝鲜花园艺销售额超过100亿元。随着人们对生活品质的要求进一步提高以及鲜花电商的用户群体进一步扩充，鲜花市场在未来还有巨大的增长空间。

2014 年，KIFA 开通了"花拍在线"电商平台，实现了线上、线下双轨交易模式，建立起亚洲一流的花卉交易服务平台、购买商服务平台、物流服务平台、金融服务平台和信息服务平台等，同时构建起了电子商务服务体系、远程交易服务体系、现代仓储和包装服务体系、冷链物流服务体系和产品标准化服务体系 5 大服务支撑体系，届时，这一流通平台上将实现日交易量 800 万~1000 万枝。斗南花卉市场在现有对手交易、拍卖交易的基础上，新增了拍前预售、远程拍卖、带货直播等模式，整合形成一体化的花卉集成交易和服务平台。将交易渠道从现在的本地商户为主延伸到面向全国二、三级销地市场和 25 万家花店。统一质量等级标准、统一物流信息服务、统一资金结算，实现同一交易平台交易电子化、交易方式多样化、交易信息数字化、支付方式移动化。2017 年，昆明斗南电子商务有限公司成立，推出"花商宝""花商在线"等线上交易平台，提供产品、打包、物流一站式服务，减少流通环节，降低花卉损耗，为交易双方提供便利。同时，斗南花卉市场周边与鲜切花关联的小型电商如雨后春笋般涌现，大批电商倾力拉动花卉消费，百姓消费、家庭消费逐渐兴起。据统计，2017 年进驻云南开展花卉电商业务的知名企业达 21 家，电商企业较 2014 年增长了 7 倍。

（六）物流配送

物流配送是制约花卉交易的核心问题。鲜花自身具有易损性，对保存条件、运输速度都有极高要求，因此花卉的物流环节对于交易的高效进行具有重要影响。从到达目标市场的过程来划分，花卉物流可分为供应物流（包括花卉采摘后的包装、贮藏、预处理等）和销售物流。供应物流主要指花卉产品从产区到产地批发市场或拍卖市场的过程，销售物流主要指花卉产品从产地批发市场或拍卖市场进入目标市场的过程。

在供应物流过程中，产品从各产地集中到批发市场和拍卖市场，目前昆明花卉交易的供应物流方式主要为生产者自营和委托物流企业或市场代理两种。生产者自营的物流形式较为初级，主要分为两种情况：一是由单个花农自行运输到市场进行交易，花农承担了从生产到销售的所有环节，流程较为烦琐，交易效率低下，且运输阶段常常面临冷链"断链"问题；二是由花卉合作社把众多花农组织起来，按照统一标准进行花卉产品的分级、包装、保存，花农仅从事花卉生产活动，从生产基地到花卉市场的前端物流都由合作社运作。这种模式由花卉合作社组织众多分散的农户，统一了花卉分级和包装标准，有的合作社建有冷库，极大地保护了花卉产品的质量，同时，合作社也能够更加有效地获得市场信息。委托物流企业或市场代理的形式相对效率更高，生产规模较小的花企在花卉采收后统一进行分级和包装，自行或委托物流企业将产品运输到交易市场，斗南交易市场和KIFA都提供物流代理服务，如图9-11所示。

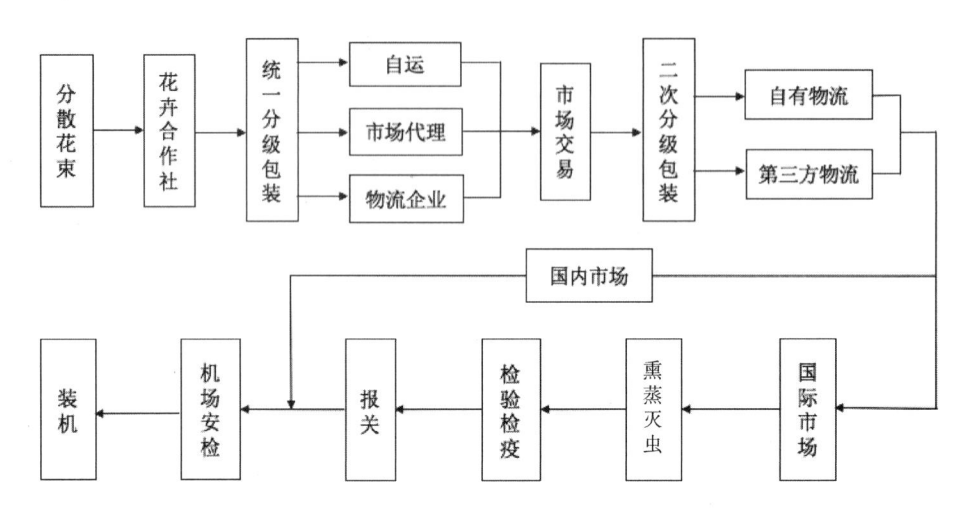

图 9-11　物流配送示意图

在销售物流过程中，目前昆明花卉交易市场的物流配送主要为第三方物流，除本地物流服务企业和包装企业为商户提供物流服务外，京东、顺丰、中通、申通等大型物流企业也在市场设有服务机构，并与本地多家物流企业建立了花卉全程冷链物流战略合作关系。此外，也有少量生产规模较大的花企以自有物流的形式，不通过交易市场直接进行销售或出口，如锦苑花卉公司经老挝到泰国由公路运输销售康乃馨，公司根据订单要求购买康乃馨，经分级、包装处理后按30kg每箱标准装入纸箱，经熏蒸灭虫、检验检疫、报关、集装箱卡车运输，经老挝至曼谷。这种物流方式的优点是能够保证花卉处于低温状态运输，从起点直达终点，减少了中间环节，极大地缩短了运输时间，有效地保护了花卉产品的质量。经验表明，集装箱运输只有百分之一到二的损坏率，比航空运输的损坏率低两个百分点。

三、昆明市花卉交易市场存在的问题

（一）基础设施匮乏，种植效率较低

个体化、分散化为主的种植结构效率较低，高品质花卉供给不足。主要体现在品种研发、量产稳定性、花卉品质等方面。传统农户的文化程度普遍不高，对先进种植技术的学习和掌握能力不足，对市场、消费心理认知比较落后。另外，鲜花种植与生长容易受季节、温度、湿度等环境因素的影响，个体花农的资金实力有限，对于种植所需的基础设施投入不足。当前，昆明及周边地区有80%—90%的花农采用自行种植的模式，经营主体小、弱、散，机械化程度和种植效率普遍较低，仅凭靠天吃饭，无法稳定产出高质量的鲜花。相比之下，现代温控大棚的产量高出2倍，AB级鲜花比例可超过70%，但现阶段发展背景下，种植结构的调整仍然需要较长时间。

（二）运输成本较高，物流体系不健全

鲜花属于生鲜产品，自离体之后保质期短、不易储存。传统鲜花的运输大多是航空、铁路和公路运输，缺乏专业的第三方冷链物流服务公司，如图9-12所示。尽管国家对冷链技术投入比重较大，但运输销售阶段的"断链"问题依旧严重，冷链配送能力也制约着农产品电子商务的发展，自主开通物流配送的电商网站，其配送范围和受众群体规模都相对较小。尽管当前斗南花卉市场已有近50家本地物流服务企业、1000余家包装企业和商户提供物流服务，但现代化物流体系尚不健全，能够实现全程冷链物流配送的不到10%，冷链运输的硬件配套和软件服务方面还需大力提升。此外，传统花卉运输多以体积和包装计费，为节约成本、提高运输量，大多数花农会直接将大把的鲜花塞进包装箱内，而2~3扎的小件货分摊成本较高，在运输途中鲜花的损耗率超过30%，航空运输过程中的损耗率同样高达15%。

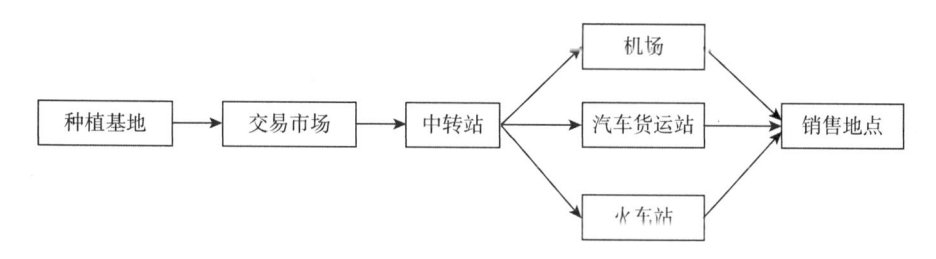

图9-12 传统花卉运输方式

(三) 科技创新不足，市场服务有待提升

科技创新是传统交易市场实现转型升级和跨越式发展的必要条件，健全的治理结构、完善的服务体系是支撑花卉交易市场可持续发展的保证。当前，昆明花卉交易市场在科技研发、市场管理和服务方面仍存在诸多问题。一是科技创新能力不强，特别是科研基金投入不足，花卉育种能力不强，保鲜储藏技术不高，对花农的专业培训和指导不够；二是高素质人才缺乏，特别是专业技术人员不足，在技术研发、科研创新、高效管理方面都制约了花卉市场更高质量的发展；三是市场准入门槛过低，昆明花卉市场普遍缺乏明确的市场准入条件，商户无须经过筛选和审核，只需缴纳摊位租金即可进入，也没有制定具体的商户管理制度，入驻花卉市场的商户水平参差不齐，有些商户经营知识不足，对花卉质量、售后服务质量等把控不严；四是传统市场设施陈旧、管理粗放，亦存在消防安全隐患，面临改造升级的压力；五是数字化、信息化程度较低，与电子商务、区块链、物联网、大数据的融合不足，花卉市场的信息化服务、冷链运输服务、金融服务都有待提升。

(四) 品牌竞争不强，国际市场有待开拓

在国际市场上，以"昆花"为主的云南鲜切花在我国内地市场占有率超过70%，但出口占比较小，"昆花"的国际竞争力明显不足，国际市场有待进一步开拓。根据2015年荷兰花卉拍卖市场数据，欧美发达国家的鲜切花市场占花卉消费市场的40%~60%，远高于我国的5%（表9-3）。2019年，荷兰花卉拍卖市场的花卉交易量为123亿枝，总交易额为48亿欧元，但昆明市鲜切花交易量不足100亿枝，总交易额不到100亿元。此外，"云花"自主花卉品种匮乏，一些珍贵、稀有品种的花卉种苗仍从国外进口，在高档盆花、鲜切花、传统花卉的新品种选育、种苗种球生产技术上相对滞后，对优质品种的开发、培育能力仍然不足。随着土地和劳动力成本的不断上升，"昆花"低成本、低价格的竞争优势难以为继，也正是由于这些原因，"昆花"种植易被其他地区和国家模仿，越南、泰国等东南亚国家的花卉产业已和我国形成激烈竞争。

表9-3　　　　　　　中外鲜花市场消费情况比较分析

国家	日常鲜花消费比例（%）	节日礼品鲜花消费比例（%）	全国鲜花消费市场容量（亿元）	发展现状
美国	40	60	571.6	超市和互联网销售为主

续表

国家	日常鲜花消费比例（%）	节日礼品鲜花消费比例（%）	全国鲜花消费市场容量（亿元）	发展现状
英国	57	43	248.9	67%的鲜花在超市销售
荷兰	60	40	310.4	80%出口，20%国内消费
日本	30	70	337.6	以线下花店业态为主
中国	5	95	415.6	以传统礼品鲜花市场为主，互联网消费鲜花发展迅速，日常鲜花消费势头初步萌芽

注：1. 市场容量只统计礼品鲜花类，盆栽绿植未统计；
2. 数据来源于2015年荷兰花卉拍卖市场（Floral Holland）调研报告。

四、案例分析

（一）国际——以荷兰阿斯米尔鲜花拍卖市场为例

荷兰的阿斯米尔鲜花拍卖市场是世界上最大的鲜花交易市场。早在1912年，阿斯米尔就开始了鲜花拍卖交易。目前，拍卖市场占地面积达100万平方米，日均交易量约2000万株，全球80%的花卉产品来自此地。阿斯米尔鲜花市场分为拍卖部和购货部两个部分。拍卖部设有5个拍卖大厅、发货厅和一条空中参观走廊，在此可以直观感受鲜花拍卖的全过程。阿斯米尔鲜花市场于每天清晨6：30开市，全欧洲的鲜花源源不断地从各国运来参加拍卖。拍卖形式为降价拍卖，首先由拍卖师报出最高价格，再由买家逐一应价，拍卖钟的指针由高价向低价逆时针旋转，直至有买家应价，若有两个以上买家同时应价，则拍卖钟指针由低价向高价顺时针旋转，进行加价竞拍，直至最终只有一位买家应价为止。买家可在拍卖中心或通过互联网在任何场所参与在线拍卖。拍卖完成后，成交的花卉由拍卖市场工作人员统一包装，通过高效的现代化物流系统发送至指定地点。机场设有花卉专区和恒温仓库，即使在花卉运送到停机坪的过程中也有隔湿设备，最大程度保护花卉品质。通过以上步骤，在阿斯米尔拍卖中心完成交易的鲜花便可通过空运方式运往欧洲和世界各国的零售端。

高效的拍卖模式和物流服务是阿斯米尔花卉市场如此蓬勃的原因。减价拍卖的模式大大加快了交易速度，每笔交易通常只需要几秒钟的时间，每日拍卖市场可达成的交易超过13万笔。为确保质量，未能售出的鲜花在拍卖当晚全部销毁。阿斯米尔提供的物流服务集仓储、加工、包装、运输、信息反馈于一体，整合了市场、仓库、物流、海关、检疫站等多个环节，冷链技术和数字化平台相对完善，通过高效管理达到省时保质的效果。当前，除了荷兰本土的花农外，1500多家外国花农也将他们的产品通过阿斯米尔市场销往世界各地。

（二）国内——以郑州陈砦花卉市场为例

郑州陈砦花卉市场成立于1998年，如今已发展成为集"陈砦花卉交易市场、陈砦花卉观赏鱼商场、陈砦花卉双桥基地、陈砦花卉郑汴路店、陈砦花卉大学路店、陈砦花卉鹤壁店、陈砦花卉荥阳基地"七大经济实体和一个互联网电商平台——"1号花城"于一体的综合性运营企业，入住商户近4000家，总营业面积40多万平方米。除各种盆花、苗木、鲜切花外，陈砦市场还形成了花卉工艺品、花卉租赁、技术咨询、婚庆服务等延伸产业。截至2018年，市场交易产品万余种，年交易额突破50亿元，市场销售范围涉及北京、山东、广东、福建、陕西、山西、甘肃、河北、安徽等20余个省市。在带动本地花卉产业发展、推动农业产业结构调整、培养各类花卉从业人员的同时，陈砦花卉集团也带动了餐饮、租赁、仓储、物流运输等第三产业的迅速发展。

陈砦花卉市场目前主要经营花卉品种包括盆花、鲜切花、种苗、干切花等，其中盆栽类植物占比最大，达到26%，如滴水观音、发财树等；鲜切花占比达24%，以月季、百合、情人草、满天星为主，其中也不乏外来品种，如非洲茉莉、非洲菊等；鲜切叶类占比达21%，主要品种包括绣球松叶、文竹、龟背竹等；种苗占比为17%；干切花和干切叶的经营数量大致相同，占比均为5%；其中占比最小的是种球类，仅为2%。

陈砦花卉市场的交易模式以对手交易为主，同时也积极发展花卉拍卖和电商平台。零售与批发相结合是陈砦花卉市场的主要方式，从花卉产地出发运往批发市场，再经由批发市场分别销售给个人消费者或个体花店和二级代理进行零售。此外，陈砦花卉集团也采取公司、基地与市场相结合的经营方式。由陈砦花卉公司牵头建立花卉生产种植基地，营造集约性、规模性、产业化的花卉经营环境，在基地统一装货、分货、发货，实现花卉的有序销售，提高花卉市场的运营效率。在这种经营模式下，陈砦花卉市场将流通中的各个环节有机结合，市场的经营导向性进一步增强，通过对整个花卉市场的信息把控，有效降低了交易成本。

在物流配送方面，陈砦花卉集团于2015年成立物流配送中心，在郑州市内陆续开通了四条鲜花配送线路，分别覆盖郑州市内东区、北区、西区和南区的沿线花店。陈砦花卉市场鲜花物流配送具有以下三大特点：一是对鲜花包装进行专门的规定，增加了泡沫板、塑料布、冰袋的使用，增强了运输的承重性和防水性等；二是通过冷链物流对鲜花的温度和湿度加以严格控制；三是采取高速高效的运输方式，开通机场提货专用通道，采用空运和汽运联运的方式进行配送，并由配送人员分别沿四条线路对沿线花店提供配送服务。

（三）经验借鉴

荷兰阿斯米尔拍卖中心和郑州陈砦花卉市场的建设对昆明花卉市场发展具有一定借鉴意义。

阿斯米尔的发展得益于良好的市场建设和完善的管理体系。一是在生产者和市场之间形成科学高效的组织形式，一方面组织和协调生产，另一方面组织生产者进入市场；二是实施严格的质量管理，不同花卉产品的质量标准，由各花卉中介组织依据农产品质量法案分别制定，通过荷兰植物保护局、荷兰鲜切花和观赏植物检验总局、国家新品种鉴定中心等机构执行，相应机构颁发产品质量认可证书后，产品方可上市流通，通过质量监控机构制定严格质量标准，实行质量认证制度和产品质量信誉认可等措施确保花卉产品质量，使其花卉产品在全球激烈的市场竞争中始终立于不败之地；三是在市场准入、采购、营销、仓储、物流、人力、服务等方面具有完善的制度，形成集生产企业、拍卖市场、花卉协会、科研部门、物流企业等中介机构于一体的综合服务体系，以专业化、规模化和集约化的经营方式降低花卉生产成本和流通交易成本。

陈砦花卉市场顺应产业发展新形势，积极转变花卉经营模式，开辟花卉批发、零售、拍卖等模式并存的新通道。在地方政府的支持与协调下，陈砦花卉市场采用公司、基地与市场相结合的经营方式，由陈砦花卉公司牵头建立花卉生产种植基地，营造具有集约性、规模性、产业化的花卉经营环境，在基地统一装货、分货、发货，然后通过接收、分析市场信息，实现花卉有序销售的模式，提高了花卉市场的运营效率。此外，陈砦花卉集体成立了自有物流配送中心，开通机场提货专用通道，并启动了鲜切花同城配送服务，业务对接郑州市六成以上的零售花店，不断转变经营思路，扩大市场经营范围。

五、促进昆明市花卉交易市场发展的对策建议

（一）强化科技，提高优质花卉生产规模

一是提高花卉科技创新水平，培育、引进一批具备高技术含量和自主知识产权的企业，设立专门部门和专项扶持资金，为花卉种植农户提供技术指导服务；二是加快具有自主知识产权的花卉新品种的研发，鼓励科研单位、龙头企业开展培育技术、新品种开发选育研究，提升科技转化率，提高花卉新品种在生产经营中的贡献率，结合鲜花催长技术及采后保鲜处理技术、冷链运输包装技术，大力拓展花卉高端市场。三是提升花卉精深加工装备技术水平，提升产品附加值。充分发掘花卉的食用、药用、色素等功能，拓展产品应用领域，延长花卉全产业链。

（二）整合资源，优化物流综合服务功能

花卉物流问题严重制约了昆明花卉市场交易和花卉产业的发展。整合航空、铁路、公路运输资源，构建多层次物流综合平台，拓展花卉交易、结算、通关、物流、追溯、金融等综合性服务，引进和培育面向物流配送信息采集、物流信息分析、物流产业全程信息化管理服务等相关企业，实现物流信息和商品信息的有效协同。一是建设花卉物流中心和周转点，覆盖云南省内花卉主要产区和国内主要消费区域；二是统一采后处理、包装、运输等标准，建设花卉综合加工服务平台；三是打造花卉全程冷链运输体系，构建覆盖全国的花卉物流服务平台，可采取公私合营、股权合作、联合共建的方式，整合现有包装、花卉加工、物流服务资源，建设体系化的"花卉综合加工和冷链物流服务平台"，逐步打造覆盖产地、销地的花卉冷链物流通道。

（三）转型升级，构建数字化信息平台

《乡村振兴战略规划（2018—2022年）》明确提出，要提升农业信息化水平，鼓励互联网企业建立产销衔接的农业服务平台。利用信息化手段推动花卉市场和电商企业融合发展，既是推动昆明农业现代化、实现乡村振兴的现实需求，也是进一步激发数据要素活力，促进农业数字经济发展的有效途径。第一，推动花卉交易市场信息化、智慧化基础设施建设，提升传统市场数据采集能力和服务能力，通过移动终端、大数据等手段，统一采集市场交易数据和信息进行管理；第二，加快培育大数据融合创新平台，联合传统商户和电商企业共同组建大数据融合创新平台，支持电商企业、物流企业之间数据共享交换，鼓励具有资金优势的商贸物流、电商企业利用大数据开展品牌推广、产品定位、精准营销、质量提升、信用建设和定制服务，建设"互联网+"现代花卉交易平台，打通线上线下交易网络。

（四）彰显特色，提升国际品牌竞争力

突出区域特色和功能定位，结合城市建设、云南高原特色现代农业产业发展规划，合理布局和调整花卉优势区域，形成各具特色的花卉产品品牌，按照各地区自然资源优势和规划发展的不同，昆明花卉产业应重点从以下方面优化布局：一是滇池流域的五华区、盘龙区、官渡区、西山区及呈贡新区，应充分发挥区位优势，重点发展花卉市场、花卉物流和花卉贸易加工；二是嵩明县、寻甸县和东川区重点发展鲜切花、种球、种苗花卉生产，但应调整花卉品种，以百合等球根类鲜切花、干花和种球种苗为主；三是宜良县、晋宁区、石林县重点培育喜温花卉，如月季、玫瑰、菊花等地方特色花卉，重点提高鲜切花品质，增加花色品种，形成特色花卉的标准化体系，生产模式向集约化转变；四是安宁市、富民县、禄劝县重点发展食用和药用花卉的深加工并逐步形成特色产业。以拍卖、电商交易为主的立体交易体系，通过多种交易渠道扩大交易品种和范围，提升国际市场占有率。加快建设远程拍卖交易平台，建设覆盖全国、面向全球、服务一带一路国家和地区的花卉交易中心，实现异地交易平台与现场拍卖交易联动，形成全球花卉流通格局。

（五）健全管理，加强政策支持保障力度

我国农产品市场布局多为自发形成，在城市建设规模不断扩大、区域功能重新定位、交通工具日益多样化的背景下，大部分市场区位分布不合理的矛盾日益显露。昆明斗南和KIFA两大花卉交易市场都集中在呈贡区，且距离极近，在开市时往往造成周边道路拥堵问题，市场准入和安全等方面都缺乏有效监管。健全的治理结构、完善的管理体系是支撑市场有序发展的重要保证。一是在花卉生产和流通所需基础设施建设方面给予资金支持和政策扶持，完善花卉物流配送体系，支持花卉企业改善生产经营条件实现提质增效，完善花卉保险制度和税费制度，减轻花卉生产和流通中的税费负担；二是增加花卉产业补贴，设立专项资金用于花卉新品种研发培育，引进先进设备，提高生产、技术与管理水平，同时减免经营相关的服务费用，如对花卉大棚的建设改造给予更多的财政贴息扶持；三是加强专业人才队伍建设，引进和培训一批懂营销、会管理的人才队伍，充分利用昆明高等院校、科研院所的优势，面向入驻商家、花农开办花卉函授和进修班，定期聘请专家学者为入驻商家、花农传授花卉栽培、品种选育、植株保鲜等知识和技术，鼓励民间团体、企业参与花卉栽培技术的培训、示范和推广工作；四是切实改善公共服务，大力推动花卉股份合作制改革，破解两地流转难题，加强病虫害防治、信息技术、新品种推广等公共服务平台建设，积极推进投融资体制改革，建立花卉产业投资基金，开展花卉抵押贷款试点工作，不断强化服务意识，发挥好政府宏观调控的作用。

参考文献

[1] 张延超. 林业技术创新对林业发展的影响 [J]. 农民致富之友, 2019 (8): 210.

[2] 李如是. 整合云南鲜花销售模式 [J]. 中国集体经济, 2017 (3): 70-71.

[3] 饶飞. 花卉拍卖市场物流运作流程优化 [D]. 西南交通大学, 2016.

[4] 倪秋萍. 基于拍卖市场的云南花卉供应物流研究 [D]. 昆明理工大学, 2011.

[5] 章琳. 电商平台下云南鲜花供应链协同发展研究 [D]. 昆明理工大学, 2019.

[6] 马增俊. 中国农产品批发市场发展现状及热点问题 [J]. 中国流通经济, 2014 (9): 8-12.

[7] 洪岚. 我国城市农产品流通主要特点及发展趋势 [J]. 中国流通经济, 2015 (5): 20-26.

[8] 中国花卉协会. 2017中国花卉产业发展报告 [M]. 北京：中国林业出版社, 2019.

[9] 孔海燕. 台车串起欧洲盆花物流产业链——荷兰、丹麦花卉物流考察纪实 [J]. 中国花卉园艺, 2012 (17): 28-30.

[10] 郭琦. 郑州陈砦花卉市场发展研究 [D]. 河南工业大学, 2018.

[11] 王威. 农贸批发市场信息化转型之路 [J]. 中国国情国力, 2020 (6): 53-54.

第十章 拉萨农产品供应保障机制研究

拉萨是中国西藏自治区首府，是西藏政治、经济、文化和宗教中心，作为首批中国历史文化名城，拉萨以风光秀丽、历史悠久、风俗民情独特、宗教色彩浓厚而闻名于世，先后荣获中国优秀旅游城市、欧洲游客最喜爱的旅游城市、全国文明城市、中国特色魅力城市、中国最具安全感城市等称号。因此，拉萨本地人口和外来游客的餐饮购物消费成为农产品的主要消费需求来源。拉萨全年多晴朗天气，降雨稀少，冬无严寒，夏无酷暑，气候宜人。全年日照时间在 3000 小时以上，素有"日光城"的美誉，但是由于地处高原，空气稀薄，严重限制了农业的发展，如何确保拉萨农产品供应就是一项重要的民生工程。

一、建立拉萨农产品供应保障机制的必要性

（一）农产品有效供应面临环境的挑战

拉萨市重要农产品供应保障面临严峻挑战。主要表现在：一是农业生产资源环境约束加大了农产品增产难度。耕地资源是种植业生产的基础，而拉萨市蔬菜生产面积达到 7.1 万亩，年产各类蔬菜 26.1 万吨，蔬菜品种达到 100 种以上，在有限的耕地面积下，既要确保粮食安全又要保障"肉、蛋、奶、蔬菜"的有序供应，面临着巨大的环境挑战。二是农牧业发展人才匮乏与加快现代农牧业发展的矛盾，特别是直接服务"三农"的人才少之又少，现代农业发展面临着瓶颈。

（二）农产品有效供应事关稳定就业

农产品的供应生产吸纳了大量的劳动力，对拉萨的政治稳定意义重大。拉萨市建成的奶牛养殖中心一次就直接安排了 380 人的就业，可以很好地吸纳周边地区的人就业。未来每个标准化养殖场将配备养殖人员 10 人，可解决 1000 人就业；按照人工饲草种植 20 万亩计算，间接或直接参与种植人数可达

4万人；预计2022年"万户百场十中心"① 项目落实，将累计解决4.13万人就业。另外，西藏净土乳业有限公司2019年从周边牧场收购合格的原奶共计400吨，间接带动劳动就业1000余人次。特别是拉萨市城关区净土健康产业实施科学化的管理，有效地促进了当地大学生和贫困群众的就业增收。

（三）农产品有效供给事关民生问题

民以食为天，肉禽蛋和果蔬数量和品质成为百姓生活不可或缺的重要供给保障，如何解决好拉萨市人口吃饭问题，是否吃得饱、吃得好、吃出健康，是影响拉萨人民幸福感的关键，也是拉萨市政府面临的首要民生问题。

（四）农产品有效供应事关经济发展

"万户百场十中心"项目建设计划目标是奶牛养殖中心每年可累计为农户增收3600万元，标准化养殖场农户增收1520万元，人工饲草种植亩均增收500元，可带动收入1亿元。预计2022年随着"万户百场十中心"项目的落实，累计年增收1.51亿元以上，可以更好地保障重要农产品有效供应，物价保持稳定。由于拉萨的地理位置特殊，地处高原，农产品有效供应不足，农民收入要实现持续增加有困难。因此，依靠相关项目提高农业生产率，保障农产品有效供应，保持价格稳定，才能实现拉萨高质量经济稳定繁荣。

二、拉萨农产品供需分析

由于食品是缺乏价格弹性的生活必需品，当地百姓及游客成为消费的主体。农产品中粮食供应保障属于国家储备专项管理，因此，拉萨农产品供应保障主要探讨果蔬、畜牧产品的供应保障问题。

（一）拉萨农产品生产以自用型为主

从环境保护角度发展农业，采取绿色环保高能的农牧业，对化肥、农业白色污染物、农药、化学物质的具体使用与排放应做出严格的规定。在绿色生态有机发展方面拉萨取得了一些成绩。目前拉萨无公害农产品105个、绿色食品35个、有机食品23个、国家地理标志农产品8个。

---

① 万户百场十中心工程：在2017—2020年期间，将在全市创建奶牛养殖示范户10000户，每户养殖4~5头牛；奶牛标准化规模养殖场（厂）100个，每座300~500头牛；建设高标准奶牛养殖中心10个，每个中心1000头以上。以该工程为抓手，通过采取人工授精等奶牛繁育技术，引进娟姗牛、荷斯坦牛等措施，推进拉萨畜牧业畜禽良种化、养殖设施化、生产规范化、防疫制度化、粪污无害化建设，提高拉萨市鲜奶供给能力和市场竞争力。预计2022年，拉萨市奶牛养殖规模将达到10万头，奶牛良种率达75%，产奶量达到15万吨。

1. 拉萨农林牧副渔中农业生产为主

(1) 农业生产产量结构不均衡

如表 10-1 所示，2010—2019 年拉萨市农业总产值逐年增加。农业产值占农林牧副渔总产值比均超过 90%，其农业相关服务业产值在 0.5 亿元左右徘徊，林业产值呈增幅且有波动，渔业不发达，产值在 300 万元及以下。

表 10-1　　　2010—2019 年拉萨市农业生产产值情况表（单位：亿元）

	2010	2011	2012	2013	2014	2015	2016	2017	2018	2019
农业产值	6.30	7.02	7.52	8.14	9.44	10.2	11.03	11.41	12.8	13.78
林业产值	0.29	0.31	0.39	0.48	0.35	0.34	0.35	0.36	0.40	0.53
渔业产值	0.015	0.018	0.01	0.0147	0.01	0.02	0.019	0.02	0.03	0.02
农林牧渔服务业产值	0.43	0.39	0.39	0.084	0.11	0.11	0.34	0.53	0.50	0.46
产值合计	7.035	7.738	8.31	8.7187	9.91	10.67	11.739	12.32	13.73	14.79

资料来源：拉萨市 2010—2019 年国民经济和社会发展统计公报。

如表 10-2 所示，2010—2019 年拉萨市蔬菜、肉类、奶类产量有所提高，奶类、青稞、肉类、蔬菜波动较大，除粮食外，不同类别的农产品产量占比较小的是蔬菜，其次是牛羊肉。

表 10-2　　　　2010—2019 年拉萨市主要农畜产品产量情况表

产品名称（单位：万吨）	2010	2011	2012	2013	2014	2015	2016	2017	2018	2019
青稞	10.09	9.91	10.52	10.88	11.10	11.58	11.62	11.64	11.25	10.18
蔬菜	1.87	1.95	2.27	2.31	2.41	2.58	2.90	2.64	2.56	2.47
肉类	2.99	3.14	3.14	3.15	3.01	3.72	3.89	4.00	3.27	3.37
其中：牛羊肉	2.73	2.93	2.63	2.95	2.77	3.66	3.78	3.59	3.09	3.23

续表

产品名称 （单位：万吨）	2010	2011	2012	2013	2014	2015	2016	2017	2018	2019
奶类	2.97	3.18	3.28	3.48	4.59	6.33	6.64	9.01	7.93	10.77
其中：牛奶	2.70	2.96	3.15	3.38	4.45	6.19	6.53	8.92	7.78	10.62

资料来源：拉萨市2010—2019年国民经济和社会发展统计公报。

（2）农作物种植面积趋于减少

如图10-1所示，2017—2019年拉萨农作物种植面积每年有所提高，2017年到2018年增长最高。农产品种植面积中青稞占比较大，呈逐年减少趋势，蔬菜种植面积有所增加。

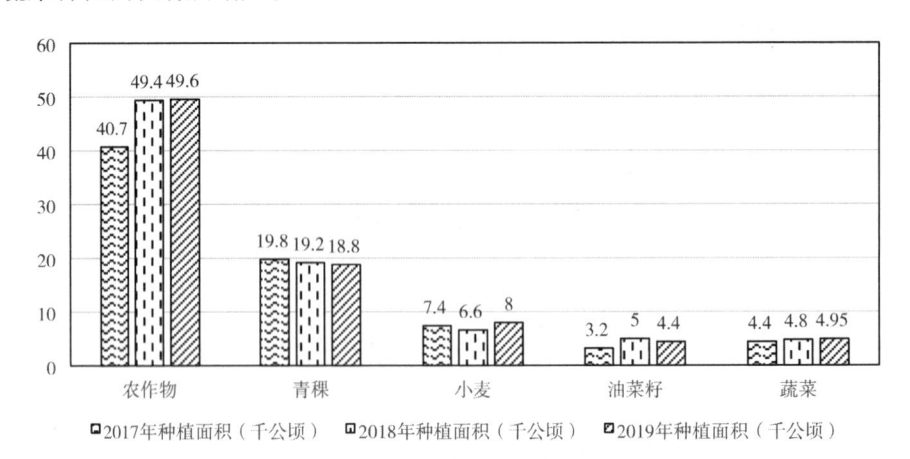

图10-1 2017—2019年拉萨农作物种植面积

（3）特产青稞生产

青稞是一种很重要的高原谷类作物，耐寒性强，生长期短，高产早熟，适应性广，是青藏高原一年一熟的高寒农业区主要粮食作物。在海拔4500米以上的局部高海拔高寒地带，青稞是唯一可以正常成熟的作物，是谷地、湖盆种植的重要粮食作物，是我国藏区的主导优势作物和农牧民赖以生存的主要食粮，青稞产业是藏区农牧业的主导产业和特色产业。

"十三五"通过调整青稞种植结构、培育青稞新型经营主体、提高青稞生产加工能力等方式方法，大力推进农牧业供给侧结构性改革，实现农牧业提质增效和农牧民增收致富目标。发展"订单农业"①，拉萨青稞加工企业（合作社）与青稞生产方签订了5584万元的青稞购销合同，打造"企业+订单+基地+农牧民"模式，形成一、二、三产业融合发展态势，推进拉萨市青稞产业向精深加工升级。鼓励有条件的青稞加工企业打造自己的有机青稞原料供应基地，实行标准化、模块化生产，不但可以保证产量、提高品质，还能通过土地流转、雇佣产业工人的方式，增加农牧民务工人数，提高百姓收入。青稞加工生产促进了对青稞的需求。2017年，拉萨青稞种植面积达29.77万亩，占拉萨粮食播种面积的70.9%。其中，青稞良种覆盖率达97%，年产量11.6万吨（不含曲水、尼木两县绿色有机青稞地块）。拉萨有各类青稞加工企业（合作社）39家，青稞年加工量3.93万吨。堆龙德庆区古荣朗孜糌粑公司将现代糌粑生产工艺和传统工艺相结合，进行糌粑规模化生产，年加工青稞达9000吨以上，在拉萨、日喀则、那曲、山南、林芝、阿里等市地开设了多个销售门市，并多次参加了区内外的农业展销会，向更多人介绍拉萨的青稞产品。

（4）拉萨当地蔬菜种植季节性明显

拉萨蔬菜生产季节性明显。如表10-3所示，拉萨冬季只有50%的蔬菜自给率，而夏天由于可以露天种植部分蔬菜，再加上温室大棚，市场上90%以上的蔬菜都是本地供应。由于绿叶菜不宜长时间运输，一般外地绿叶菜运输需要3~4天，因此，相对于其他省会城市，绿叶菜自给率比较高。随着进藏交通条件的进一步改善，外埠蔬菜调运量近年来有所增加，增长近10%。受新冠肺炎疫情影响，2019年拉萨冬季蔬菜70%外地调运，夏季80%以上为本地菜。除了城关净土公司尝试油桃等种植外，水果生产能力有限，几乎全是靠外埠供应。

表10-3　　2017—2019年拉萨市冬夏季蔬菜本地与外地供应情况

		2017年	2018年	2019年
全市蔬菜产量（万吨）		26.4	25.67	24.77
本地供应占比量	夏季	90%	85%	80%
	冬季	50%	50%~60%	70%
外地调运占比量	夏季	10%	15%	20%
	冬季	50%	40%~50%	30%

---

① 订单农业是一种新型农牧业生产经营模式，农牧民可根据相关采购者所签订的收购订单，有序组织农产品生产的一种农牧业产销模式。

(5) 牦牛养殖自用型为主

2019年以来，拉萨牦牛育肥县（区）主要采取集中放牧育肥、半舍饲育肥和全舍饲育肥三种育肥方式，加大牦牛出栏力度，提升了本地牦牛肉的供给能力。截至目前，拉萨育肥出栏15241头，其中当雄县出栏6028头、达孜区出栏5734头、林周县出栏2000头、墨竹工卡县出栏1112头、尼木县出栏367头。由于客观上拉萨自然环境高寒、严酷的气候条件不利于牦牛业的发展。草场退化放牧环境脆弱，大部分草场生物量低于$500g/m^2$，低温缺氧阻碍了新陈代谢，生长发育迟缓，生产性能低；牧草供需季节性严重失衡，草提供不足，营养富集困难，牦牛早期发育受阻，个体生产性低下，生产周期长，牦牛产业不能进入良性发展；气候变暖，降水减少，出现暖干化趋势，草场退化加大了草蓄矛盾，导致生产性能下降，只有改变自然生态放养模式才能持续发展下去。发展投资环境差，地理位置偏远，交通条件差，产业开发难；技术障碍大，母牛年龄大，繁殖母牛比偏低，育种技术落后，购进为主，出栏率仅为15%左右。主观上，当地牧民商品意识弱，居住分散，市场发育滞后，流通不畅，缺乏加工生产支撑，农牧民介入生产能力较弱，养殖还属于自然放牧水平，商品率不高，主要是家用消费为主，剩余的畜产品转化不成商品，在批发市场调研市场的牦牛主要是外地购进的。

(6) 奶牛养殖工程打造

自2013年拉萨市委、市政府提出大力发展净土健康产业的决策部署以来，2016年9月开始重点推进奶产业"万户百场十中心"工程。提升拉萨奶牛数量和品质，打造首个鲜奶直供城市。拉萨市、县两级积极整合资金，坚持绿色发展理念，紧扣目标、扎实推进。拉萨市"万户百场十中心"工程建设呈现快速发展的良好态势，如表10-4所示。

表10-4　2017—2020年拉萨市"万户百场十中心"工程奶牛养殖情况

	2017年	2018年	2019年	2020年
养殖示范户（户）	3000	6000	8500	10000
奶牛养殖场数量（个）	10	32	68	100
存栏规模（头）	100	100~300	200~400	300~500
高标准奶牛中心	1	3	6	10
存栏奶牛养殖总数（万头）	8.6	8.8	10.1	11.7
产奶总量（万吨）	6.21	7.93	10.77	12.5

2018年存栏规模在100~300头之间的奶牛养殖场达到32个，建设完成

并投入使用的高标准奶牛养殖中心3个,存栏奶牛8.8万头,拉萨市奶产量达到7.93万吨,已初步形成以城关区为核心,辐射曲水、林周、达孜等县(区)的全国海拔最高奶牛养殖带。

2019年拉萨已创建奶牛养殖示范户8500户,"万户"奶牛存栏达到4.15万头,主要品种为改良牛。整合或建设完成标准化养殖小区55个,实际投入使用养殖场共有42个,存栏10.1万头,其中,奶牛存栏6350头,场均存栏150余头。存栏最多的养殖场是曲水县其奴村奶牛养殖场,存栏达到280头。已建设完成并投入运营的高标准奶牛养殖中心5个,分别是城关区高标准奶牛养殖中心、城关区嘎巴生态牧场、达孜区高标准奶牛养殖中心、林周县高标准奶牛养殖中心、墨竹工卡县高标准奶牛养殖中心。另外还有曲水县高标准奶牛养殖中心、堆龙德庆区高标准奶牛养殖中心正在建设中。

拉萨市共引进优质荷斯坦牛和娟姗牛8526头,为加强奶源收购和奶源质量管理,拉萨市配套本级财政资金建设曲水县、达孜区、城关区3个奶源收购站,并配备存奶罐、奶源质量检测室等,开展定点收购;通过各种援藏渠道,建立了奶业专家库,重视培训基层专业技术人员,为净土健康奶业发展提供强有力的科技人才支撑。2017—2019年,经过三年的饲草种植工作,拉萨市人工种草面积已达到18.45万亩,通过举办优良奶牛竞赛活动,激发广大农牧民群众养殖优质奶牛的积极性。

2. 城关区净土公司打造全产业链发展

如图10-2所示,拉萨农产品生产结构不断调整和优化,整合多种要素参与到农牧业产业的发展之中,探索农牧业与其他产业相结合的特色发展之路。一是统筹农牧林渔业相结合,种养加为一体,建设了特色农产品优势区,创建一二三产业深度融合发展的模式。例如,城关区净土公司集智能温室、蔬菜大棚、农产品批发市场、惠民直通车和直营店、物流服务、储备库、奶牛养殖及乳制品加工为一体,旅游采摘、花卉种植售卖、休闲娱乐为一体的供应链主体。农牧业与人文文化、自然景观、生态旅游等要素相结合,依靠现代特色农业发展文化旅游业。体现拉萨民俗风情,人与自然相互融合,拓展农牧业生态旅游功能,提升农牧业经济的竞争力。拉萨"净土"区域品牌越做越强。充分利用与北京市通州区对口支援的关系加大在人才、资金、科技的投入力度和合作,智能监控农业技术,奶牛养殖的高标准全套现代化生产设备,提升农业基础设施建设的水平,引入蒙牛乳制品生产标准化管理制度,通过加大现代农业设备的引进与改造,提升农牧业生产能力的水平,为农牧业持续快速增长和调整优化农牧业产业结构提供基础保障。

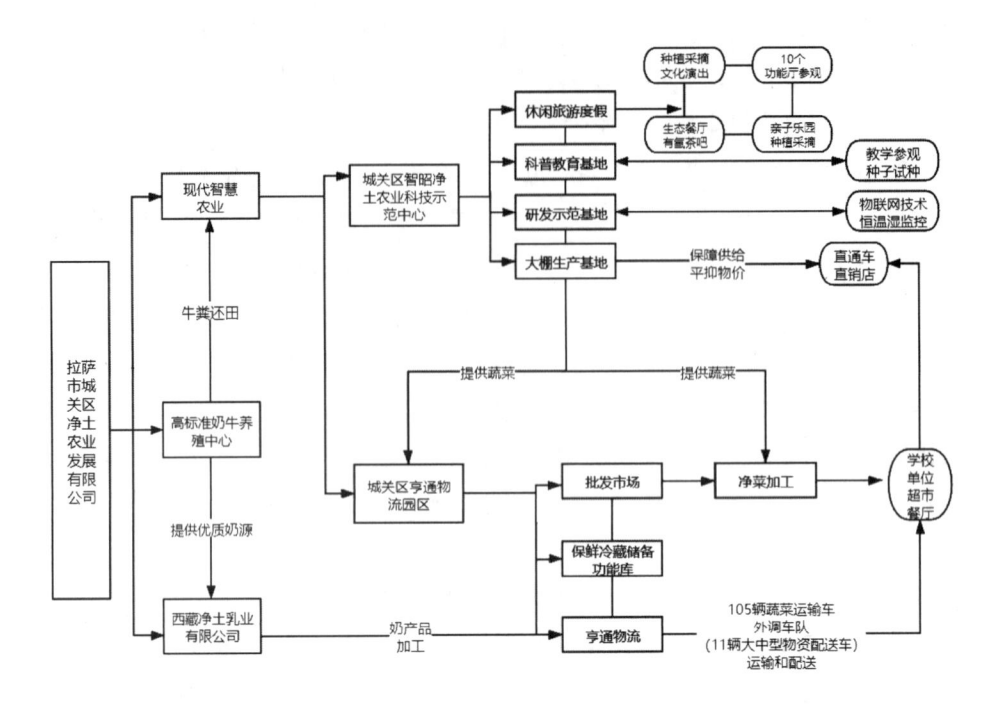

图 10-2　拉萨市城关区净土农业发展有限公司全产业链示意图

（1）智能化蔬菜生产——城关区智昭净土农业科技示范中心

城关区智昭净土农业科技示范中心是城关区利用高原得天独厚的自然资源结合现代化高科技重点打造的特色种植项目，是城关区人民政府大力扶持的一个世界海拔最高、全国生产工艺流程最环保、西南地区温室集成设备最先进、西藏地区规模最大的现代化绿色种植工厂，也将成为全国一流的现代农业基地、西藏现代化农业示范基地和西藏绿色蔬菜生产基地。自 2015 年 5 月 8 日开工，先后与 500 家合作社合作。示范中心有 4 名技术员，8 名员工，技术员为内地聘请，员工均为当地群众。占地 2.4 万平方米的联动智能温室，通过现代化农业设施技术成果，为农业生产提供精准化种植、可视化管理、智能化决策。智能温室拥有的核心技术是一个物联网的控制系统，根据温度、湿度等六大环境参数的配比将示范中心划分为农业科技厅、盆景园、石榴园、花卉园等 10 个功能厅分别来进行智能控制。其园区与国家工信部联网农作物视频跟踪系统对接，完备地记录种植蔬菜的每个生产过程，种植有水果、蔬菜、花卉等共 500 个品种，其运行模式是开放参观的无土栽培高原地区作物试种空间，也是种植认证为无公害蔬菜的基地，采用室内室外的种植方式。中心试运行期间近半年来参观人数近 8000 余人。国营属性也因 80% 的收购量保障其在流通系统中流畅的销售，实现鲜奶直供的高标准奶牛养殖中心。

2019年城关区净土公司高标准奶牛养殖中心现存栏奶牛头数1026头，其中奶牛290头。产奶量为950.35吨，总收入金额为731.22万元，成功把拉萨市打造成为西藏自治区首个鲜奶直供城市。2020年产量达2000吨，销售额1800万元，使城关区净土公司奶产业向"高原奶都"目标稳步发展。

(2) 西藏净土乳业有限公司强化高标准牛奶加工生产

西藏净土乳业有限公司坐落在拉萨市城关区智昭产业园区内，项目总投资3.1亿元，整体建设内容为年产10万吨液态奶，一期占地62.81亩，有主厂房、仓库、锅炉房、配电房及污水处理厂。购置液态奶加工生产线3条，配套动力供应、办公及生活附属设施。主要生产产品为纯牛奶、酸奶、高端常温奶和学生奶，一期年产液态奶5万吨。在基础建设中采用高标投入、引进最先进的加工设备实现了44项技术创新，成为高标准的现代化奶牛养殖场，具有全自动转盘机的功能，还有饲料厨房，引入蒙牛先进的生产管理标准和制度，生产的牛奶中蛋白质、乳脂率、体细胞数都优于欧盟国家的标准，在我国其他地区专业技术指导帮扶下建成了国际一流、国内领先的乳制品加工厂，填补了西藏近现代乳制品加工厂的历史性的空白，也是目前海拔最高、设施设备最先进、工艺流程最环保的乳制品加工厂。

(二) 拉萨市农产品消费需求分析

1. 拉萨常住人口农产品消费

截至2020年末，拉萨市共有37个乡、12个镇、16个街道办、50个居民委员会、227个村民委员会。行政区划面积为2.95万平方千米。年末户籍人口为55.89万人。实现地区生产总值（GDP）617.88亿元，比上年增长8.0%。三种产业比重依次为3.3∶38.2∶58.5，其中：第一产业增加值20.10亿元，增长8.2%；人均地区生产总值86750元，比上年增长5.5%；城镇居民人均可支配收入39686元，比上年增长10.7%。农牧民人均可支配收入16216元，比上年增长12.9%；城镇居民与农牧民收入比为2.45∶1。

2020年1—8月，拉萨市限额以上主要消费品食品类商品同比增长6.1%，其中，蔬菜类、肉禽蛋类、干鲜果品类商品快速增长，分别增长56.7%、27.6%、25.3%，肉禽蛋类商品拉动限额以上单位消费品零售额增速增长1.6个百分点。

据拉萨市统计局统计数据，2019年底拉萨市拥有常住人口55.89万人，西藏居民家庭人均消费蔬菜52.4公斤，人均奶类11.6公斤；人均肉类27.9

公斤（其中猪肉5.7公斤，牛肉17.5公斤，羊肉3.7公斤），禽类1.7公斤，人均畜禽肉小计29.6公斤；干鲜瓜果8.8公斤，蛋类3.2公斤，水产品0.6公斤。与全国人均水平存在差距。如表10-5所示，拉萨蔬菜与菌类人均消费量明显低于全国平均水平。肉类与全国相比略高，但是牛羊肉占比大，且远远高于全国人均消费水平，其他都明显低于全国人均消费标准。

表10-5 2019年拉萨居民家庭人均主要食品消费量与全国平均水平对比（单位：公斤）

地区	蔬菜及食用菌	肉类				禽类	水产品	蛋类	奶类	瓜果
		小计	猪肉	牛肉	羊肉					
全国	98.6	23.7	20.3	2.2	1.2	10.8	13.6	10.7	12.5	56.4
西藏	52.4	26.9	5.7	17.5	3.7	1.7	0.6	3.2	11.6	8.8

2. 外来旅游者带动拉萨农产品消费

拉萨游客是本地农产品的重要消费者。拉萨旅游旺季为6—8月，5—9月旅游人数占全年的近90%；淡季为11月至次年3月。2018年拉萨市接待国内外游客人数比上年增长23.9%，2019年比上年增长17.4%。近些年增幅均在20~35%，旅游收入也随着大幅增加，游客成为拉萨农产品消费的重要群体，呈现季节性消费量波动大的特点。李云云等（2019）[①] 研究指出，旅游者平时食物消费粮食最多（30.97%），其次是肉类（19.64%）和蔬菜（18.87%）；而旅游期间，同样是粮食的消费最高（34%），其次是肉类（17.75%）和蔬菜（17.7%）。各类食物消费占比差别不大，主要是由中国饮食结构决定的：即使是旅游在外、平时在外，对于粮食、肉类、蔬菜的消费都是必要的。旅游者在外对于粮食的消费减少，而对肉类、水果和酒水饮料的消费增加。平均水平上，与在家时的食物消费相比，游客在旅游期间的粮食消费比例减少了2.23%（P<0.01），蔬菜减少了0.36%，水产品减少了0.35%，蛋类减少了0.18%；而酒水饮料的消费比例则增加了1.32%（P<0.01），水果增加了0.8%（P<0.05），奶类增加了0.65%（P<0.05），肉类增加了0.35%；与在家的消费相比，居民在外对粮食的消费明显减少（5.26%，P<0.01），而对肉类的消费明显增加（2.23%，P<0.01），对酒水饮料、蔬菜、水果的消费亦有一定程度的增加（1.16%，P<0.01；0.81%，P<0.05；0.95%，P<0.05），对水产品的消费略有增加（0.16%），反映出在

[①] 李云云，王灵恩，成升魁. 高原旅游城市旅游者食物消费特征及其影响因素——以拉萨市为例[J]. 资源科学，2019，41（3）：494-508.

外食物消费对食物多样化的追求。与非旅游的在外食物消费相比，旅游期间食物消费的差别主要体现在主食粮食、肉类、蔬菜和奶类的消费上，旅游中对粮食和奶类的消费要更多（3.03%，P<0.01；0.7%，P<0.05），而对肉类和蔬菜的消费更少（1.89%和1.17%，P<0.01）。这可能与居民平时在外就餐的特殊性有关，鉴于平时就餐中主食占比较高，外出就餐时会相应地做出改善，增加肉类和蔬菜的消费；而旅游期间，体力的需要也要求确保主食的摄入，因此，游客带动着拉萨餐饮消费和富有高原特色土特产牦牛肉、藏鸡蛋、青稞制品（青稞酒）、藏蜂蜜、藏香和藏毯等绿色食品、土特产的消费，促进了这些农产品的生产，激发了农户种植积极性，拉动了拉萨农产品相关消费的增长。

拉萨旅游有明显的季节性，雪顿节是拉萨的旅游高峰期。以2019年为例，分析拉萨雪顿节常住人口及旅游人口的主要农产品消费量与生产量之间缺口（表10-6）。拉萨2019年雪顿节七天累计游客346.93万人次。扣除蔬菜自损率23.5%，如表10-6显示，估算中只有奶类拉萨可以自供，余1169.34吨，其他均需外调来满足，依次是畜禽肉供应缺口1640.39吨，蔬菜菌类424.28吨，蛋类231.87吨。

3. 龙头企业视角下的拉萨农产品消费水平

2019年拉萨各农产品市场的销售收入如表10-7所示，其中净土健康产业收入规模最大，年收入达到了3.53亿元，销售收入同比增长20.57%。净土首条现代化乳制品加工生产线投入运营，乳制品销售量达625吨，销售额达466万元。智能温室项目与嘎巴生态牧场年收入额均超过350万元，虽然智昭圣地桃园度假村目前试运营收入略少，但随着度假村进入招商引资阶段，未来将进一步加大乡村旅游市场的推广力度，从而促使周边群众实现增收致富。

4. 龙头企业视角下的农产品来源

从各大市场农产品交易来源看，除本地自产农产品外，也有不少外地农产品。

（1）城关区净土公司采货量：2020年上半年（1—5月份期间）城关区净土公司累计采购蔬菜1926.37吨，牦牛肉37.29吨，多是外采，因当地牦牛一般在春节前后才宰杀。酥油当地采购16.69吨，外采11.42吨，水果外地采购46吨。详见表10-8。

表10-6　拉萨雪顿节期间农产品生产与消费缺口一览表（单位：吨）

地区	蔬菜及菌类	畜禽肉	水产品	蛋类	奶类	瓜果	计算式
本地年生产量	247000	33700		800	107700		
2019年西藏人均消费量	0.0524	0.0296	0.0006	0.0032	0.0116	0.0088	
拉萨常住人口七天消费量（人口55.89万人）	561.66	317.27	6.43	34.30	124.34	94.32	人均消费/365*558900*7
拉萨雪顿节累计人口七天消费量（人口346.93万人核算）	3486.41	1969.42	39.92	212.91	771.80	585.50	人均消费/365*3469300*7
七天消费量合计	4048.07	2286.69	46.35	247.21	896.14	679.83	
本地七天生产量*	4736.97	646.3		15.34	2065.48		年生产量/365*7
供需缺口	-424.28	-1640.39		-231.87	1169.34		

注说明：扣除蔬菜自损率（23.5%）后当地的供应量3623.78。

表 10-7 2019 年拉萨各农产品供应主体的销售收入

	产量或销售量	收入（万元）
净土健康产业		35300
其中蔬菜直通车		1336.03
净土高标准奶牛养殖中心	950.35 吨	731.22
乳制品加工生产线	2019 年 625 吨 2020 年产量达 2000 吨	466 销售额 1800
净土智能温室项目		405.94
净土智昭圣地桃园度假村	试营业期间 其中油桃（大棚+大田）	64.34 其中油桃 4.6
嘎巴生态牧场	848.517 吨	351.241

表 10-8 2020 年上半年（1-5 月份期间）采购情况

	蔬菜类	牦牛肉类	本地酥油	日南酥油	水果类
累计采购	1926.37 吨	37.29 吨	16.69 吨	11.42 吨	46 吨
总价	1049.68 万元	215.20 万元			

（2）东嘎市场采货来源

东嘎市场是西藏自治区业态最为齐全的综合性农副产品批发市场。农产品从 2020 年上半年已经达到了 11 万吨，应急的供应量已经达到了 8.9 万吨，比去年稍微下降。受疫情影响，与 2019 年相比下降了 18%左右。水果主要是从成都、西宁进货；蔬菜从云南进货，其中土豆从内蒙古和山东进货；市场的牛羊肉有本地的，还有的从成都进货，猪肉从新疆、河北、河南进货；干炸、副食主要是从内地发过来。活禽是从成都、七一农场专门批发活禽的地方进货。水产主要是从药王山水产市场进货。蔬菜进货量本地占 60%左右，冬天本地只能占 40%。

（3）西海冷冻农副产品批发市场采货

2017 年以来并没有猪肉储备，只有牛羊肉储备。牛羊肉货源主要是西海，肉类产品来自全国各地，兰州占比最大。

（4）拉萨主要农批市场货源渠道总汇（表 10-9）

问卷调查显示：市场商户自有多条进货渠道（表 10-9）。其中基地直供渠道：东嘎市场、城关净土市场和西海冷冻农副产品批发市场的占比分别为 100%、18.03%和 23.08%；专业合作社渠道：城关净土市场、西海冷冻农副

表10-9　市场商户进货渠道多样化

	基地直供	专业合作社	批发市场	自产自销	扶贫产地直供	其他	小计
东夏市场	1(100%)	0(0.00%)	0(0.00%)	0(0.00%)	0(0.00%)	0(0.00%)	1
城关净土市场	11(18.03%)	7(11.48%)	38(62.30%)	0(0.00%)	0(0.00%)	5(8.20%)	61
西海冷冻农副产品批发市场	3(23.08%)	1(7.69%)	6(46.15%)	2(15.38%)	1(7.69%)	0(0.00%)	13
药王山农贸市场	0(0.00%)	1(14.29%)	5(71.43%)	1(14.29%)	0(0.00%)	0(0.00%)	7
八一农产品市场	0(0.00%)	0(0.00%)	2(100%)	0(0.00%)	0(0.00%)	0(0.00%)	2

产品批发市场和药王山农贸市场的占比分别为 11.48%、7.69% 和 14.29%；批发市场渠道：城关净土市场、西海冷冻农副产品批发市场、药王山农贸市场和八一农产品市场的占比分别为 62.30%、46.15%、71.43% 和 100%；自产自销渠道：西海冷冻农副产品批发市场和药王山农贸市场占比分别为 15.38% 和 14.29%；7.69% 的西海冷冻农副产品批发市场的商户选择扶贫产地直供渠道；8.20% 的城关净土市场的商户选择其他进货渠道。另外，八一农产品市场是二级农贸市场，其中肉都是从甘肃、新疆运来的，蔬菜是从东嘎市场批发来的；药王山农贸市场所经营产品种类丰富，进货渠道是拉萨的大批发市场，仅有少部分是来自专业合作社和本地，其是当地主要的水产品批发市场。

（三）拉萨农产品供需匹配分析

过去拉萨市的蔬菜供给主要从内地运进，由于运程时间长，蔬菜保鲜差，运进的多为蔬菜罐头，新鲜蔬菜极少。当地蔬菜不仅供应量小，品种少，而且价格高，城市居民要吃上新鲜蔬菜十分困难。现在建立设施农业，大大提高生产能力。拉萨市农牧局从四川、青海、新疆等地引进各类蔬菜、瓜果新品种 55 个。其中辣椒品种 12 个、番茄品种 16 个、樱桃番茄品种 10 个，均以设施蔬菜为主。但是在生产淡季，或旅游旺季，还是需要从其他地区调运农产品来保障拉萨市相关农产品的供应。拉萨市 2017 年 4—10 月份，游客数量增加，为保持供求平衡，会从外地调运一些蔬菜进来。进入冬季后，由于本地生产不足，拉萨市民买到的蔬菜大部分是从青海等地调运过来的。

为提高拉萨市肉类蔬菜流通工作的组织化、信息化水平，保证消费者权益，拉萨通过政府采购形式，由第三方评估机构对拉萨肉类蔬菜追溯体系建设项目进行评估，主要是针对从四川、甘肃调运符合监管要求的肉类产品，确保农副食品安全。

三、拉萨农产品流通供应保障机制评价

保障重要农产品有效供给是"三农"工作的头等大事。中央发布的一号文件以及"米袋子"省长责任制、"菜篮子"市长负责制等，是农产品供给保障的政策根基。城关区每年的耕地面积逐渐减少，2020 年只有 6000 多亩，大部分都投入饲草和蔬菜的种植，模式为：公司+合作组织+基地+农户，农业部创建现代产业园，农村经济合作组织协调，由城关区净土公司来完成销售。

（一）批发市场农产品供应保障能力有提升

如图 10-3 所示，通过实地走访拉萨市东嘎市场、城关净土市场、西海冷

冻农副产品批发市场、药王山农贸市场、农村电商示范基地、八一农产品市场6个农产品市场或基地，向市场管理人员通过发放问卷和召开座谈会，开展了"拉萨市农产品市场或基地供应保障机制建设"调查。通过调查，进一步了解了拉萨市农产品批发市场或基地的经营种类、规模及供应范围，产品流通发展模式及特点，市场设施建设情况，揭示其监管现状和发展面临的问题。主要调查结果分析如下：

1. 被调研市场或基地发展成效显著

（1）流通主体规模成型，国营民营兼备

如表10-10所示，国营的城关区净土亨通农产品批发市场有500家商户，资产总额5000万元以上，年营收额1亿元以上，市场供应范围在主城区。

西藏西海冷链物流有限公司成立于2011年8月，是拉萨市重点招商引资项目。该公司是集冷冻、冷藏、仓储、配送、加工、交易、商务服务等多功能一站式的大型冷藏物流企业。公司有低温冷库25000平方米，恒温库3000平方米，办公楼15000平方米，批发商户120多户，总投资达2亿余元；公司通过了ISO22000食品安全体系认证及绿色市场认证，承担着国家级储备肉任务及自治区级储备肉任务，公司经营的拉萨西海冷冻农副产品批发市场是西藏自治区目前最大的冷冻产品批发市场。民营的西海冷冻农副产品批发市场有100多家商户，供应外省的产品以冷冻猪牛羊肉、鸡鸭产品为主体，年销量近25万~30万吨，资产总额在5000万元以上，年营收额为1亿元以上，市场供应范围扩展到西藏其他地区，每天各种冷冻商品交易量200多吨，年交易额达20多亿，辐射西藏自治区全区。

药王山农贸市场主要为零售，拥有300多家商户，资产总额在2000万~5000万元以上，年营收额为1亿元以上，市场供应范围在主城区；其中有两个商铺的一年销售额在1000万~5000万元，市场占比较高；也有五个一年销售额为50万元以下的小规模商户。

农村电商示范基地目前有100多家供应商，供应外省的产品有藏香等，年销量可达90万，资产总额在100万~500万元以上，年营收额在1000万~5000万元之间，市场供应范围为全国各地。因此，除了农村电商示范基地是轻资产，多处市场资产为5000万以上，年营收额都过亿，以大型市场为主，供应范围以当地为主。拉萨城投领峰集团旗下的东嘎农副产品批发市场总投资6亿元，占地300亩，是西藏自治区业态齐全的综合性农副产品批发市场，也是西藏农产品商品率提升"菜篮子"惠民工程。市场配有农残检测室、冷链仓储、银行服务、快递、餐饮、酒店、茶楼、警务室等功能区。铺面大约是

表 10-10　主要批发农贸市场相关硬件设施配置一览表

	占地面积（立方米）	商户数量（户）	资产总额（万元）	年营业额（亿元）	供应范围	车辆配置	仓库设施
东嘎农产品批发市场	200000+	铺面 500+ 摊位 1400	-	2	扩展到本省其他地区	商户自配送货车	一个 5 层冷库（3 万 m²）2742 m² 常温库
八一农产品市场	17000	商铺 300+ 摊位 112 门面 121	-	-	-	-	-
西海冷冻农副产品批发市场	20000	120+	5000+	1	扩展到本省其他地区	商户自配大车和厢式送货车	低温冷库 25000 m² 恒温库 3000 m²
亨通物流农副产品批发市场	260000+	500+	5000+	1	拉萨主城区	105 辆蔬菜运输车 1 个外调车队（11 辆大中型物资配送车）	13 个冷库（每个 400 多 m²）
药王山农贸市场	-	商户 300+ 摊位门面 600+	2000~5000	>1	拉萨主城区	-	-

500个，摊位大约1400个，每天人流上万人、车辆进出8000辆，月交易量73万吨，交易额2亿元，商业中心建筑面积约13000平方米，住宅3万平方米，住房434套。农产品供应量上半年已经达到了11万吨，应急的供应量已经达到了8.9万吨。

八一市场是第一批援藏干部建的菜市场，占地面积1.7万平方米。商铺300多，摊位112个，门面121个。

(2) 市场农产品集散商品种类丰富

调研的四个市场或基地集散商品种类主要有蔬菜、果品、肉禽、水产、蛋、食用菌、冻品、粮油、干货调料、茶叶、花卉及其他种类。其中，西海冷冻农副产品批发市场的集散商品全部为冻品；城关净土市场除了茶叶种类以外其他品类均有销售；药王山农贸市场除了花卉种类以外其他品类均有销售；农村电商示范基地的集散商品种类有蔬菜、果品、粮油、干货调料以及农特产品上行及工业产品下行。另外，东嘎农副产品批发市场有八个区域，经营业态以蔬菜、水果为主，涉及肉类、干杂副食、粮油、水产、活禽等。八一市场主要经营蔬菜、肉类、水产等，早上有周边圈状的蔬菜批发业务。

(3) 市场或基地发展态势良好

调查数据显示，城关净土市场、西海冷冻农副产品批发市场、药王山农贸市场和农村电商示范基地均具有市场或基地形成的价格机制，具有一定的竞争优势，供应农产品的信息能够被有效监管，对提供的服务功能做出了创新性改变，市场环境等硬件设施的升级改造具有显著成效。

2. 被调研市场在农产品流通中地位显著

调查显示，西海冷冻农副产品批发市场在拉萨市同类流通中占比最高，达到41%～60%；城关净土市场、药王山农贸市场和农村电商示范基地在拉萨市同类产品流通中占比相同且均为21%～40%。每个市场在整个拉萨市农产品供应保障建设中扮演非常重要的角色。如图10-4所示：城关净土市场、东嘎批发市场与西海冷冻农副产品批发市场三分天下。其中城关净土市场和西海冷冻农副产品批发市场分别是蔬果和冻品的供应链主体，都具有国家储备库的功能，肩负着农产品市场供应的使命，也是平抑物价的有力抓手和基本保障。东嘎批发市场是西藏自治区业态最为齐全的综合性农副产品批发市场。农产品供应量2020年上半年已经达到了11万吨，应急的供应量已经达到了8.9万吨，比去年稍微下降。而药王山农贸市场和八一农产品市场起到的是辅助作用，属于农贸市场，大多数商户来自四川。农村电商示范基地促进了农特产品上行和工业产品下行。

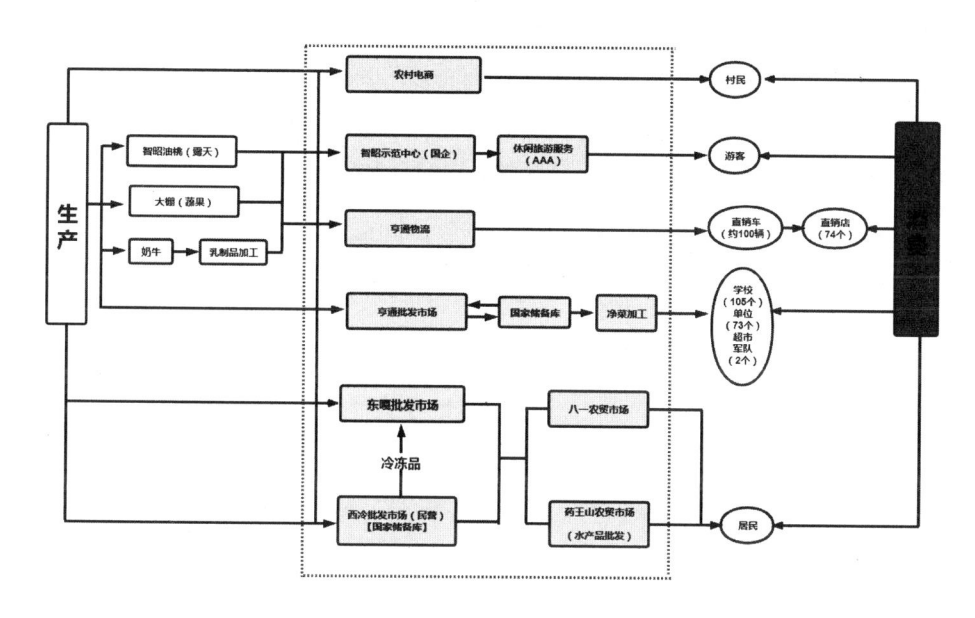

图 10-3　拉萨市农产品供应保障机制生态示意图

3. 被调研市场或基地都重视品牌建设及主营产品品牌创建

调查显示，城关净土市场、西海冷冻农副产品批发市场、药王山农贸市场和农村电商示范基地均具有品牌建设工程及措施，设立有效的管理方法，具有各自的特点和作用：积极建立肉菜追溯体系和按规定进行严格的农产品安全检测，充分发挥检测中心的作用，在突发状况下保障供应，稳定市场，确保农产品安全。拉萨现有的农产品供应和保障机制政策对每个市场或基地发展均产生了促进作用和积极影响。西海批发市场和农村电商示范基地有统一支付平台，但是城关净土市场和药王山农贸市场尚未实现统一的平台支付，管理还属于传统物业模式。

4. 被调研市场或基地均有创新性发展

在信息化方面，城关净土市场和农村电商示范基地具有创新性发展；在数字化方面，城关净土市场具有创新性发展；在网络化方面，城关净土市场、药王山农贸市场和农村电商示范基地具有创新性发展；在品牌化方面，城关净土市场、西海冷冻农副产品批发市场和农村电商示范基地具有创新性发展；除此之外，西海冷冻农副产品批发市场利用国家储备库条件在市场专业性、稳价供保方面具有创新性的发展。

5. 消费者购买拉萨农产品关注因素较多

如表 10-11 所示，在城关净土市场购买农产品的消费者更关注农产品的价格、安全、新鲜度和天然成分；在西海冷冻农副产品批发市场购买农产品的消费者更关注农产品的价格、安全、新鲜度和绿色；在药王山农贸市场购买农产品的消费者更关注农产品的价格和新鲜度，在农村电商示范基地购买农产品的消费者更关注新鲜度、天然成分、绿色和特产。

表 10-11　　　　　　　　消费者购买拉萨农产品关注因素情况

X \ Y	价格	安全	新鲜度	天然成分	绿色	特产	因素小计
城关净土市场	1	1	1	1	0	0	4因素
西海冷冻农副产品批发市场	1	1	1	0	1	0	4因素
药王山农贸市场	1	0	1	0	0	0	2因素
农村电商示范基地	0	0	1	1	1	1	4因素

6. 农产品市场供应保障机制建设现状及水平的总体评价

调查数据显示，城关净土市场、西海冷冻农副产品批发市场、药王山农贸市场和农村电商示范基地对于所在的农产品市场供应保障机制建设现状及水平给出了较好的总体评价。

7. 疫情下拉萨农产品供应保障机制发挥积极作用

面对突如其来的新冠肺炎疫情，拉萨市日均生产蔬菜90吨左右，调拨各大市场的农产品储备，并从市外日均调入蔬菜150吨左右，保障市场农产品供应充足，充分发挥拉萨农产品供应机制作用，保持拉萨市市场农产品价格总体平稳。加强了对重要生活物资等的保障与监管力度，特别是对蔬菜、肉、蛋类产品购销差价率超过1月26日基准价35%及以上的哄抬物价等违法行为，依法从严、从重、从快查处。积极引导种植大户、合作社等规模经营主体开展互助合作、错峰采收，克服蔬菜生产外来务工人员无法按时返回而引起的用工难、用工贵困难，抓好"菜篮子"产品生产。加大蔬菜农药、禽蛋和水产品兽药残留监测监管力度，切实守好"菜篮子"产品质量安全底线。确保鲜活农产品运输"绿色通道"政策落实，维护正常市场流通秩序，把粮油、蔬菜、肉蛋奶、水产品等农产品纳入疫情防控期间生活必需品保障范围，拉萨农产品市场供应经受住了疫情的考验。

(二) 从商户角度看市场流通服务水平

通过问卷形式向市场商户开展了调查，调查共回收有效问卷84份，东嘎批发市场1份、城关净土市场61份、西海冷冻农副产品批发市场13份、药王山农贸市场7份、八一农产品市场2份，多是年销售额处于中下等水平的商户，经营种类涉及面广。

1. 商户对所在市场人流量较为满意

如图10-4所示：市场人气不错，满意度较高。

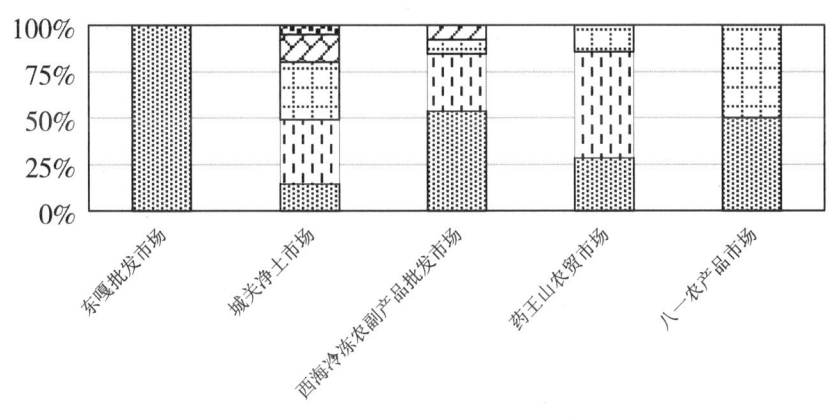

■非常满意 □满意 □一般 ☒不满意 ■非常不满意

图10-4 拉萨各商户对所在市场人流量满意度

2. 商户对所在市场的消费水平较为满意

调查数据如图10-5显示，商户所在市场的消费水平基本为中等偏高水平，较为满意。

3. 市场摊位布局、功能划分合理

调查数据显示，超过半数的商户认为自己所在的市场摊位布局、功能划分合理或非常合理；但是在城关净土市场中24.59%的商户表示一般，8.20%的商户表示不合理；在西海冷冻农副产品批发市场中7.69%的商户表示一般；在药王山农贸市场中14.29%的商户表示一般。

4. 市场交通配套、进出货便利度有待完善规划

调查数据显示，超过半数以上的商户对自己所在的市场交通配套、进出货的便利程度表示一般或满意；在城关净土市场和西海冷冻农副产品批发市场中，表示非常满意的商户占比分别仅为16.39%和38.46%；在城关净土市场仍有3.28%的商户表示不满意。

5. 商户对市场的总体情况基本满意

如图10-6所示，对于市场的总体情况，东嘎批发市场中100%的商户表

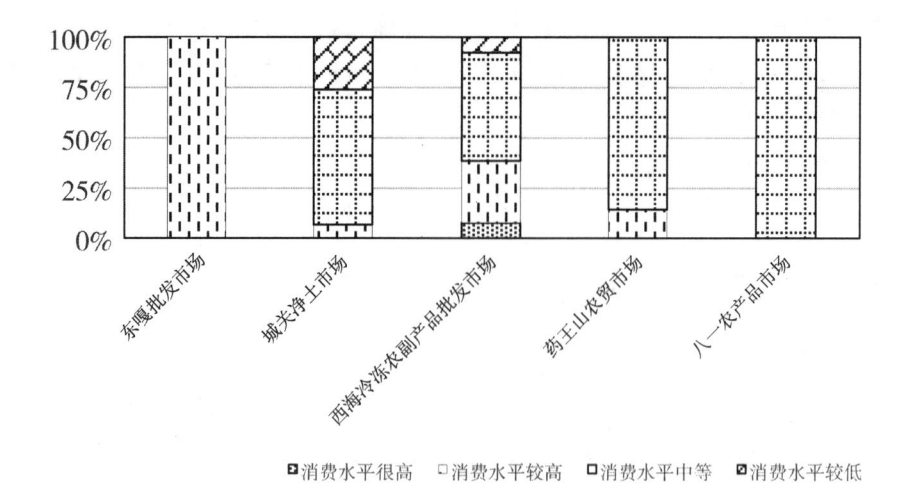

[图表：商户对所在市场的消费水平满意度，横轴为东嘎批发市场、城关净土市场、西海冷冻农副产品批发市场、药王山农贸市场、八一农产品市场；图例：消费水平很高、消费水平较高、消费水平中等、消费水平较低]

图 10-5　商户对所在市场的消费水平满意度

[图表：商户对市场的总体情况满意度，横轴为东嘎批发市场、城关净土市场、西海冷冻农副产品批发市场、药王山农贸市场、八一农产品市场；图例：非常满意、满意、一般、不满意、非常不满意]

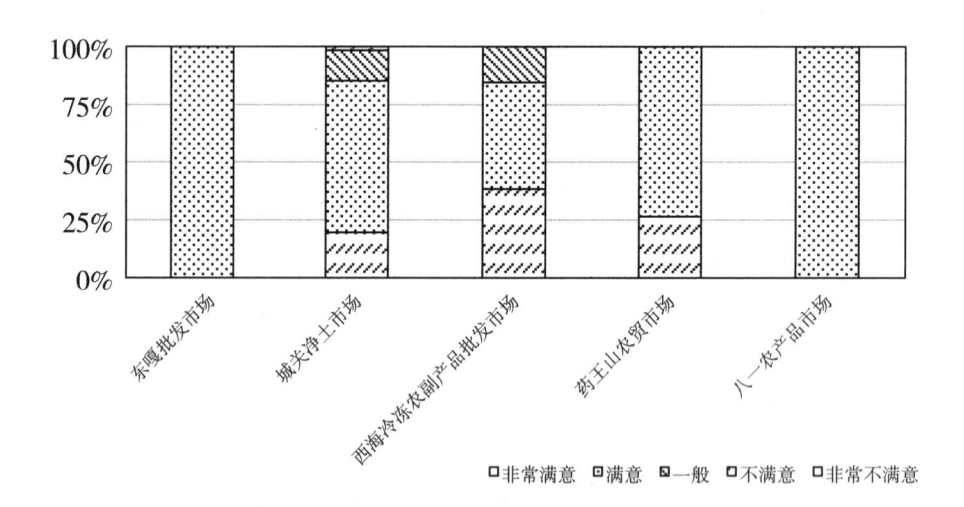

图 10-6　商户对市场的总体情况满意度

示满意；城关净土市场中 19.68% 的商户表示非常满意，65.57% 的商户表示满意，13.11% 的商户表示一般，1.64% 的商户表示不满意；西海冷冻农副产品批发市场中 38.47% 的商户表示非常满意，46.15% 的商户表示满意，15.38% 的商户表示一般；药王山农贸市场中 28.57% 的商户表示非常满意，71.43% 的商户表示满意；八一农产品市场中 100% 的商户表示满意。

四、拉萨市农产品保障体系的主要问题

(一) 本地农产品生产有限，需要外地产品补充市场

拉萨市位于青藏高原的中部，海拔3650米，是世界上海拔最高的城市之一。耕地资源很少，宜农耕地约占全市土地总面积的0.42%，净耕地面积约占全市土地总面积的0.31%。而拉萨农产品供给增长受到耕地资源和气候环境的制约，农产品相对匮乏，平均气温摄氏六七度，冬天寒冷，春日短暂，晴多雨少，气候干燥，蔬菜生长极为困难，当地自产农产品数量有限，只能满足部分需求，蔬菜、畜禽蛋、水产供应缺口比较大。

随着旅游业发展，旅游消费波动考验农产品供应保障机制。2018年与2019年旅游人数增长率均超过15%，因此，拉萨市对农产品的需求明显增长。但受新冠肺炎疫情影响，2020年1—11月同期相比拉萨市接待国内外游客人数、旅游总收入、旅游外汇收入出现了较大幅度的下降。旅游消费波动性大，对农产品供应保障机制提出了较高的要求。

(二) 批发市场管理方式传统，亟须多种应用人才

拉萨现有农产品批发市场大多处于粗放式经营阶段，管理水平低。例如，未运用科技手段进行全程电子结算交易，未实现自动化智能仓储控制，致使各大经销商不愿将真实价格和供求信息上报管理部门，上报的信息可能存在失真，为精准供求价格信息发布带来巨大障碍和阻力，农户和市民不能利用精准信息进行科学决策和高效消费。造成这一现象的主要原因是拉萨市农产品流通相关部门和农产品批发市场缺乏管理人才和技术人才，需加强相关人才引进和培训。

(三) 农产品流通信息化与共享机制有待加强

流通信息问题是当前制约农产品流通的核心因素。一方面，农民作为生产者具有天然局限性。其市场经营能力普遍较低，市场谈判能力弱，使得农民在搜集、辨析和处理有关市场信息并做出决策时，面临着很大的不确定性和风险，小农经营的广大农民极易一哄而上、一哄而下盲目生产，导致市场进入的盲目性和市场均衡的脆弱性，"卖菜难""买菜贵""菜贱伤农""菜贵伤民""卖粮难"等问题随之产生，带来巨大的经济风险。另一方面，由于供求双方信息被阻隔，生产者提高产品质量的行为和结果也得不到消费者认可；同时由于许多市场主体的市场意识和行为还不成熟，加之物流不够顺畅，过度投机和时段性、局部性供求矛盾在信息闭塞时发生概率较高，个别品种、

个别区域价格波动幅度加大,极易造成市场供求关系的虚假放大和向更大范围传导,导致市场混乱。而政府有关部门缺乏市场突发事件的应急机制和应对能力,最终使农民利益、消费者利益受到损害。

（四）农产品流通物流基础设施有待改善

从总体上看,拉萨市农产品流通物流基础设施仍比较落后,还不能完全适应现代农产品流通发展的需要。主要表现在箱式冷藏车数量有限,农产品批发市场设备简陋,缺乏新型保鲜库,冷藏库简陋、不配套,仓储能力不足。市场管理运作没有实现信息共享和统一收银等。在车辆进场效率管理以及农产品质检等方面存在效率低下、无法实现检测等问题。

主要原因包括：人们对农产品物流缺乏正确的认识,由于农产品物流基础设施缺乏总体规划,存在盲目性,造成重复建设和资源浪费；拉萨市对农产品物流基础设施建设的扶持力度不够,导致各投资主体缺乏投资积极性；拉萨市农产品流通相关部门和农产品市场缺乏检测人才的引进和培训,致使检测中心设备到位,却因无操作检测人员而无法使用。

（五）品牌化发展战略思想有待进一步提高

虽然本地农产品生产基地普遍进行了品牌建设,但是调研发现一些知名的龙头企业对自己品牌名称标识、品牌营销、品牌建设缺乏认识,力度不够,市场消费者辨识困难,难以拓展市场占有率。

五、完善拉萨市农产品供应保障体系的对策建议

（一）加强拉萨与外埠农产品产区建立稳定合作机制

加强拉萨市与周边农产品主要供应地的区域合作。

1. 提升青海省对拉萨市牦牛供应合作

重点打造青海牦牛养殖基地的供应机制。充分利用青海省2019年开始建设的牦牛、藏羊追溯体系,加强与大通种牛场合作,选择产肉性能可提高20%的含1/2野牦牛基因的肉乳兼用型品种大通牦牛和肉用型无角品种阿什旦牦牛2个国家级新品种。确保外地农产品进拉萨的绿色通道便利高效和相应的政策支持,降低外地农产品进拉萨流通成本。继续实行拉萨市物价局对鲜冻牦牛肉实施最高限价管理,维持鲜冻前腿牦牛肉零售统一限价每斤31元,鲜冻后腿牦牛肉零售统一限价为每斤33元,鲜冻牛排售价为每斤24元的稳定价格。凭借西海冷链物流公司青海省和拉萨的集团公司关系,建立稳定的农产品产销对接合作机制,鲜冻牦牛肉连夜屠宰而进入拉萨市场,按一周左右周期陆续几天完成屠宰、速冻、入库等一系列规范管理。发挥青海鲜冻牦牛肉和本地新鲜牦牛肉口感相似但价格便宜的优势，来满足拉萨市民更愿意购买鲜冻牦牛肉的需求。

2. 稳固新疆维吾尔自治区对拉萨的水果供应

新疆最大水果批发市场当属乌鲁木齐北园春水果批发市场，新疆产水果主要有哈密瓜、葡萄、库尔勒香梨、伽师瓜、库车小白杏、伊犁蟠桃等。与新疆吐鲁番建成的10.2万亩哈密瓜标准化生产基地建立深度合作，采取分时播种储运新技术，从5月中旬早熟瓜上市，到6月中旬大批哈密瓜上市，产瓜期将一直持续到10月底。这个时间段正是拉萨的旅游旺季。利用当地新建的上千座冷库，让吐鲁番哈密瓜的销售季持续到来年1月。据统计，2018年，新疆特色林果产量近1605万吨。其中，园林水果产量1059万吨。2020年库车县小白杏还通过当地电商平台的推广，进入了全国各个主流的网络销售平台。拉萨市也从新疆吐鲁番水果基地采购水果在全市各超市和批发市场直接供应。

3. 强化四川省作为拉萨市蔬菜供应基地合作

继续落实2019年《雅安—拉萨友好城市战略合作框架协议》，雅安市为西藏自治区拉萨市及周边地区提供绿色、生态、优质农产品的保供服务，在汉源、石棉两县建设西藏专供绿色水果保供示范基地7万亩，蔬菜保供示范基地4万亩；2019年1—2月开始先后为西藏拉萨及周边地区保供提供优质水果、蔬菜累计近2000吨。固化嘉陵区广丰农业科技有限公司和南充广丰农业空运直供西藏的有机蔬菜进入拉萨哈达购物广场合作。后者落实一年直供100吨以上新鲜有机蔬菜供货协议合同，提升拉萨蔬菜的品质。在汉源县皇木镇岩口村"雪山皇木蔬菜种植农民合作社"高山蔬菜基地600亩将用作直供拉萨的蔬菜基地，除莲白以外，还有大白菜、三月瓜、四季豆、辣椒等品种，将稳定供给拉萨，满足其消费需求。

（二）建立农产品应急保障机制提高市场保障能力

把农产品保障供应纳入拉萨应急工作体系，全面提升拉萨农产品消费的流通控制率，强化政府应急储备能力，确保拉萨农产品消费稳定。

1. 逐步提高拉萨农产品消费的流通控制率

按照国际惯例，政府把控消费城市农产品流通能力达到18%以上，就可以基本保障农产品的应急安全。目前，拉萨农产品自产率的季节性变化大、非自产农产品市场调节调度能力明显不足。

2. 强化政府农产品储备

创新发展多种行之有效的储备方式,储备于库和储备于田相结合,依托城关区净土公司享通批发市场内的国家储备库,不断提升管理水平和设施硬件。建立能够实时控制和掌握的政府储备机制,在提高政府储备数量的基础上,优化储备结构和储备质量,提高蔬菜在储备中的比例,重点储备往年价格波动较大、市场供应紧缺的蔬菜。冷冻品充分利用西海冷冻批发市场的民营国家储备,加强政府的扶持力度。

3. 加强人才培养引进提升市场管理水平

第一,在市场管理上,拉萨市应改变坐地收租的传统管理模式,采取品牌专卖、商超市场等经营模式,完善运输仓储、包装加工、检验检测、电子商务等配套服务,融入市场管理理念,提高批发市场管理的标准化和一体化。第二,在人才培养上,拉萨市政府应考虑商户、消费者、管理服务的需求,从服务数量、质量两方面入手,引进培养质检人才,促进管理层次的提升,促进服务水平的提高。

(三) 建立农产品产销信息分析预警系统

为保障全市"菜篮子"稳定供给和价格合理水平,亟须加强对农产品信息的监测分析,运用科学、实用的方法研究农产品产销变动规律,及时发现农产品市场异常波动、提出预警对策,逐步建立形成符合"菜篮子"工程要求的农产品产销信息分析预警系统。

(四) 改善农产品流通物流基础设施

拉萨市农产品物流虽然有一定的发展,但农产品流通物流基础设施仍需完善。为解决这一问题,一是市政府可以通过适当优惠的税收财政政策,优先向农产品物流基地、保鲜冷藏、信息平台等基础设施项目倾斜。二是根据拉萨市人口数量、消费结构和收入水平,统筹规划、合理布局农产品配送中心,注重引进先进设施设备(如加强粮库、糖库、保鲜库、冷藏库的建设,增加温控设备和防潮设备等),完善服务功能,提高服务质量。拉萨市政府需要依据生鲜农产品的主产地和消费地的供需情况,加快冷链物流的布局,引导物流企业积极参与建设,进一步完善冷链物流体系。

(五) 实现拉萨农产品高标准的品牌化发展

拉萨农产品由于生产环境所限,产量不高,市场供应能力有限。特别是符合"三品一标"的优质产品更是十分珍贵,所以必须以品牌发展为抓手,提升其附加值,加大农产品的加工程度,拓展农产品的产业链,以获取更多的收益，从而带动农户生产的积极性，逐步形成农产品发展的良好市场环境，不断挖潜拉萨农产品的生产能力，提升商品化生产的意识，提高农产品自给率，以品牌为依托，以产品及企业的名称设计为先导，全力打造受消费者欢迎的自己的 IP，树立自己的品牌形象，实现高标准的品牌化发展。

参考文献

[1] 丁莉."互联网+"背景下农产品供应链的发展趋势及完善途径 [J]. 商业经济研究，2016 (20)：158-160.

[2] 李德军，李丽霞，马春，等. 基于拉萨市农产品销售物流配送的现状及问题研究 [J]. 时代农机，2017，44 (4)：100-102.

[3] 拉萨市统计局. 拉萨市 2019 年国民经济和社会发展统计公报 [R]. 中国统计信息网，2020-04-13.

[4] 柳婷婷. 西藏农产品流通中存在的问题及对策建议 [J]. 广西质量监督导报. 2019 (5)：103.

[5] 谢红，唐雨虹. 关于拉萨市商贸流通业发展问题和对策的思考 [J]. 中国商论. 2017 (27)：128-129.

[6] 西藏地区农业发展面临的困难及解决途径 [J]. 中外企业家，2016 (34)：40-42.

[7] 程国强. 加强风险治理　完善重要农产品供给保障体系 [N]. 光明日报，2020-03-03.

[8] 李菁，刘书侍，于转利. 西藏地区农业发展面临的困难及解决途径 [J]. 商，2015 (22)：251.

后 记

本报告所指的西南地区，包括重庆市、四川省、贵州省、云南省和西藏自治区。该地区幅员辽阔、国土面积广，人口众多，农业资源丰富。"十三五"时期，西南地区实现全面脱贫，"十四五"时期，要在全面建设社会主义现代化国家新征程、向第二个百年奋斗目标进军中发挥更好的作用。

深入推进农产品流通高质量发展，是夯实农业基础地位、提高农业质量效益和竞争力的重要途径，是西南地区加快实现农业现代化步伐的根本遵循，具有十分重要的意义。本报告立足内外一体、城乡协调，聚焦以城带乡、最先一公里、食品安全追溯等关键问题，开展针对性研究，对于加快城市商贸流通发展、促进流通现代化进程，形成工农互促、城乡互补、协调发展、共同繁荣的新型工农城乡关系具有重要的现实意义。

本报告主要由第一章至第五章的5个专题报告、第六章至第十章的5个西南主要城市农产品流通研究报告组成。第一章西南贫困地区农产品供应链优化升级研究，由张喜才副教授与其研究生王琳、刘梦越、朱雪彤、霍迪撰写；第二章西南地区电商扶贫农产品质量安全研究，由王国义副教授与其研究生王馨颖、卢玲珠撰写；第三章西南地区农产品电商发展的路径和政策研究，由刘玉奇副教授与张森诚同学撰写。第四章中俄农产品贸易现状和问题研究，由原玲玲教授与其研究生周淑怡、来泉霖、董淑亭撰写；第五章中澳农产品贸易现状问题和前景，由刘崇献教授与其研究生共同完成；第六章重庆涪陵榨菜产业发展现状研究，由高泯涓博士撰写；第七章成都市农产品批发市场转型升级研究，由邹旭鑫博士与研究生周航、廖婷、邢光乐完成；第八章物流园视角下贵阳市"农批对接"现状研究，由洪岚教授及其研究生王琦、白云凤共同撰写；第九章昆明市花卉交易市场发展研究，由李博雅博士与安徽师范大学研究生王文定撰写；第十章拉萨农产品供应保障机制研究，由朱群芳教授、李义福副教授及研究生王婕、刘嘉傲、杨潇、肖君儒、张芝娟、陈琳共同撰写。全书由洪岚教授与侯冰栋博士统稿。各位研究人员经过实地调研，认真收集、交流和梳理所得，基本是原始数据。本书是我所研究员辛苦调研与勤奋研究的结晶，对他们的付出，在此表示感谢！

本书的完成得到北京物资学院科研处资助。本书的编写还参阅了大量国内外文献资料，作者已尽可能地在书中对文献出处进行注明。

众所周知，城市农产品流通一头连着城市和市民，一头连着乡村和农民。不仅是城市市民民生的基础保障，也是产业兴旺和农民富裕的重要引擎。作为我所的中国城市农产品流通发展系列报告的第六本，我们力图在实践中梳理全国主要城市农产品流通现状，既要做到自成一派、一以贯之，在风格上尽量与前面保持一致，也求新求变，力求有所突破。在报告的选题上，选择国家在农产品流通中的热点、难点问题，专题专做，小题大做，做深做透，通过对这些发展中瓶颈与障碍的深入剖析，探寻有助社会发展的政策建议。既能探索解决城市农产品流通过程中出现的问题，也能丰富农产品流通理论。但书稿即将完成之际，依然觉得时间仓促，美中不足，以及实地调研与数据收集存在的千难万苦。因此，无论是专题报告还是城市报告，有不足之处，敬请读者批评指正！另外，我们诚挚地面向各位企业家、专家学者征求合作，诚邀关注农产品流通的同行，能够相互切磋，联合创作，共同致力提升中国农产品流通现代化水平。

城市农产品流通研究所所长　洪岚

2021 年 6 月